ESTUDO APROFUNDADO DA
DOUTRINA ESPÍRITA

ESTUDO APROFUNDADO DA DOUTRINA ESPÍRITA

Orientações espíritas e sugestões didático-pedagógicas direcionadas
ao estudo do aspecto religioso do Espiritismo

Livro III
Ensinos e parábolas de Jesus
Parte II

organizadora
Marta Antunes de Oliveira de Moura

Copyright © 2013 *by*
FEDERAÇÃO ESPÍRITA BRASILEIRA – FEB

1ª edição – 11ª impressão – 1 mil exemplares – 6/2025

ISBN 978-85-7328-772-1

Todos os direitos reservados. Nenhuma parte desta publicação pode ser reproduzida, armazenada ou transmitida, total ou parcialmente, por quaisquer métodos ou processos, sem autorização do detentor do *copyright*.

FEDERAÇÃO ESPÍRITA BRASILEIRA – FEB
SGAN 603 – Conjunto F – Avenida L2 Norte
70830-106 – Brasília (DF) – Brasil
www.febeditora.com.br
editorial@febnet.org.br
+55 61 2101 6161

Todo o papel empregado nesta obra possui certificação FSC® sob responsabilidade do fabricante obtido através de fontes responsáveis.
* marca registrada de Forest Stewardship Council

Pedidos de livros à FEB
Comercial
Tel.: (61) 2101 6161 – comercial@febnet.org.br

Adquirindo esta obra, você está colaborando com as ações de assistência e promoção social da FEB e com o Movimento Espírita na divulgação do Evangelho de Jesus à luz do Espiritismo.

Dados Internacionais de Catalogação na Publicação (CIP)
(Federação Espírita Brasileira – Biblioteca de Obras Raras)

M929e   Moura, Marta Antunes de Oliveira (Org.), 1946–

    Estudo aprofundado da doutrina espírita: Ensinos e parábolas de Jesus – Parte II. Orientações espíritas e sugestões didático-pedagógicas direcionadas ao estudo do aspecto religioso do espiritismo / Marta Antunes de Oliveira Moura (organizadora). – 1. ed. – 11. imp. – Brasília: FEB, 2025.
    V. 3; pt. 2; 344 p.; 25 cm

    Inclui referências

    ISBN 978-85-7328-772-1

    1. Espiritismo. 2. Estudo e ensino. 3. Educação. I. Federação Espírita Brasileira. II. Título.

                                         CDD 133.9
                                         CDU 133.7
                                         CDE 60.00.00

SUMÁRIO

Apresentação 7
Agradecimentos 9
Esclarecimentos 11
Módulo I – Aprendendo com as profecias 15
    Roteiro 1 – O consolador 17
    Roteiro 2 – Ninguém é profeta em sua terra 27
    Roteiro 3 – A pedra angular 37
    Roteiro 4 – Sinais dos tempos 47
    Roteiro 5 – Um rebanho e um pastor 57
Módulo II – Ensinos diretos de Jesus 65
    Roteiro 1 – O jugo de Jesus 67
    Roteiro 2 – A autoridade de Jesus 77
    Roteiro 3 – A casa edificada sobre a rocha 85
    Roteiro 4 – As moradas na casa do pai 93
    Roteiro 5 – Impositivo da renovação 103
    Roteiro 6 – Palavras de vida eterna 111
    Roteiro 7 – O mandamento maior 119
Módulo III – Ensinos por parábolas 125
    Roteiro 1 – O filho pródigo 127
    Roteiro 2 – Os trabalhadores da vinha 139
    Roteiro 3 – Os talentos 147
    Roteiro 4 – As parábolas da figueira 161

Roteiro 5 – O credor incompassivo 169

Roteiro 6 – A festa das bodas..177

Roteiro 7 – O tesouro e a pérola..185

Roteiro 8 – A parábola do rico e de Lázaro 191

Roteiro 9 – O amigo importuno 199

Roteiro 10 – O poder da fé..207

Módulo IV – Aprendendo com as curas 219

Roteiro 1 – A cura da mulher que sangrava 221

Roteiro 2 – Ressurreição da filha de Jairo 229

Roteiro 3 – Obsessões espirituais 239

Roteiro 4 – Cura de cegueira 249

Roteiro 5 – Cura de hanseníase 259

Módulo V – Aprendendo com fatos cotidianos...267

Roteiro 1 – Marta, Maria e Maria de Magdala 269

Roteiro 2 – A mulher sirofenícia...279

Roteiro 3 – A vinda do reino 287

Módulo VI – Aprendendo com fatos extraordinários...............................295

Roteiro 1 – A ressurreição de Lázaro..297

Roteiro 2 – A multiplicação de pães e peixes...................................309

Roteiro 3 – Jesus caminha sobre as águas 319

Roteiro 4 – A transfiguração de Jesus...327

APRESENTAÇÃO

Em sequência ao estudo EADE, colocamos à disposição do Movimento Espírita, o terceiro livro do Curso: Ensinos e Parábolas de Jesus – Parte 2.

O assunto não se esgota na publicação deste material, uma vez que o Evangelho nos oferece uma riqueza inesgotável de aprendizados: cada versículo, cada expressão, cada frase proferida pelo Cristo é motivo para reflexão e análise aprofundada.

Uma só existência reencarnatória se revela insuficiente para apreender as sublimes lições que Jesus nos legou. Outras tantas são necessárias para colocá-las em prática.

Contudo, o estudo dos ensinamentos evangélicos, à luz da Doutrina Espírita, é uma feliz oportunidade que devemos aproveitar, tendo em vista a urgente necessidade da nossa transformação moral.

Brasília (DF), janeiro de 2013.

AGRADECIMENTOS

Gostaríamos de expressar nossa sincera gratidão a Honório Onofre Abreu (1930–2007), valoroso trabalhador espírita e amigo querido que, no Estudo Aprofundado da Doutrina Espírita, elaborou o programa e os textos dos livros II e III – Ensinos e Parábolas de Jesus, partes 1 e 2, analisados à luz da Doutrina Espírita.

Somos tomados por profundas e felizes emoções quando, voltando ao passado, recordarmos os primeiros contatos com Honório e a sua imediata aceitação em realizar o trabalho. Por dois anos consecutivos, de 2003 a 2005, estabeleceu-se entre nós fraterna convivência, período em que tivemos a oportunidade de aprender estudar o Evangelho de Jesus, ampliando o entendimento do assunto que extrapola interpretações literais ainda comuns, inclusive no meio espírita.

Conviver com Honório foi, efetivamente, uma jornada de luz. Ele não foi apenas um simples interpretador do Evangelho, causa a que se dedicou ao longo da última existência. Realizava a tarefa com simplicidade, conhecimento e sabedoria que encantavam os ouvintes, independentemente do nível sociocultural que apresentassem. Contudo, importa destacar, efetivamente Honório soube vivenciar os ensinamentos de Jesus junto a todos os que foram convocados a compartilhar, direta ou indiretamente, a sua última reencarnação.

Dirigimos também o nosso agradecimento a outro amigo, Haroldo Dutra Dias, dedicado estudioso espírita do Evangelho, que transcreveu os textos gravados por Honório, adequando-os à linguagem escrita.

Brasília (DF), 29 de janeiro de 2013.

Marta Antunes Moura

ESCLARECIMENTOS

Organização e Objetivos do Curso

O Estudo Aprofundado da Doutrina Espírita (EADE) é um curso que tem como proposta enfatizar o tríplice aspecto da Doutrina Espírita, estudado de forma geral nos cursos de formação básica, usuais na Casa Espírita.

O estudo teórico da Doutrina Espírita desenvolvido no EADE está fundamentado nas obras da Codificação e nas complementares a estas, cujas ideias guardam fidelidade com as diretrizes morais e doutrinárias definidas, respectivamente por Jesus e por Allan Kardec.

Os conteúdos do EADE priorizam o conhecimento espírita e destaca a relevância da formação moral do ser humano. Contudo, sempre que necessário, tais as orientações são comparadas a conhecimentos universais, filosóficos, científicos e tecnológicos, presentes na cultura e na civilização da Humanidade, com o intuito de demonstrar a relevância e a atualidade da Doutrina Espírita.

Os objetivos do Curso podem ser resumidos em dois, assim especificados:

- » Propiciar o conhecimento aprofundado da Doutrina Espírita no seu tríplice aspecto: religioso, filosófico e científico.
- » Favorecer o desenvolvimento da consciência espírita, necessário ao aprimoramento moral do ser humano.

O Estudo Aprofundado da Doutrina Espírita tem como público-alvo todos os espíritas que gostem de estudar, que desejam prosseguir nos seus estudos doutrinários básicos, realizando aprofundamentos de temas que conduzam à reflexão, moral e intelectual.

Neste sentido, o Curso é constituido por uma série de cinco tipos de conteúdos, assim especificados:

- » Livro I: Cristianismo e Espiritismo
- » Livro II: Ensinos e Parábolas de Jesus – Parte 1
- » Livro III: Ensinos e Parábolas de Jesus – Parte 2

> Livro IV: O Consolador prometido por Jesus

> Livro V: Filosofia e Ciência Espíritas

Fundamentos espíritas do curso

> A moral que os Espíritos ensinam é a do Cristo, pela razão de que não há outra melhor. [...]

> O que o ensino dos Espíritos acrescenta à moral do Cristo é o conhecimento dos princípios que regem as relações entre os mortos e os vivos, princípios que completam as noções vagas que se tinham da alma, do seu passado e do seu futuro [...]. Allan Kardec: *A gênese*. Cap. I, item 56.

> O Espiritismo é forte porque assenta sobre as próprias bases da religião: Deus, a alma, as penas e as recompensas futuras [...]. Allan Kardec: *O livro dos espíritos*. Conclusão V.

> [...] O mais belo lado do Espiritismo é o lado moral. É por suas consequências morais que triunfará, pois aí está a sua força, pois aí é invulnerável. [...] Allan Kardec: *Revista Espírita*, 1861, novembro, p. 495.

> [...] Ainda uma vez [o Espiritismo], é uma filosofia que repousa sobre as bases fundamentais de toda religião e na moral do Cristo [...]. Allan Kardec: *Revista Espírita*, 1862, maio, p. 174-175.

> Não, o Espiritismo não traz moral diferente da de Jesus. [...] Os Espíritos vêm não só confirmá-la, mas também mostrar-nos a sua utilidade prática. Tornam inteligíveis e patentes verdades que haviam sido ensinadas sob forma alegórica. E, justamente com a moral, trazem-nos a definição dos mais abstratos problemas da Psicologia. Allan Kardec: *O livro dos espíritos*. Conclusão VIII.

> Podemos tomar o Espiritismo, simbolizado desse modo, como um triângulo de forças espirituais.

> A Ciência e a Filosofia vinculam à Terra essa figura simbólica, porém, a Religião é o ângulo divino que a liga ao céu. No seu aspecto científico e filosófico, a Doutrina será sempre um campo de nobres investigações humanas, como outros movimentos coletivos, de natureza intelectual, que visam ao aperfeiçoamento da Humanidade. No aspecto religioso, todavia, repousa a sua grandeza divina, por constituir a restauração do Evangelho de Jesus Cristo, estabelecendo a renovação definitiva do

homem, para a grandeza do seu imenso futuro espiritual. Emmanuel: *O consolador*. Definição, p. 13-14.

» A ciência espírita compreende duas partes: experimental uma, relativa às manifestações em geral; filosófica, outra, relativa às manifestações inteligentes. Allan Kardec: *O livro dos espíritos*. Introdução, item 17.

» Falsíssima ideia formaria do Espiritismo quem julgasse que a sua força lhe vem da prática das manifestações materiais [...]. Sua força está na sua filosofia, no apelo que dirige à razão, ao bom senso. [...] Fala uma linguagem clara, sem ambiguidades. Nada há nele de místico, nada de alegorias suscetíveis de falsas interpretações. Quer ser por todos compreendido, porque chegados são os tempos de fazer-se que os homens conheçam a verdade [...]. Não reclama crença cega; quer que o homem saiba por que crê. Apoiando-se na razão, será sempre mais forte do que os que se apoiam no nada. Allan Kardec: *O livro dos espíritos*. Conclusão VI.

» [...] o Espiritismo é, ao mesmo tempo, uma ciência de observação e uma doutrina filosófica. Como ciência prática ele consiste nas relações que se estabelecem entre nós e os Espíritos; como filosofia, compreende todas as consequências morais que dimanam dessas mesmas relações. Allan Kardec: *O que é o espiritismo*. Preâmbulo.

» [...] o Espiritismo não traz moral diferente da de Jesus. [...] Os Espíritos vêm não só confirmá-la, mas também mostrar-nos a sua utilidade prática. Tornam inteligíveis e patentes verdades que haviam sido ensinadas sob a forma alegórica. E, justamente com a moral, trazem-nos a definição dos mais abstratos problemas da Psicologia. Allan Kardec: *O livro dos espíritos*. Conclusão VIII.

» O Espiritismo se apresenta sob três aspectos diferentes: o das manifestações, dos princípios e da filosofia que delas decorrem e o da aplicação desses princípios. Allan Kardec: *O livro dos espíritos*. Conclusão, VII.

Sugestão de Funcionamento do Curso

a) Requisitos de admissão: os participantes inscritos devem ter concluído cursos básicos e regulares da Doutrina Espírita, como o Estudo Sistematizado da Doutrina Espírita, ou ter conhecimento das obras codificadas por Allan Kardec.

b) Duração das reuniões de estudo: sugere-se o desenvolvimento de uma reunião semanal, de 1 hora e 30 minutos a 2 horas.

c) Atividade extraclasse: é de fundamental importância que os participantes façam leitura prévia dos temas que serão estudados em cada reunião e, também, realizem pesquisas bibliográficas a fim de que o estudo, as análises, as correlações e reflexões, desenvolvidas no Curso, propiciem melhor entendimento dos conteúdos.

EADE LIVRO III | MÓDULO I

APRENDENDO COM AS PROFECIAS

EADE – LIVRO III | MÓDULO I

APRENDENDO COM AS PROFECIAS

Roteiro 1

O CONSOLADOR

Objetivos

» Explicar as características de o Consolador Prometido por Jesus, à luz do entendimento espírita.

» Esclarecer porque a Doutrina Espírita é entendida como o Consolador.

Ideias principais

» *Assim como o Cristo disse: "Não vim destruir a lei, porém cumpri-la", também o Espiritismo diz: "Não venho destruir a lei cristã, mas dar-lhe execução." Nada ensina em contrário ao que ensinou o Cristo; mas, desenvolve, completa e explica, em termos claros e para toda a gente, o que foi dito apenas sob forma alegórica.* Allan Kardec: O evangelho segundo o espiritismo. Cap. I, item 7.

» *O Espiritismo realiza [...] todas as condições do Consolador que Jesus prometeu. Não é uma doutrina individual, nem de concepção humana; ninguém pode dizer-se seu criador. É fruto do ensino coletivo dos Espíritos, ensino a que preside o Espírito de Verdade. Nada suprime do Evangelho: antes o completa e o elucida.* Allan Kardec: A gênese. Cap. XVII, item 40.

Subsídios

1. Texto evangélico

Mas aquele Consolador, o Espírito Santo, que o Pai enviará em meu nome, vos ensinará todas as coisas e vos fará lembrar de tudo quanto vos tenho dito. (JOÃO, 14:26.)

Ainda tenho muito que vos dizer, mas vós não o podeis suportar agora. Mas, quando vier aquele Espírito da verdade, ele vos guiará em toda a Verdade, porque não falará de si mesmo, mas dirá tudo o que tiver ouvido e vos anunciará o que há de vir. (JOÃO, 16:12-13.)

Vários textos do Evangelho de Jesus, como esses, registrados por João, apresentam acentuado sentido profético. As profecias assemelham-se a um homem situado no cume de uma montanha e que observa, lá de cima, a paisagem que se desdobra à sua volta, até onde os seus olhos podem alcançar. Vê, inclusive, um viajor que percorre o caminho localizado abaixo, sob seus pés.

> O viajor que pela primeira vez percorra essa estrada, sabe que, caminhando chegará ao fim dela. Constitui isso uma simples previsão da consequência que terá a sua marcha. Entretanto, os acidentes do terreno, as subidas e descidas, os cursos da água que terá de transpor, os bosques que haja de atravessar, os precipícios em que poderá cair, as casas hospitaleiras onde lhe será possível repousar, os ladrões que o espreitem para roubá-lo, tudo isso independe da sua pessoa: é para ele o desconhecido, o futuro, porque a sua vista não vai além da pequena área que o cerca. Quanto à duração, mede-a pelo tempo que gasta em perlustrar o caminho. Tirai-lhe os pontos de referência e a duração desaparecerá. Para o homem que está em cima da montanha e que o acompanha com o olhar, tudo aquilo está presente. Suponhamos que esse homem desce do seu ponto de observação e, indo ao encontro do viajante, lhe diz: "Em tal momento, encontrarás tal coisa, serás atacado e socorrido." Estará predizendo o futuro, mas, futuro para o viajante, não para ele, autor da previsão, pois que, para ele, esse futuro é presente.[8]

As previsões e avisos proféticos são comuns no Evangelho de Jesus. Significa dizer que o Mestre lançou ao futuro o entendimento espiritual, e definitivo, de sua mensagem.

Esta predição, não há contestar, é uma das mais importantes, do ponto de vista religioso, porquanto comprova, sem a possibilidade do menor equívoco, que *Jesus não disse tudo o que tinha a dizer*, pela razão de que não o teriam compreendido nem mesmo seus apóstolos, visto que a eles é que o Mestre se dirigia. Se lhes houvesse dado instruções secretas, os Evangelhos fariam referência a tais instruções. Ora, desde que Ele não disse tudo a seus apóstolos, os sucessores destes não terão podido saber mais do que eles, com relação ao que foi dito; ter-se-ão possivelmente enganado, quanto ao sentido das palavras do Senhor, ou dado interpretação falsa aos seus pensamentos, muitas vezes velados sob a forma parabólica.[7]

Emergem dos dois textos de João, além do sentido premonitório, outros elementos importantes para nós espíritas, os quais nos fazem acreditar ser o Espiritismo o Consolador anunciado por Jesus.

O Espiritismo realiza [...] todas as condições do *Consolador* que Jesus prometeu. Não é uma doutrina individual, nem de concepção humana; ninguém pode dizer-se seu criador. É fruto do ensino coletivo dos Espíritos, ensino a que preside o Espírito de Verdade. Nada suprime do Evangelho: antes o completa e o elucida. Com o auxílio das novas leis que revela, conjugadas essas leis às que a Ciência já descobrira, faz se compreenda o que era ininteligível e se admita a possibilidade daquilo que a incredulidade considerava inadmissível. Teve precursores e profetas, que lhe pressentiram a vinda. Pela sua força moralizadora, ele prepara o reinado do bem na Terra.[9]

2. Interpretação do texto evangélico

» *Mas aquele Consolador, o Espírito Santo, que o Pai enviará em meu nome, vos ensinará todas as coisas e vos fará lembrar de tudo quanto vos tenho dito* (Jo 14:26).

A promessa do Cristo de enviar outro Consolador prende-se ao fato de que a Humanidade não estava madura, à época, para entender a essência e a verdade contidas nos seus ensinamentos. O advento do Consolador, também denominado Espírito Santo ou Espírito de Verdade, tem dupla finalidade: explicar e recordar os ensinamentos do Cristo, não de forma literal como aconteceu ao longo dos séculos, mas em espírito e verdade.

A expressão "Espírito Santo", citada no primeiro texto de João, tem significado espírita específico que nada tem a ver com a teologia de outras interpretações cristãs: indica fonte sábia e inesgotável de bens espirituais, recursos que dimanam do Alto, da fonte da vida, no trabalho justo e incansável que se estende pelo Universo. A outra expressão, "Espírito de Verdade", encontrada na segunda citação do evangelista, indica que o Consolador interpreta corretamente os ensinos do Cristo, conforme o entendimento espiritual. Kardec explica, assim, o Consolador na sua feição de Verdade:

> Então, quando o campo estiver preparado, eu vos enviarei *o Consolador, o Espírito de Verdade, que virá restabelecer todas as coisas,* isto é, que, dando a conhecer o sentido verdadeiro das minhas palavras, que os homens mais esclarecidos poderão enfim compreender, porá termo à luta fratricida que desune os filhos do mesmo Deus. Cansados, afinal, de um combate sem resultado, que consigo traz unicamente a desolação e a perturbação até ao seio das famílias, reconhecerão os homens onde estão seus verdadeiros interesses, com relação a este mundo e ao outro. Verão de que lado estão os amigos e os inimigos da tranquilidade deles. Todos então se porão sob a mesma bandeira: a da caridade, e as coisas serão restabelecidas na Terra, de acordo com a verdade e os princípios que vos tenho ensinado.[4]

A vinda do Consolador tem, pois, o poder de ampliar os horizontes do entendimento humano, favorecendo a busca pelos legítimos valores de libertação do Espírito.

Para o espírita, o Espiritismo representa a consubstanciação da mensagem cristã porque explica e revive os ensinamentos do Evangelho. A Doutrina Espírita levantou o véu que encobria o entendimento das parábolas e dos demais ensinamentos de Jesus.

> O Espiritismo vem, na época predita, cumprir a promessa do Cristo: preside ao seu advento o Espírito de Verdade. Ele chama os homens à observância da lei; ensina todas as coisas fazendo compreender o que Jesus só disse por parábolas. [...] O Espiritismo vem abrir os olhos e os ouvidos, porquanto fala sem figuras, nem alegorias [...].[2]

A Doutrina Espírita faz ressurgir a mensagem cristã em bases claras e lúcidas, orientando como aplicá-la no dia a dia, sem a utilização de simbolismos ou de metáforas. O Espiritismo é considerado o

Consolador Prometido porque a sua mensagem, sendo de fácil entendimento, está destinada a todas as pessoas, sem exceção e, ao mesmo tempo, consola, agasalha, auxilia e esclarece as pessoas que passam por aflições ou que buscam esclarecimento espiritual.

> Mostra [...] a causa dos sofrimentos nas existências anteriores e na destinação da Terra, onde o homem expia o seu passado. Mostra o objetivo dos sofrimentos, apontando-os como crises salutares que produzem a cura e como meio de depuração que garante a felicidade nas existências futuras. O homem compreende que mereceu sofrer e acha justo o sofrimento. [...] Assim, o Espiritismo realiza o que Jesus disse do Consolador prometido: conhecimento das coisas, fazendo que o homem saiba donde vem, para onde vai e por que está na Terra; atrai para os verdadeiros princípios da Lei de Deus e consola pela fé e pela esperança.[3]

As orientações espíritas ensinam que a pessoa que erra não deve ser julgada, mas amparada. Precisa receber o conforto necessário para saber superar as provações da vida.

> Este nome [Consolador], significativo e sem ambiguidade, encerra toda uma revelação. Assim, ele previa que os homens teriam necessidade de consolações, o que implica a insuficiência daquelas que eles achariam na crença que iam fundar. Talvez nunca o Cristo fosse tão claro, tão explícito, como nestas últimas palavras, às quais poucas pessoas deram atenção bastante, provavelmente porque evitaram esclarecê-las e aprofundar-lhes o sentido profético.[5]

No final do versículo 26, consta a seguinte anotação do apóstolo: "Que o Pai enviará em meu nome, vos ensinará todas as coisas, e vos fará lembrar de tudo quanto vos tenho dito" (Jo 14:26). Este registro faz referência quanto à chegada do Consolador, mas não explicita a época certa, pois tal acontecimento dependeria do grau de maturidade espiritual existente na humanidade terrestre.

Na segunda metade do século XIX, o Consolador Prometido chegou ao plano físico, na França, por meio do trabalho incansável de inúmeros médiuns. Sob a coordenação de Allan Kardec, cognome do professor Hippolyte Léon Denizard Rivail, ensinos ditados pelos Espíritos superiores foram organizados na forma de uma doutrina, a Doutrina Espírita, codificada na obra *O livro dos espíritos*, publicada em 18 de abril de 1857.

Assim como o Cristo disse: "Não vim destruir a lei, porém cumpri-la", também o Espiritismo diz: "Não venho destruir a lei cristã, mas dar-lhe execução." Nada ensina em contrário ao que ensinou o Cristo; mas, desenvolve, completa e explica, em termos claros e para toda gente, o que foi dito apenas sob forma alegórica. Vem cumprir, nos tempos preditos, o que o Cristo anunciou e preparar a realização das coisas futuras. Ele é, pois, obra do Cristo, que preside, conforme igualmente o anunciou, à regeneração que se opera e prepara o reino de Deus na Terra.[1]

Erguida no alicerce das leis universais, o Espiritismo, chegou no momento em que o avanço das conquistas humanas revelava maior discernimento para implementação da fé raciocinada.

Os seus abençoados ensinos foram sustentados e transmitidos pela abnegada ação dos mensageiros do Cristo. O Espiritismo pode, pois, ser compreendido como a manifestação da misericórdia divina, iluminando os passos dos que se encontram cansados, desiludidos e oprimidos, os quais, sustentados pelo Amor divino, cooperam para a edificação de uma Humanidade regenerada.

A frase "Vos ensinará todas coisas", indica o caráter dinâmico e atual das orientações espíritas, uma vez que os médiuns em processo de sintonia com os orientadores da Vida Maior, deles receberão contínuos e renovados esclarecimentos.

A última frase do versículo — "E vos fará lembrar de tudo quanto vos tenho dito" — é uma referência, explícita, à necessidade de estudar o Evangelho à luz do Consolador Prometido. O conhecimento dos postulados espíritas oferece subsídios para o entendimento completo da mensagem do Cristo. É tarefa sem êxito querer compreender o Evangelho somente pelo sentido literal. É preciso captar-lhe a essência, o seu significado espiritual e atemporal, tal como propõe a Doutrina Espírita. A palavra de Jesus submetida às lentes espíritas se desdobra em cada lance, de modo simples e natural, favorecendo melhor e mais amplo entendimento.

> *Ainda tenho muito que vos dizer, mas vós não o podeis suportar agora. Mas, quando vier aquele Espírito de Verdade, ele vos guiará em toda a verdade; porque não falará de si mesmo, mas dirá tudo o que tiver ouvido, e vos anunciará o que há de vir* (Jo 16:12-13).

O versículo 12 informa: "Ainda tenho muito que vos dizer, mas vós não o podeis suportar agora". Por esta afirmativa, o Cristo nos projeta para o grande futuro, conscientizando-nos que o aprendizado espiritual prossegue sempre, de forma infinita, porque nunca está completo. À medida que evoluímos, percebemos uma nova verdade que, como uma reação em cadeia, nos conduz a outra, sucessivamente, ao longo dos tempos.

> Se o Cristo não disse tudo quanto poderia dizer, é que julgou conveniente deixar certas verdades na sombra, até que os homens chegassem ao estado de compreendê-las. Como Ele próprio confessou, seu ensino era incompleto, pois anunciava a vinda daquele que o completaria; previra, pois, que suas palavras não seriam bem interpretadas, e que os homens se desviariam do seu ensino; em suma, que desfariam o que Ele fez, uma vez que todas as coisas hão de ser restabelecidas: ora, só se *restabelece* aquilo que foi desfeito.⁶

A Teologia tradicional ensina que o Consolador teria vindo no dia de Pentecostes. Acreditamos que é um equívoco de interpretação, pois não seria em apenas 50 dias — contados da Ressurreição ao dia de Pentecostes que os discípulos estariam suficientemente preparados para apreender todo ensinamento do Mestre. Na verdade, Pentecostes marca, de forma indelével, o início do trabalho apostolar, as lutas e os testemunhos que eles teriam de submeter por amor ao Senhor. Sobretudo se considerarmos que os praticantes da lei de Moisés, daquela época, ainda se encontravam na adolescência espiritual, por se manterem presos aos ritualismos dos cultos.

> Ora, se o Cristo não dissera tudo quanto tinha a dizer, porque nem mesmo seus discípulos podiam, ainda, entender certas verdades, será que, *algumas semanas depois*, já haviam esses mesmos homens alcançado as luzes necessárias à compreensão do que Ele deixara de dizer? Só mesmo quem desconhecesse por completo a natureza humana poderia admitir tal hipótese.¹⁰

No período do surgimento da Doutrina Espírita, a Humanidade estava espiritualmente mais adiantada. Daí a pujança que aportou ao mundo, elegendo o Amor, na forma de caridade, e a Fé raciocinada como princípios fundamentais.

> Os cinquenta dias que decorreram da ressurreição ao Pentecostes, assim como não seriam suficientes para dar aos homens os conhecimentos que só podem ser adquiridos a longo prazo, seriam poucos,

igualmente, para que houvessem esquecido as palavras do Mestre e se fizesse preciso "recordá-las", tanto mais que, durante quarenta dias, permaneceu ele [Jesus] cá na Terra, manifestando-se aos discípulos, antes de ascender aos céus.[11]

No versículo 13 está escrito: "Mas, quando vier aquele Espírito de Verdade, ele vos guiará em toda a verdade; porque não falará de si mesmo, mas dirá tudo o que tiver ouvido, e vos anunciará o que há de vir".

As palavras de Jesus revelam que o Consolador tem como característica básica guiar os aprendizes no caminho da verdade. Não existirão mais simbolismos, nem rituais, nem interpretações pessoais, apenas o ensinamento puro da mensagem cristã.

Devemos considerar, entretanto, que a Doutrina Espírita não detém a pretensão do tudo saber, de ser dona da verdade, e nem veio ao mundo para substituir as outras crenças.

> O Espiritismo não pode guardar a pretensão de exterminar as outras crenças, parcelas da verdade que a sua doutrina representa, mas, sim, trabalhar por transformá-las, elevando-lhes as concepções antigas para o clarão da verdade imortalista. A missão do Consolador tem que se verificar junto das almas e não ao lado das gloríolas efêmeras dos triunfos materiais. Esclarecendo o erro religioso, onde quer que se encontre, e revelando a verdadeira luz, pelos atos e pelos ensinamentos, o espiritista sincero, enriquecendo os valores da fé, representa o operário da regeneração do Templo do Senhor, onde os homens se agrupam em vários departamentos ante altares diversos, mas onde existe um só Mestre, que é Jesus Cristo.[13]

O Espírito de Verdade é, pois, concessão divina que representa a soma de valores espirituais que alcança o campo operacional da existência humana, auxiliando a redenção de cada Espírito.

É a verdade essencial que liberta e promove o crescimento do Espírito, demonstrada pela natureza dos seus pensamentos, pelas ideias que expressa e pelas ações que realiza. Essa verdade corresponde à verdade individual de cada pessoa, definindo-lhe o seu piso evolutivo. Daí a importância da afirmativa de Jesus: "Conhecereis a verdade, e a verdade vos libertará" (João, 8:32).

A Verdade suprema, contudo, está em Deus. Jesus reflete-a com autoridade, e sabedoria, enquanto os seres humanos a manifestam segundo o nível de evolução espiritual que possuem.

O Espírito de Verdade, portanto, não falará de si mesmo, mas revelará, sempre, a obra divina, intermediada pelos instrumentos mediúnicos, de todos os tempos, que estejam sintonizados com os valores sublimados da vida.

Em síntese, esclarece Emmanuel:

> O Espiritismo evangélico é o Consolador prometido por Jesus, que, pela voz dos seres redimidos, espalham as luzes divinas por toda a Terra, restabelecendo a verdade e levantando o véu que cobre os ensinamentos na sua feição de Cristianismo redivivo, a fim de que os homens despertem para a era grandiosa da compreensão espiritual com o Cristo.[12]

Referências

1. KARDEC, Allan. *O evangelho segundo o espiritismo*. Tradução de Guillon Ribeiro. 126 ed. Rio de Janeiro: FEB, 2006. Cap. 1, item 7, p. 60.
2. _____._____. Cap. 6, item 4, p. 140.
3. _____._____. p.141.
4. _____._____. Cap. 23, item 16, p. 390.
5. _____. *A gênese*. Tradução de Guillon Ribeiro. 50 ed. Rio de Janeiro: FEB, 2006 Cap. 1, item 27, p. 35.
6. _____._____. Item 26, p. 35.
7. _____._____. Cap. 17, item 37, p. 440.
8. _____._____. Cap. 16, item 2, p. 408.
9. _____._____. Item 40, p. 441.
10. CALLIGARIS, Rodolfo. *As leis morais*. 14 ed. Rio de Janeiro: FEB, 2006. Cap. 3 (A progressividade da revelação divina), p. 27.
11. _____._____. p. 28.
12. XAVIER, Francisco Cândido. *O consolador*. Pelo Espírito Emmanuel. 26 ed. Rio de Janeiro: FEB, 2006, questão 352, p. 199.
13. _____._____. Questão 353, p. 200.

Orientações ao monitor

É importante que o estudo apresente um roteiro básico em que fique estabelecido, claramente:

» O que é o Consolador, também chamado de o *Espírito Santo* ou de *Espírito de Verdade*.

» As características de o Consolador Prometido por Jesus.
» Porque o Espiritismo é considerado o Consolador Prometido.

EADE – LIVRO III | MÓDULO I

APRENDENDO COM AS PROFECIAS

Roteiro 2

NINGUÉM É PROFETA EM SUA TERRA

Objetivos

» Explicar, à luz do entendimento espírita, a afirmativa de Jesus de que ninguém é profeta em sua terra.

Ideias principais

» O preconceito social, motivado pelo orgulho e vaidade, assim como a inveja e o ciúme são imperfeições espirituais que refletem o caráter de alguns indivíduos que não conseguem reconhecer o valor moral ou intelectual das pessoas que lhes são próximas. Por este motivo, afirmou Jesus, com sabedoria: *Não há profeta sem honra, a não ser na sua pátria e na sua casa.* (MATEUS, 13:57.)

Subsídios

1. Texto evangélico

E, chegando à sua pátria, ensinava-os na sinagoga deles, de sorte que se maravilhavam e diziam: Donde veio a este a sabedoria e estas maravilhas? Não é este o filho do carpinteiro? E não se chama sua mãe Maria, e seus irmãos, Tiago, e José, e Simão, e Judas? E não estão entre nós todas as suas irmãs? Donde lhe veio, pois, tudo isso? E escandalizavam-se nele. Jesus, porém, lhes disse: Não há profeta sem honra, a não ser na sua pátria e na sua casa. E não fez ali muitas maravilhas, por causa da incredulidade deles. (MATEUS, 13:54-58.)

O poder dessa afirmativa de Jesus, de que *ninguém é profeta em sua terra* atravessou os séculos e continua a ser utilizada como verdade inconteste.

O hábito de se verem desde a infância, em todas as circunstâncias ordinárias da vida, estabelece entre os homens uma espécie de igualdade material que, muitas vezes, faz que a maioria deles se negue a reconhecer superioridade moral num de quem foram companheiros ou comensais, que saiu do mesmo meio que eles e cujas primeiras fraquezas todos testemunharam. Sofre-lhes o orgulho com o terem de reconhecer o ascendente do outro. Quem quer que se eleve acima do nível comum está sempre em luta com o ciúme e a inveja. Os que se sentem incapazes de chegar à altura em que aquele se encontra esforçam-se para rebaixá-lo, por meio da difamação, da maledicência e da calúnia; tanto mais forte gritam, quanto menores se acham, crendo que se engrandecem e o eclipsam pelo arruído que promovem. Tal foi e será a História da Humanidade, enquanto os homens não houverem compreendido a sua natureza espiritual e alargado seu horizonte moral. Por aí se vê que semelhante preconceito é próprio dos Espíritos acanhados e vulgares, que tomam suas personalidades por ponto de aferição de tudo.[3]

2. Interpretação do texto evangélico

» *E, chegando à sua pátria, ensinava-os na sinagoga deles, de sorte que se maravilhavam e diziam: Donde veio a este a sabedoria e estas maravilhas? Não é este o filho do carpinteiro? E não se chama sua mãe Maria, e seus irmãos, Tiago, e José, e Simão, e Judas? E não estão entre nós todas as suas irmãs? Donde lhe veio, pois, tudo isso?* (MATEUS 13:54-56).

A natureza humana revela-se controvertida em muitas ocasiões, sobretudo quando se trata das relações pessoais. No texto em análise percebemos que, da mesma forma que os ensinos de Jesus produziam admiração, as pessoas não conseguiam ignorar o fato de ser Ele o filho de um simples carpinteiro.

Tal situação nos faz deduzir que ninguém se revelaria surpreso se a origem de Jesus fosse outra, se viesse de uma classe intelecto-social mais elevada, conhecida como a dos "bem-nascidos".

As indagações e murmurações proferidas na sinagoga durante a preleção do Mestre, saturadas de desdém e descrença, indicam, de um lado, preconceito social contra alguém pertencente a uma família desprovida de bens materiais ou de destaque social, ainda que essa família fosse conhecida pela sua notória respeitabilidade. Por outro lado revelam, igualmente, o estado de indigência espiritual dos circunstantes.

O preconceito e o estado de pouca evolução espiritual estão subentendidos nas seguintes perguntas proferidas: "Não é este o filho do carpinteiro?" "E não se chama sua mãe Maria, e seus irmãos, Tiago, e José, e Simão, e Judas?" "E não estão entre nós todas as suas irmãs?" "Donde lhe veio, pois, tudo isso?"

De acordo com as definições existentes no dicionário, preconceito é opinião ou sentimento, quer favorável quer desfavorável, concebido sem exame crítico; é ideia, opinião ou sentimento desfavorável formado *a priori*, sem maior conhecimento, ponderação ou sentimento; é atitude, sentimento ou parecer insensato, especialmente de natureza hostil, assumido em consequência da generalização apressada de uma experiência pessoal ou imposta pelo meio.[8]

> Tanto menos podia Jesus escapar às consequências deste princípio, inerente à natureza humana, quanto pouco esclarecido era o meio em que Ele vivia, meio esse constituído de criaturas votadas inteiramente à vida material. Nele, seus compatriotas apenas viam o filho do carpinteiro, o irmão de homens tão ignorantes quanto Ele e, assim sendo, não percebiam o que lhe dava superioridade e o investia do direito de os censurar. Verificando então que a sua palavra tinha menos autoridade sobre os seus, que o desprezavam, do que sobre os estranhos, preferiu ir pregar para os que o escutavam e aos quais inspirava simpatia.[4]

Nos dias atuais o preconceito ainda fala muito alto, causando imenso sofrimento às suas vítimas. Quem possui certa maturidade espiritual resiste à tendência de se julgar pessoa especial, portadora de privilégios, em decorrência da posição social que ocupe na sociedade. Reconhece que perante as leis divinas nenhum ser humano é melhor do que o outro. "Todos os homens estão submetidos às mesmas leis da Natureza. Todos nascem igualmente fracos, acham-se sujeitos às mesmas dores e o corpo do rico se destrói como o do pobre. Deus a nenhum homem concedeu superioridade natural, nem pelo nascimento, nem pela morte: todos, aos seus olhos, são iguais."[5]

O ser humano, na verdade, se distingue dos demais pelo esforço de iluminação espiritual que realiza.

> Esse esforço individual deve começar com o autodomínio, com a disciplina dos sentimentos egoísticos e inferiores, com o trabalho silencioso da criatura por exterminar as próprias paixões. Nesse particular, não podemos prescindir do conhecimento adquirido por outras almas que nos precederam nas lutas da Terra, com as suas experiências santificantes — água pura de consolação e de esperança, que poderemos beber nas páginas de suas memórias ou nos testemunhos de sacrifício que deixaram no mundo.[12]

Revela imperfeição moral quem se julga superior aos demais irmãos em humanidade, apenas porque possui maior soma de bens materiais ou porque ocupa posição de destaque na sociedade. O espírita, sobretudo, que está informado a respeito das consequências do uso do livre-arbítrio, da realidade da vida no além-túmulo, dos processos de reencarnação do Espírito, entre outros, deve vigiar mais os pensamentos, as palavras e os atos. Jamais esquecer que a regra de conduta se resume nesta orientação dos Espíritos superiores:

"Benevolência para com todos, indulgência para as imperfeições dos outros, perdão das ofensas."[6]

Importa considerar também que é faltar com a caridade agir com discriminação, uma vez que "[...] amor e caridade são o complemento da lei de justiça, pois amar o próximo é fazer-lhe todo o bem que nos seja possível e que desejáramos nos fosse feito."[6]

> A caridade, segundo Jesus, não se restringe à esmola, abrange todas as relações em que nos achamos com os nossos semelhantes, sejam eles nossos inferiores, nossos iguais, ou nossos superiores [socialmente falando]. Ela nos prescreve a indulgência, porque de indulgência precisamos nós mesmos, e nos proíbe que humilhemos os desafortunados, contrariamente ao que se costuma fazer. [...] O homem verdadeiramente bom procura elevar, aos seus próprios olhos, aquele que lhe é inferior, diminuindo a distância que os separa.[6]

O texto de Mateus, em estudo, faz também referência explícita aos irmãos e irmãs de Jesus. Em termos históricos, desconhece-se a existência de documentos ou evidências de que Maria de Nazaré e José tiveram outros filhos, além de Jesus.

A teologia católica romana defende a ideia de que os irmãos de Jesus eram, na verdade, seus primos ou irmãos no sentido espiritual. Esta ideia ganhou força com Jerônimo, a partir do século IV d.C., tendo como base informações de Orígenes — um dos pais da Igreja Católica — que, no século II da nossa Era, se fundamentou em duas obras apócrifas: *o Proto-evangelho de Tiago* e o *Evangelho de Pedro*.

> A tradição católica grega, também chamada oriental ou ortodoxa, ensina, porém, que os irmãos de Jesus citados no Novo Testamento eram meio-irmãos, uma vez que José sendo viúvo quando casou com Maria, tivera filhos do casamento anterior. Esse ponto de vista foi promulgado no século III e defendido por Epifânio (outro pai da Igreja) no século seguinte.[7]

A teologia protestante discorda do posicionamento das igrejas romana e ortodoxa, defendendo a ideia de que Maria teve outros filhos após Jesus.

Para a Doutrina Espírita esse fato é secundário, uma vez que considera efetivamente importante os ensinamentos de Jesus. Se Ele teve irmãos ou meio-irmãos pela consanguinidade, primos-irmãos ou irmãos pela união espiritual não é relevante e em nada altera o valor e a grandiosidade da missão do Mestre.

A frase que faz o fechamento do versículo 56 do texto de Mateus citado, traz uma interrogação relacionada à sabedoria da pregação de Jesus: "Donde lhe veio, pois, tudo isso?"

Essa pergunta revela perplexidade por parte de quem a proferiu, a despeito dos ouvintes se mostrarem maravilhados pelos esclarecimentos do Mestre. Revela, igualmente, que eles não souberam ou não quiseram identificar Jesus como o Messias aguardado, em razão de se manterem arraigados às tradições do culto religioso e à interpretação literal da Torá.

Nos dias atuais a situação não difere muito. A ignorância espiritual e a rigidez dos chamados "pontos de vista", muito têm contribuído para o retardamento do nosso processo evolutivo. Daí Jesus ter dito, em outra ocasião: "Por que não entendeis a minha linguagem? Por não poderdes ouvir a minha palavra." (JOÃO, 8:43.) A propósito, esclarece Emmanuel:

A linguagem do Cristo sempre se afigurou a muitos aprendizes indecifrável e estranha. [...] Muita gente escuta a Boa-Nova, mas não lhe penetra os ensinamentos. Isso ocorre a muitos seguidores do Evangelho, porque se utilizam da força mental em outros setores. Creem vagamente no socorro celeste, nas horas de amargura, mostrando, porém, absoluto desinteresse ante o estudo e ante a aplicação das leis divinas. A preocupação da posse lhes absorve a existência. [...] Registram os chamamentos do Cristo, todavia, algemam furiosamente a atenção aos apelos da vida primária. Percebem, mas não ouvem. Informam-se, mas não entendem. Nesse campo de contradições, temos sempre respeitáveis personalidades humanas e, por vezes, admiráveis amigos. Conservam no coração enormes potenciais de bondade, contudo, a mente deles vive empenhada no jogo das formas perecíveis. [...] Não nos esqueçamos, pois, de que é sempre fácil assinalar a linguagem do Senhor, mas é preciso apresentar-lhe o coração vazio de resíduos da Terra, para receber-lhe, em espírito e verdade, a palavra divina.[9]

» *E escandalizavam-se nele* (Mt 13:57).

A palavra "escandalizavam", citada no texto, tem o significado de indignação. A pregação de Jesus que no início causou admiração e perplexidade, foi considerada ofensiva, após a racionalização. Eis, aí outro ponto controverso da natureza humana, totalmente compatível com o seu nível de imperfeição espiritual. No primeiro momento, por se encontrarem mentalmente desarmados, os ouvintes ficaram maravilhados com a fala do Mestre. Contudo, logo que reconheceram Jesus — identificado como um conterrâneo, filho de humilde carpinteiro —, despencaram abruptamente do plano de vibrações superiores para onde o Mestre os conduzira e proferiram indagações, compatíveis com o patamar evolutivo em que se encontravam.

Na verdade, a reação indignada demonstrada por aquelas pessoas foi direcionada a elas próprias ("escandalizavam-se"), não ao Cristo. Mesmo sendo envolvidas pelo elevado magnetismo da personalidade de Jesus, pela sua sabedoria e pelas harmonias superiores do seu Espírito, não conseguiram entender o que estava acontecendo, não compreenderam, sequer, as elucidações prestadas por Jesus.

"Escandalizavam-se" demonstra existência de orgulho e vaidade, de forma inequívoca. Naquele fugaz espaço de tempo, eles se viram sem máscaras, como criaturas imperfeitas. Daí a indignação. Daí banalizarem a valiosa pregação do Cristo porque, segundo a distorcida percepção demonstrada, tratava-se apenas de um nazareno comum, filho de pessoas comuns.

Diante dessa atitude, o Mestre amado reconheceu, com humildade, que ninguém é profeta em sua terra e seguiu adiante, em busca de corações receptivos aos seus ensinamentos sublimes.

> Com Jesus, percebemos que a humildade nem sempre surge da pobreza ou da enfermidade que tanta vez somente significam lições regeneradoras, e sim que o talento celeste é atitude da alma que olvida a própria luz para levantar os que se arrastam nas trevas e que procura sacrificar a si própria, nos carreiros empedrados do Mundo, para que os outros aprendam, sem constrangimento ou barulho, a encontrar o caminho para as bênçãos do Céu.[13]

» *Jesus, porém, lhes disse: Não há profeta sem honra, a não ser na sua pátria e na sua casa. E não fez ali muitas maravilhas, por causa da incredulidade deles* (Mt 13:57-58).

A reação dos praticantes da lei de Moisés foi de certa forma esperada, uma vez que sempre há resistência a uma nova ideia. Tratando-se da mensagem cristã, sobretudo, a oposição foi ferrenha, pois esta contrariava múltiplos interesses. É comum encontrarmos oposição nas pessoas que convivem próximas a nós, quando oferecemos proposta de mudança. A oposição "[...] é sempre proporcional à importância dos resultados previstos, porque, quanto maior ela é, tanto mais numerosos são os interesses que fere".[1]

> Jesus vinha proclamar uma doutrina que solaparia pela base os abusos de que viviam os fariseus, os escribas e os sacerdotes do seu tempo. Imolaram-no, portanto, certos de que, matando o homem, matariam a ideia. Esta, porém, sobreviveu, porque era verdadeira; engrandeceu-se, porque correspondia aos desígnios de Deus e, nascida num pequeno e obscuro burgo da Judeia, foi plantar o seu estandarte na capital mesma do mundo pagão, à face dos seus mais encarniçados inimigos, daqueles que mais porfiavam em combatê-la, porque subvertia crenças seculares a que eles se apegavam muito mais por interesse do que por convicção. Lutas das mais terríveis esperavam aí pelos seus apóstolos; foram inumeráveis as vítimas; a ideia, no entanto, avolumou-se sempre e triunfou, porque, como verdade, sobrelevava as que a precederam.[2]

Irmão X relata que, após a entrada gloriosa de Jesus em Jerusalém, "[...] O povo judeu suspirava por alguém, com bastante autoridade, que o libertasse dos opressores. Não seria tempo da redenção de Israel? [...] O romano orgulhoso apertava a Palestina nos braços tirânicos. Por isso, Jesus simbolizava a renovação, a promessa. Quem operara prodígios iguais aos dele?[...]"[10] Mesmo entre os sacerdotes e os membros do Sinédrio, a expectativa era grande quanto ao advento do Messias.

Percebendo a intenção e os desejos do povo e de alguns dos seus representantes religiosos, Jesus reuniu-se com os doze apóstolos, esclarecendo-os a respeito da situação.

Concluída a conversa reservada, seis dos apóstolos se dirigiram cautelosos, à via pública, onde se encontrava um patriarca que se posicionava à frente da multidão. O diálogo que se segue sintetiza a assertiva de Jesus de que "não há profeta sem honra, a não ser na sua pátria e na sua casa".

— Que disse o profeta? — perguntou o patriarca, chefe daquele movimento de curiosidade. — Explicou-se, afinal?

— Sim — esclareceu Filipe com benevolência.

— E a base do programa de nossa restauração política e social?

— Recomendou o Senhor para que o maior seja servo do menor, que todos deveremos amar-nos uns aos outros.

— O sinal do movimento? — indagou o ancião de olhos lúcidos.

— Estará justamente no amor e no sacrifício de cada um de nós — replicou o apóstolo, humilde.

— Dirigir-se-á imediatamente a César, fundamentando o necessário protesto?

— Disse-nos para confiarmos no Pai e crermos também nele, nosso Mestre e Senhor.

— Não se fará, então, exigência alguma?— exclamou o patriarca, irritado.

— Aconselhou-nos a pedir ao Céu o que for necessário e afirmou que seremos atendidos em seu nome — explicou Filipe, sem se perturbar.

Entreolharam-se, admirados, os circunstantes.

— E a nossa posição? — resmungou o velho — não somos o povo escolhido na Terra?

Muito calmo, o apóstolo esclareceu:

— Disse o Mestre que não somos do mundo e por isso o mundo nos aborrecerá, até que o seu Reino seja estabelecido.

[...]

— Não te disse, Jafet? — falou um antigo fariseu ao patriarca. — Tudo isso é uma farsa.

[...]

Desde essa hora, compreendendo que Jesus cumpria, acima de tudo, a vontade de Deus, longe de qualquer disputa com os homens, a multidão abandonou-o. [...] E, desde esse instante, a perseguição do Sinédrio tomou vulto e o Messias, sozinho com a sua dor e com a sua lealdade, experimentou a prisão, o abandono, a injustiça, o açoite, a ironia e a crucificação.

Essa, foi uma das últimas lições dele, entre as criaturas, dando-nos a conhecer que é muito fácil cantar hosanas a Deus, mas muito difícil cumprir-lhe a divina Vontade, com o sacrifício de nós mesmos.[11]

Referências

1. KARDEC, Allan. *O evangelho segundo o espiritismo*. Tradução de Guillon Ribeiro. 126. ed. Rio de Janeiro: FEB, 2006. Cap. 23, item 12, p. 386.

2. _____._____. Item 13, p. 387.

3. _____. *A gênese*. Tradução de Guillon Ribeiro. 50. ed. Rio de Janeiro: FEB, 2006. Cap. 17, item 2, p. 422.

4. _____._____. p. 423-424.

5. _____. *O livro dos espíritos*. Tradução de Guillon Ribeiro. 89. ed. Rio de Janeiro: FEB, 2007, questão 803, p. 421.

6. _____._____. Questão 886, p. 457.

7. DOUGLAS, J. D. *O novo dicionário da Bíblia*. Tradução de João Bentes. 3. ed. São Paulo: Vida Nova, 2006, p. 624.

8. HOUAISS, Antônio; VILLAR, Mauro de Salles. *Dicionário Houaiss da língua portuguesa*. Rio de Janeiro: Objetiva, 2001, p. 2282.

9. XAVIER, Francisco Cândido. *Fonte viva*. Pelo Espírito Emmanuel. 34. ed. Rio de Janeiro: FEB, 2006. Cap. 48 (Diante do Senhor), p. 117-118.

10. _____. *Lázaro redivivo*. Pelo Espírito Irmão X. 11. ed. Rio de Janeiro: FEB, 2005. Cap. 17 (Lição em Jerusalém), p. 85.

11. _____._____. p. 87-89.

12. _____. *O consolador*. Pelo Espírito Emmanuel. 27. ed. Rio de Janeiro: FEB, 2007. Questão 230, p. 138.

13. _____. *Religião dos espíritos*. Pelo Espírito Emmanuel. 19. ed. Rio de Janeiro: FEB, 2006. Cap. Jesus e humildade, p. 48.

Orientações ao monitor

É importante que se analise as razões comportamentais, culturais, históricas etc., relativas à afirmação de Jesus de que *ninguém é profeta na sua terra*.

EADE – LIVRO III | MÓDULO I

APRENDENDO COM AS PROFECIAS

Roteiro 3

A PEDRA ANGULAR

Objetivos

» Esclarecer, à luz do Espiritismo, por que o Cristianismo é considerado pedra angular.

» Realizar análise espírita destas palavras do Cristo: "O céu e a terra passarão, mas as minhas palavras não hão de passar" (Mt 24:35).

Ideias principais

» *O objetivo da religião é conduzir a Deus o homem. [...] Logo, toda religião que não torna melhor o homem, não alcança o seu objetivo.* Allan Kardec: *O evangelho segundo o espiritismo.* Cap. VIII, item 10.

» *A palavra de Jesus se tornou a pedra angular, isto é, a pedra de consolidação do novo edifício da fé, erguido sobre as ruínas do antigo.* Allan Kardec: *A gênese.* Cap. XVII, item 28.

» *As palavras de Jesus não passarão, porque serão verdadeiras em todos os tempos.*

[...] Será eterno o seu código de moral, porque consagra as condições do bem que conduz o homem ao seu destino eterno. Allan Kardec: *A gênese.* Cap. XVII, item 26.

Subsídios

1. Texto evangélico

Diz-lhes Jesus: Nunca lestes nas Escrituras: A pedra que os edificadores rejeitaram, essa foi posta por cabeça do ângulo; pelo Senhor foi feito isso e é maravilhoso aos nossos olhos? Portanto, eu vos digo que o Reino de Deus vos será tirado e será dado a uma nação que dê os seus frutos. E quem cair sobre esta pedra despedaçar-se-á; e aquele sobre quem ela cair ficará reduzido a pó. (MATEUS, 21:42-44.)

O céu e a terra passarão, mas as minhas palavras não hão de passar. (MATEUS, 24:35.)

Os dois textos nos informam sobre a perenidade da mensagem cristã, que é a pedra angular, o marco estruturador da religião e da moralidade humanas. Todavia, algumas reflexões se impõem à altura do nosso processo evolutivo, uma vez que o Cristianismo se encontra entre nós há mais de dois mil anos.

> Mas[...] terão as suas palavras chegado até nós puras de toda ganga e de falsas interpretações? Apreenderam-lhes o espírito todas as seitas cristãs? Nenhuma as terá desviado do verdadeiro sentido, em consequência dos preconceitos e da ignorância das leis da Natureza? Nenhuma as transformou em instrumento de dominação, para servir às suas ambições e aos seus interesses materiais, em degrau, não para se elevar ao céu, mas para elevar-se na Terra? Terão todas adotado como regra de proceder a prática das virtudes, prática da qual fez Jesus condição expressa de salvação? Estarão todas isentas das apóstrofes que Ele dirigiu aos fariseus de seu tempo? Todas, finalmente, serão, assim em teoria, como na prática, expressão pura da sua doutrina?[4]

Lançando um olhar ao passado, ainda que breve, veremos que foram poucos os Espíritos que souberam colocar em prática, efetivamente, os ensinamentos de Jesus. Percebe-se, dessa forma que, se ainda não conseguimos vivenciar a mensagem cristã é porque somos Espíritos moralmente retardatários, a despeito de toda ciência e tecnologia existentes no mundo atual. Para que a Humanidade se transforme para melhor, faz-se necessário que os desafios da vida moderna sejam submetidos a um perseverante plano de transformação moral, distanciado das falsas expectativas de mudança.

2. Interpretação do texto evangélico

» *Diz-lhes Jesus: Nunca lestes nas Escrituras: A pedra que os edificadores rejeitaram, essa foi posta por cabeça do ângulo; pelo Senhor foi feito isso e é maravilhoso aos nossos olhos?* (Mt 21:42).

A palavra "pedra" citada no texto evangélico traz o significado de verdade essencial que foi anunciada por meio de uma *revelação*. Ainda que a Filosofia e a Ciência não utilizem como referência metodológica o aprendizado espiritual e o religioso — por considerá-los conhecimentos do senso comum, obtidos pela intuição ou pela ação mediúnica —, não podem, contudo, ignorá-los ou rejeitá-los como incorretos.

A *revelação* religiosa e moral (espiritual) é o esclarecimento "[...] que se presta com o intuito de fazer outrem conhecer alguma coisa ainda desconhecida, ignorada."[9] *Revelação* vem de *revelo*, substantivo latino derivado do verbo *revelare*, expressão empregada comumente nos textos religiosos, a partir da tradução do termo hebraico *galah* ou do grego *apokalypto*, cuja ideia é a mesma em ambos: desvendar alguma coisa oculta com a intenção de fazê-la conhecida.[6]

Em termos religiosos, sobretudo no sentido expresso no Velho Testamento, *revelação* é literalmente entendida como a "Palavra ou Pensamento de Deus".[6] Em consequência, algumas doutrinas teológicas cristãs apresentam um discurso inflexível relativo ao conceito de fé.

A [...] revelação é ao mesmo tempo indicativa e imperativa, e sempre normativa. As manifestações de Deus sempre são feitas no contexto de uma exigência que pede confiança e obediência àquilo que é revelado — uma resposta, que é inteiramente determinada e controlada pelo conteúdo da própria revelação. Em outras palavras, a revelação de Deus chega ao homem não como uma informação sem qualquer obrigação, mas antes, como uma regra mandatória de fé e de conduta. A vida do homem precisa ser governada, não pelos caprichos particulares e fantasias humanas, nem por adivinhações acerca das coisas divinas não reveladas, mas antes, pela crença reverente em tudo quanto Deus lhe revela, o que conduz a uma aceitação consciente de todos os imperativos que a revelação porventura contenha (Dt 29,29).[6]

Esses esclarecimentos, se levados aos extremos de interpretação, geram atos arbitrários no campo da fé. Representam também o pomo da discórdia entre as concepções científicas e as religiosas, uma vez que, nas primeiras, faz-se necessário a apresentação de evidências ou de provas comprobatórias para legitimá-las. A Doutrina Espírita, por outro lado, não rejeita as orientações espirituais superiores advindas da *revelação*, até porque o Espiritismo é doutrina revelada. Ensina, porém, que a fé deve ser analisada, examinada, traçando diferença entre a fé cega e a raciocinada.

> Nada examinando, a fé cega aceita, sem verificação, assim o verdadeiro como o falso, e a cada passo se choca com a evidência e a razão. Levada ao excesso, produz o *fanatismo*. Em assentando no erro, cedo ou tarde desmorona; somente a fé que se baseia na verdade garante o futuro, porque nada tem a temer do progresso das luzes, dado que *o que é verdadeiro na obscuridade, também o é à luz meridiana*. Cada religião pretende ter a posse exclusiva da verdade; *preconizar alguém a fé cega sobre um ponto de crença é confessar-se impotente para demonstrar que está com a razão*.[3]

São considerações importantes, a fim de que não se perca de vista o sentido espiritual do registro de Mateus: "A pedra que os edificadores rejeitaram, essa foi posta por cabeça do ângulo; pelo Senhor foi feito isso e é maravilhoso aos nossos olhos?"

Numa construção, "pedra angular" é "cada uma das pedras que forma o cunhal de um edifício."[8] Cunhal é cada canto externo (ou quina), de uma edificação formado por duas paredes. Este canto é mantido firme e com abertura angular precisa por meio de uma pilastra ou pilar de pedras lavradas (trabalhadas ou esculpidas) na junção das paredes convergentes. A pedra colocada como "cabeça de ângulo" é a mais importante porque sustenta e serve de base às demais.

O Evangelho é a pedra angular, o sustentáculo para que se compreenda Deus e a criação divina. Entretanto, o Evangelho foi e ainda é desprezado por muitos. O Cristo foi rejeitado, inclusive, pelos edificadores do monoteísmo no caso, o povo judeu.

Com o progresso moral percebemos que o ensino de Jesus "[...] se tornou a pedra angular, isto é, a pedra da consolidação do novo edifício da fé, erguido sobre as ruínas do antigo. Havendo os judeus, os príncipes dos sacerdotes e os fariseus rejeitado essa pedra, ela os esmagou, do mesmo modo que esmagará os que, depois, a desconheceram, ou lhe desfiguraram o sentido em prol de suas ambições".[5]

Importa considerar que a palavra "esmagar", empregada por Kardec no texto, não tem o sentido atual de destruir ou de aniquilar.

Traduz-se como "afligir, fatigar-se, perder as forças", significados encontrados nos escritos da Língua Portuguesa do passado.[7]

Com a evolução espiritual do ser humano, o Evangelho de Jesus será reconhecido como o mais perfeito código de moralidade existente na Humanidade. O único capaz de erguer o verdadeiro edifício da fé, tão necessário à melhoria moral da Humanidade.

Os sacerdotes e os seguidores do Cristianismo que não lhe captam a essência moralizadora, deturpando-a e adequando-a aos seus interesses mesquinhos e imediatos, responderão por seus atos, segundo os ditames da lei de causa e efeito. Entretanto, os cristãos que se esforçam por compreendê-la e colocá-la em prática, usufruirão de felizes reencarnações no porvir.

» *Portanto, eu vos digo que o Reino de Deus vos será tirado e será dado a uma nação que dê os seus frutos. E quem cair sobre esta pedra despedaçar-se-á; e aquele sobre quem ela cair ficará reduzido a pó* (Mt 21:43-44).

A história relata que os judeus além de não aceitarem Jesus como o Messias aguardado, desprezaram-no, perseguiram-no e o crucificaram. Mesmo no seio da igreja cristã os ensinamentos do Mestre foram deturpados, situação causadora de terríveis desatinos, crimes contra a Humanidade. "Verificou-se o mesmo com a doutrina moral do Cristo, que acabou por ser atirada para segundo plano, donde resulta que muitos cristãos, a exemplo dos antigos judeus, consideram mais garantida a salvação por meio das práticas exteriores, do que pelas da moral."[1]

> O objetivo da religião é conduzir a Deus o homem. Ora, este não chega a Deus senão quando se torna perfeito. Logo, toda religião que não torna melhor o homem, não alcança o seu objetivo. Toda aquela em que o homem julgue poder apoiar-se para fazer o mal, ou é falsa, ou está falseada em seu princípio. Tal o resultado que dão as em que a forma sobreleva ao fundo. Nula é a crença na eficácia dos sinais exteriores, se não obsta a que se cometam assassínios, adultérios, espoliações, que se levantem calúnias, que se causem danos ao próximo, seja no que for. Semelhantes religiões fazem supersticiosos, hipócritas, fanáticos; não, porém, homens de bem. Não basta se tenham as aparências da pureza; acima de tudo, é preciso ter a do coração.[2]

Perante essas considerações, compreende-se porque o Cristo anunciou: "Portanto, eu vos digo que o Reino de Deus vos será tirado e será dado a uma nação que dê os seus frutos" (Mt 21:43).

Que nação teria condições de fazer cumprir essa profecia de Jesus? O Espírito Humberto de Campos informa que é o Brasil:

> Jesus transplantou da Palestina para a região do Cruzeiro a árvore magnânima do seu Evangelho, a fim de que os seus rebentos delicados florescessem de novo, frutificando em obras de amor para todas as criaturas. Ao ceticismo da época soará estranhamente uma afirmativa desta natureza. O Evangelho? Não seria mera ficção de pensadores do Cristianismo o repositório de suas lições? Não foi apenas um cântico de esperança do povo hebreu, que a Igreja Católica adaptou para garantir a coroa na cabeça dos príncipes terrestres? Não será uma palavra vazia, sem significação objetiva na atualidade do globo, quando todos os valores espirituais parecem descer ao "sepulcro caiado" da transição e da decadência? Mas a realidade é que, não obstante todas as surpresas das ideologias modernas, a lição do Cristo aí está no planeta, aguardando a compreensão geral do seu sentido profundo.[...][13]

As inúmeras dificuldades vivenciadas pelos brasileiros, sobretudo nos dias atuais, levantam algumas dúvidas a respeito de ser o Brasil a Pátria do Evangelho, mesmo que se considere a seriedade e a integridade do Espírito e do médium envolvidos na transmissão da mensagem. Entretanto, se não nos detivermos no peso das provações atuais, se estendermos a nossa visão para o futuro, veremos que a informação não está desprovida de lógica.

As provas e expiações que acontecem aos brasileiros, desde os tempos coloniais, moldaram-lhes o caráter, imprimindo-lhes uma índole mais pacífica, marcada por acentuada religiosidade, nem sempre encontrada nos demais povos. Outro ponto favorável é a intensa miscigenação racial e cultural presentes no Brasil, fatores representativos da integração social e da nacionalidade brasileira. De uma maneira geral, não há separatividade étnica no país. Os povos que imigraram para o Brasil não são discriminados e nem se sentem estrangeiros, mas "em casa".

De qualquer forma, não devemos nos preocupar muito com a questão. Caso o povo brasileiro se transvie, optando por seguir caminhos que o afaste dos padrões de integridade e de moralidade, caberá a outra nação o cumprimento da profecia.

A respeito do assunto, Emmanuel endossa as palavras de Humberto de Campos e acrescenta:

[...] O Brasil não está somente destinado a suprir as necessidades materiais dos povos mais pobres do planeta, mas, também, a facultar ao mundo inteiro uma expressão consoladora de crença e de fé raciocinada e a ser o maior celeiro de claridades espirituais do orbe inteiro.[...]

Se outros povos atestaram o progresso, pelas expressões materializadas e transitórias, o Brasil terá a sua expressão imortal na vida do Espírito, representando a fonte de um pensamento novo, sem as ideologias de separatividade, e inundando todos os campos das atividades humanas com uma nova luz.[...][12]

Somente o futuro, porém, comprovará, ou não, a posição do Brasil como Pátria do Evangelho. A questão deve ser conduzida, porém, com responsabilidade, sem manifestações de "patriotada" ou de ufanismo "verde-amarelo", pois o processo de evangelização é desafiante, em qualquer situação ou lugar, exigindo contínuas manifestações de humildade, de renúncia e de dedicação ao bem. É preciso guardar serenidade quanto ao assunto, pois se não for o Brasil será outra nação, conforme garante esta outra afirmativa de Jesus: "Toda planta que meu Pai celestial não plantou será arrancada" (Mt 15:13).

O que efetivamente interessa, e que deve ser considerado relevante, é a vitória do Evangelho, o triunfo do Cristo na mente e no coração dos homens que, cedo ou tarde, acontecerá. Neste sentido, podemos e devemos fazer o melhor: "Trabalhemos por Jesus, ainda que a nossa oficina esteja localizada no deserto das consciências. Todos somos chamados ao grande labor e o nosso mais sublime dever é responder ao apelo do Escolhido."[14]

» *O céu e a terra passarão, mas as minhas palavras não hão de passar* (Mt 24:35).

Esta outra profecia de Jesus complementa as ideias anteriores. Ora, se o Evangelho é a pedra angular, necessária à construção do novo edifício da fé, deverá ser aceito, estudado e compreendido por todos os povos do Planeta. Com o triunfo do Evangelho, a Humanidade regenerada do futuro será governada pela prática da lei de amor, ainda que se mantenham as características individuais e coletivas de manifestação da fé. Ocorrerá, inclusive, a esperada aliança entre a Ciência e a Religião.

As palavras de Jesus não passarão, porque serão verdadeiras em todos os tempos. Será eterno o seu código de moral, porque consagra as condições do bem que conduz o homem ao seu destino eterno. [...] Sendo uma só, e única, a verdade não pode achar-se contida em afirmações contrárias e Jesus não pretendeu imprimir duplo sentido às suas palavras. Se, pois, as diferentes seitas se contradizem; se umas consideram verdadeiro o que outras condenam como heresias, impossível é que todas estejam com a verdade. Se todas houvessem apreendido o sentido verdadeiro do ensino evangélico, todas se teriam encontrado no mesmo terreno e não existiriam seitas. O que *não passará* é o verdadeiro sentido das palavras de Jesus; o que *passará* é o que os homens construíram sobre o sentido falso que deram a essas mesmas palavras. Tendo por missão transmitir aos homens o pensamento de Deus, somente a sua doutrina, *em toda a pureza*, pode exprimir esse pensamento.[4]

A vivência da mensagem cristã em toda a sua pureza definirá o perfil do religioso que habitará a Terra, então transformada em mundo de regeneração. Este religioso não será "[...] o escravo do culto que repete maquinalmente as orações do breviário, mas, sim, o que estuda e compreende as revelações que lhes são transmitidas."[10]

A Doutrina Espírita, na sua feição de Cristianismo redivivo, desempenhará papel de agente transformador do processo de mudanças previstas para a melhoria espiritual do ser humano. À luz do entendimento espírita, o Cristianismo será vivenciado em toda a sua plenitude.

O Cristianismo é uma doutrina que precisa de ser apreendida e de ser sentida. Estuda-se a sua ética mais com o coração que com a inteligência. Aquele que não sente em si mesmo a influência da moral cristã, desconhece o que ela é, embora tenha perfeito conhecimento teórico de todos os seus preceitos e postulados. O coração registra emoções: nossos atos, nossa conduta gera as emoções. O Cristianismo é a verdadeira doutrina positiva, visto como é a doutrina da prova e da experiência pessoal.[11]

Emmanuel elucida que a cristianização da Humanidade ocorrerá após dolorosos processos de renovação social e moral.

Sim, porque depois da treva surgirá uma nova aurora. Luzes consoladoras envolverão todo orbe regenerado no batismo do sofrimento. O homem espiritual estará unido ao homem físico para a sua marcha gloriosa no Ilimitado, e o Espiritismo terá retirado dos seus escombros materiais a alma divina das religiões, que os homens perverteram, ligando-as no abraço acolhedor do Cristianismo restaurado. [14]

Referências

1. KARDEC, Allan. *O evangelho segundo o espiritismo*. Tradução de Guillon Ribeiro. 50. ed. Rio de Janeiro: FEB, 2006. Cap. 8, item 10, p. 167.

2. _____._____. p. 167-168.

3. _____._____. Cap. 19, item 6, p. 341-342.

4. _____. *A gênese*. Tradução de Guillon Ribeiro. 50. ed. Rio de Janeiro: FEB, 2006. Cap. 17, item 26, p. 432.

5. _____._____. Item 28, p. 433.

6. DOUGLAS, J. D. *O novo dicionário da Bíblia*.Tradução de João Bentes. 3. ed. São Paulo: Vida Nova, 2006, p. 1162.

7. HOUAISS, Antônio; VILLAR, Mauro de Salles. *Dicionário Houaiss da língua portuguesa*. Rio de Janeiro: Objetiva, 2001, p. 1218.

8. _____._____. p. 2165.

9. _____._____. p. 2451.

10. SCHUTEL, Cairbar. *Parábolas e ensinos de Jesus*. 20. ed. Matão: O Clarim, 2004. Item: Exame das religiões, p.215.

11. VINÍCIUS (Pedro de Camargo). *Nas pegadas do mestre*. 11. ed. Rio de Janeiro: FEB, 2007. Cap. Os verdadeiros cristãos, p. 41.

12. XAVIER, Francisco Cândido. *Brasil, coração do mundo, pátria do evangelho*. Pelo Espírito Humberto de Campos. 32. ed. Rio de Janeiro: FEB, 2006. Prefácio (pelo Espírito Emmanuel), p. 10-11.

13. _____._____. Esclarecendo, p. 14-15.

14. _____. *A caminho da luz*. Pelo Espírito Emmanuel. 34. ed. Rio de Janeiro: FEB, 2006. Cap. 25 (O Evangelho e o futuro), p. 215.

Orientações ao monitor

Independentemente das técnicas e recursos utilizados no desenvolvimento da aula, o estudo deve, prioritariamente, explicar à luz do entendimento espírita:

a) por que o Cristianismo é considerado pedra angular do edifício da religião e da fé;

b) qual o significado desta assertiva de Jesus: "o céu e a terra passarão, mas as minhas palavras não hão de passar" (Mt 24:35).

APRENDENDO COM AS PROFECIAS

Roteiro 4

SINAIS DOS TEMPOS

Objetivos

» Interpretar, à luz da Doutrina Espírita, a profecia do Cristo que anuncia a era da regeneração da Humanidade.

» Identificar as características do período que antecede a era da regeneração.

Ideias principais

» *São chegados os tempos, dizem-nos de toda as partes, marcados por Deus, em que grandes acontecimentos se vão dar para a regeneração da Humanidade.[...]* Allan Kardec: *A gênese.* Cap. XVIII, item 1.

» No período de mudanças, o que antecede a regeneração humana, "[...] *surgirão muitos falsos profetas e enganarão a muitos. E, por se multiplicar a iniquidade, o amor de muitos se esfriará.*" (MATEUS, 24:11-12.)

» *Nestes tempos, porém, não se trata de uma mudança parcial, de uma renovação limitada a certa região, ou a um povo, a uma raça. Trata-se de um movimento universal, a operar-se no sentido do progresso moral. [...].* Allan Kardec: *A gênese.* Cap. XVIII, item 6.

Subsídios

1. Texto evangélico

E ouvireis de guerras e de rumores de guerras; olhai, não vos assusteis, porque é mister que isso tudo aconteça, mas ainda não é o fim. Porquanto se levantará nação contra nação, e reino contra reino, e haverá fomes, e pestes, e terremotos, em vários lugares. Mas todas essas coisas são o princípio das dores. (MATEUS, 24:6-8.)

Então, se alguém vos disser: Eis que o Cristo está aqui ou ali, não lhe deis crédito, porque surgirão falsos cristos e falsos profetas e farão tão grandes sinais e prodígios, que, se possível fora, enganariam até os escolhidos. (MATEUS, 24:23-24.)

E, logo depois da aflição daqueles dias, o sol escurecerá, e a lua não dará a sua luz, e as estrelas cairão do céu, e as potências dos céus serão abaladas. Então, aparecerá no céu o sinal do Filho do Homem; e todas as tribos da Terra se lamentarão e verão o Filho do Homem vindo sobre as nuvens do céu, com poder e grande glória. (MATEUS, 24:29-30.)

Na verdade, na verdade vos digo que vós chorastes e vos lamentareis, e o mundo se alegrará, e vós estareis tristes; mas a vossa tristeza se converterá em alegria. [...] Assim também vós, agora, na verdade, tendes tristeza; mas outra vez vos verei, e o vosso coração se alegrará, e a vossa alegria, ninguém vo-la tirará. (JOÃO, 16:20 e 22.)

Registradas sob a forma alegórica, essas profecias de Jesus referem-se às provações reservadas à Humanidade, consoantes os ditames da lei de progresso.

Entretanto, sob essas alegorias, grandes verdades se ocultam. Há, primeiramente, a predição das calamidades de todo o gênero que assolarão e dizimarão a Humanidade, calamidades decorrentes da luta suprema entre o bem e o mal, entre a fé e a incredulidade, entre as ideias progressistas e as ideias retrógradas. Há, em segundo lugar, a da difusão, por toda a Terra, do Evangelho restaurado na sua pureza primitiva; depois, a do reinado do bem, que será o da paz e da fraternidade universais, a derivar do código de moral evangélica, posto em prática por todos os povos. Será, verdadeiramente, o reino de Jesus, pois que Ele presidirá à sua implantação, passando os homens a viver sob a égide da sua lei. Será o reinado da felicidade, porquanto diz Ele que — "depois dos dias de aflição, virão os de alegria".³

2. Interpretação do texto evangélico

» *E ouvireis de guerras e de rumores de guerras; olhai, não vos assusteis, porque é mister que isso tudo aconteça, mas ainda não é o fim. Porquanto se levantará nação contra nação, e reino contra reino, e haverá fomes, e pestes, e terremotos, em vários lugares. Mas todas essas coisas são o princípio das dores* (Mt 24:6-8).

São profecias que produzem reações antagônicas nos indivíduos. Os incrédulos conservam-se indiferentes, concedendo-lhes pouca ou nenhuma importância. Os crentes, que tudo aceitam sem análise, conferem-lhes um caráter místico ou sobrenatural. "São igualmente errôneas ambas essas interpretações; a primeira, porque envolve uma negação da Providência; a segunda, porque tais palavras não anunciam a perturbação das leis da Natureza, mas o cumprimento dessas leis."⁵

Em geral, as pessoas se agarram ao sofrimento, atrelando-se às suas consequências, sem se preocuparem em conhecer-lhes as causas. Contudo, é sinal de sabedoria identificar a origem das dores, descobrir por que elas acontecem. Somente assim é possível amenizá-las, neutralizá-las ou mesmo impedi-las. De uma maneira geral, podermos afirmar que a principal causa do sofrimento é o atraso moral, a ignorância das leis de Deus. As guerras e outras calamidades existentes no mundo, por exemplo, são lutas fratricidas originárias da imperfeição moral e intelectual. Confirma, igualmente, esta outra assertiva do Cristo: "*É preciso que haja escândalo no mundo*, [...] porque, imperfeitos como são na Terra, os homens se mostram propensos a praticar o mal, e porque, árvores más, só maus frutos dão."¹

Ocorrem duas formas de destruição na Natureza: a natural e a abusiva. A primeira garante a diversidade biológica e a manutenção da vida no Planeta. Faz parte do processo de "[...] transformação, que tem por fim a renovação e a melhoria dos seres vivos".⁹ A segunda, a exemplo das guerras e outros flagelos destruidores provocados pelo homem, acontece porque a espécie humana ainda se deixa governar pela "[...] natureza animal sobre a natureza espiritual e [pelo] transbordamento das paixões".¹¹

Toda destruição que excede os limites da necessidade é uma violação da lei de Deus. Os animais só destroem para satisfação de suas necessidades; enquanto que o homem, dotado de livre-arbítrio, destrói sem necessidade. Terá que prestar contas do abuso da liberdade que lhe foi concedida, pois isso significa que cede aos maus instintos.[10]

Justamente por conhecer profundamente a natureza humana é que Jesus afirmou: "E ouvireis de guerras e de rumores de guerras; olhai, não vos assusteis, porque é mister que isso tudo aconteça, mas ainda não é o fim. Porquanto se levantará nação contra nação, e reino contra reino, e haverá fomes, e pestes, e terremotos, em vários lugares" (Mt 24:6-7).

O texto põe em evidência os dois tipos de flagelos destruidores que atingirão a Humanidade, citados anteriormente: os provocados pela ação irresponsável do homem (guerras e fomes) ou relacionados à sua incapacidade de controlar as doenças (pestes), assim como os flagelos naturais (terremotos), que ocorrem à revelia da ação humana.

Jesus aconselha não temer tais calamidades: "não vos assusteis, porque é mister que isso tudo aconteça". É importante compreender que o sofrimento é um dos mecanismos educativos, permitido por Deus quando o homem se revela rebelde à sua Lei. O ser moralizado, entretanto compreende o valor das provações, vendo nelas o remédio amargo, mas útil à sua melhoria espiritual. É sempre medida inteligente, e de coragem, não temer ou fugir do sofrimento, mas enfrentá-lo com bom ânimo e fé, extraindo de suas lições o devido aprendizado.

> Isto posto, diremos que o nosso globo, como tudo o que existe, está submetido à lei do progresso. Ele progride, fisicamente, pela transformação dos elementos que o compõem e, moralmente, pela depuração dos Espíritos encarnados e desencarnados que o povoam. Ambos esses progressos se realizam paralelamente, porquanto o melhoramento da habitação guarda relação com o do habitante. Fisicamente, o globo terráqueo há experimentado transformações que a Ciência tem comprovado e que o tornaram sucessivamente habitável por seres cada vez mais aperfeiçoados. Moralmente, a Humanidade progride pelo desenvolvimento da inteligência, do senso moral e do abrandamento dos costumes.[6]

Jesus também anuncia que "todas essas coisas são o princípio das dores". Trata-se, portanto, de movimentos que marcam o atual período de transição, no qual estamos mergulhados, porém fundamentais para que se estabeleça, no futuro, a era da regeneração humana.

A Humanidade tem realizado, até ao presente, incontestáveis progressos. Os homens, com a sua inteligência, chegaram a resultados que jamais haviam alcançado, sob o ponto de vista das ciências, das artes e do bem-estar material. Resta-lhes ainda um imenso progresso a realizar: o de *fazerem que entre si reinem a caridade, a fraternidade, a solidariedade, que lhes assegurem o bem-estar moral*. Não poderiam consegui-lo nem com as suas crenças, nem com as suas instituições antiquadas, restos de outra idade, boas para certa época, suficientes para um estado transitório, mas que, havendo dado tudo o que comportavam, seriam hoje um entrave. Já não é somente de desenvolver a inteligência o de que os homens necessitam, mas de elevar o sentimento e, para isso, faz-se preciso destruir tudo o que superexcite neles o egoísmo e o orgulho.[7]

» *Então, se alguém vos disser: Eis que o Cristo está aqui ou ali, não lhe deis crédito, porque surgirão falsos cristos e falsos profetas e farão tão grandes sinais e prodígios, que, se possível fora, enganariam até os escolhidos.* (Mt, 24:23-24.)

As principais características que assinalam o período de transição são ocorrências de flagelos destruidores, naturais ou provocados pelo homem, como terremotos, maremotos, erupções vulcânicas, acidentes de graves proporções, guerras e demais conflitos bélicos, epidemias ou pandemias etc. Essas calamidades estão acompanhadas, em geral, pela degradação moral e dissolução dos bons costumes, situação típica dos conflitos de moralidade existentes nos momentos de transformação social.

Almas generosas e caridosas estarão presentes no momento de transição, empenhadas em minorar o sofrimento dos seus irmãos em humanidade. Por outro lado, surgirão aproveitadores de todo tipo que, à semelhança das aves de rapina, se alimentarão do sofrimento presente no Planeta. São Espíritos inescrupulosos e mentirosos que nos fazem recordar, também, outro ensinamento de Jesus: "pois onde estiver o cadáver, aí se ajuntarão as águias" (Mt 24:28).

É preciso agir com muito cuidado para não sermos por eles envolvidos e enganados, sobretudo porque, submetidos ao peso das provações, estaremos mais expostos e mais fragilizados.

Apresentando a imagem do cadáver e das águias, referia-se o Mestre à necessidade dos homens penitentes, que precisam recursos de combate à extinção das sombras em que se mergulham. Não se elimina o pântano, atirando-lhe flores. Os corpos apodrecidos no campo atraem corvos que os devoram. Essa figura, de alta significação simbológica, é um dos mais fortes apelos do Senhor, conclamando os servidores do Evangelho aos movimentos do trabalho santificante. [...] É imprescindível lembrar sempre que as aves impiedosas se ajuntarão em torno de cadáveres ao abandono. Os corvos se aninham noutras regiões, quando se alimpa o campo em que permaneciam. [...] Luta contra os cadáveres de qualquer natureza que se abriguem em teu mundo interior. Deixa que o divino sol da espiritualidade te penetre, pois, enquanto fores ataúde de coisas mortas, serás seguido, de perto, pelas águias da destruição.[13]

A despeito do sofrimento presente no período de transição, é também momento propício para aferição de valores morais. Os falsos profetas e os falsos cristos provocam, é verdade, muitas desordens e desarmonias. Suas ações, entretanto, fornecem condições para testar o caráter dos verdadeiramente bons ("os escolhidos", da citação de Mateus). Diante dos falsos profetas devemos agir com prudência e vigilância dobradas, pois segundo o Evangelho, eles "farão tão grandes sinais e prodígios, que, se possível fora, enganariam até os escolhidos".

Em todos os tempos, homens houve que exploraram, em proveito de suas ambições, de seus interesses e do seu anseio de dominação, certos conhecimentos que possuíam, a fim de alcançarem o prestígio de um pseudopoder sobre-humano, ou de uma pretendida missão divina. São esses os falsos Cristos e falsos profetas. A difusão das luzes lhes aniquila o crédito, donde resulta que o número deles diminui à proporção que os homens se esclarecem. [...] O verdadeiro profeta se reconhece por mais sérios caracteres e exclusivamente morais.[2]

Assim, desenvolvendo o discernimento, enxergaremos além das aparências; e, sobretudo, agiremos da forma como ensina o valoroso Paulo de Tarso em sua primeira epístola aos Tessalonicenses: "Examinai tudo. Retende o bem" (1Ts 5:21).

» *E, logo depois da aflição daqueles dias, o sol escurecerá, e a lua não dará a sua luz, e as estrelas cairão do céu, e as potências dos céus serão abaladas. Então, aparecerá no céu o sinal do Filho do Homem; e todas as tribos da Terra se lamentarão e verão o Filho do Homem vindo sobre as nuvens do céu, com poder e grande glória* (Mt, 24:29-30).

Este registro de Mateus destaca de maneira inequívoca a vitória do Cristo. Passado o período de transição, os Espíritos que permaneceram fiéis ao bem receberão, em contrapartida, uma habitação planetária habitada por uma Humanidade desejosa de progredir, que foi transformada pela força do amor.

"Devendo a prática geral do Evangelho determinar grande melhora no estado moral dos homens, ela, por isso mesmo, trará o reinado do bem e acarretará a queda do mal."[4] Fazendo reviver os ensinamentos do Cristo, o Espiritismo ocupará papel relevante na construção da Era Nova.

"É no período que ora se inicia que o Espiritismo florescerá e dará frutos. Trabalhais, portanto, mais para o futuro, do que para o presente. Era, porém, necessário que esses trabalhos se preparassem antecipadamente, porque eles traçam as sendas da regeneração, pela unificação e racionalidade das crenças. Ditosos os que deles aproveitam desde já. Tantas penas se pouparão esses, quantos forem os proveitos que deles aufiram."[8]

» *Na verdade, na verdade vos digo que vós chorastes e vos lamentareis, e o mundo se alegrará, e vós estareis tristes; mas a vossa tristeza se converterá em alegria. [...] Assim também vós, agora, na verdade, tendes tristeza; mas outra vez vos verei, e o vosso coração se alegrará, e a vossa alegria, ninguém vo-la tirará* (Jo 16:20 e 22).

As palavras de Jesus, anotadas por João, indicam a paz conquistada, resultante do sofrimento; a alegria consequente à tristeza; a bonança após a tempestade. No clarão do dia que marcará novo impulso evolutivo da humanidade terrestre, o Cristo permanece firme e forte no coração e na mente dos bem-aventurados habitantes do Planeta, os quais, ao tomarem posse da herança que lhes foi prometida pelo Senhor, recordarão esta sua promessa: "Bem-aventurados os mansos, porque eles herdarão a Terra" (Mt 5:5).

Na época da regeneração, a Humanidade se encontrará mais permanentemente feliz. É óbvio que o progresso espiritual não estará completo, pois a caminhada evolutiva é longa. Os terráqueos ainda enfrentarão provas, porém, sem as agruras das expiações, individuais ou coletivas.

É, pois, o fim do *mundo velho*, do mundo governado pelos preconceitos, pelo orgulho, pelo egoísmo, pelo fanatismo, pela incredulidade, pela cupidez, por todas as paixões pecaminosas, que o Cristo aludia, ao dizer: "Quando o Evangelho for pregado por toda a Terra, então é que virá o fim." Esse fim, porém, para chegar, ocasionaria uma luta e é dessa luta que advirão os males por Ele previstos.[4]

Ao término do estudo desenvolvido neste Roteiro, esforcemos para jamais esquecer as últimas palavras dos versículos 20 e 22 do texto evangélico citado: "mas a vossa tristeza se converterá em alegria"; "mas outra vez vos verei, e o vosso coração se alegrará, e a vossa alegria, ninguém vo-la tirará".

São palavras que traduzem a promessa do Cristo a respeito dos dias futuros que nos aguardam, depois de concluído o processo de transição. Ainda que as nossas provações pesem e nos causem profundos sofrimentos, não nos deixemos conduzir pela dor, porque "a nossa tristeza se converterá em alegria". Confiemos, então, no Cristo!

> Nas horas que precederam a agonia da cruz, os discípulos não conseguiam disfarçar a dor, o desapontamento. Estavam tristes. Como pessoas humanas, não entendiam outras vitórias que não fossem as da Terra. Mas Jesus, com vigorosa serenidade, exortava-os: "Na verdade, na verdade, vos digo que vós chorareis e vos lamentareis; o mundo se alegrará e vós estareis tristes, mas a vossa tristeza se converterá em alegria."
>
> [...]
>
> No entanto, essa pesada bagagem de sofrimentos constitui os alicerces de uma vida superior, repleta de paz e alegria. Essas dores representam auxílio de Deus à terra estéril dos corações humanos. Chegam como adubo divino aos sentimentos das criaturas terrestres, para que de pântanos desprezados nasçam lírios de esperança.
> [...] Cristo, porém, evidenciando suprema sabedoria, ensinou a ordem natural para a aquisição das alegrias eternas, demonstrando que fornecer caprichos satisfeitos, sem advertência e medida, às criaturas do mundo, no presente estado evolutivo, é depor substâncias perigosas em mãos infantis. Por esse motivo, reservou trabalhos e sacrifícios aos companheiros amados, para que se não perdessem na ilusão e chegassem à vida real com valioso patrimônio de estáveis edificações.

Eis por que a alegria cristã não consta de prazeres da inconsciência, mas da sublime certeza de que todas as dores são caminhos para júbilos imortais.[12]

Referências

1. KARDEC, Allan. *O evangelho segundo o espiritismo*. Tradução de Guillon Ribeiro. 50 ed. Rio de Janeiro: FEB, 2006. Cap. 8, item 13, p. 169.

2. _____._____. Cap. 21, item 5, p. 362.

3. _____. *A gênese*. Tradução de Guillon Ribeiro. 51 ed. Rio de Janeiro: FEB, 2006. Cap. 17, item 56, p. 449.

4. _____._____. Item 58, p. 450.

5. _____._____. Cap. 18, item 1, p. 457.

6. _____._____. Item 2, p. 458.

7. _____._____. Item 5, p. 460.

8. _____._____. Item 9 (Mensagem do Doutor Barry), p. 465.

9. _____. *O livro dos espíritos*. Tradução de Guillon Ribeiro. 89. ed. Rio de Janeiro: FEB, 2007. Questão 728, p.389.

10. _____._____. Questão 735, p.391.

11. _____._____. Questão 742, p.395.

12. XAVIER, Francisco Cândido. *Caminho, verdade e vida*. Pelo Espírito Emmanuel. 27. ed. Rio de Janeiro: FEB, 2006. Cap. 93 (Alegria cristã), p. 201-202.

13. _____. *Pão nosso*. Pelo Espírito Emmanuel. 28. ed. Rio de Janeiro: FEB, 2006. Cap. 32 (Cadáveres), p. 79-80.

Orientações ao monitor

Dividir a turma em pequenos grupos para leitura e interpretação dos quatro textos evangélicos, objeto de estudo deste Roteiro. Em seguida, pedir-lhes que relatem, em plenária, as conclusões. Finalizados os relatos, realizar uma atividade exploratória e interpretativa das ideias desenvolvidas no texto, viabilizada por meio de perguntas inteligentes, que conduzam à reflexão, que façam os participantes raciocinar a respeito do período de transição, vivenciado atualmente, e o de regeneração que nos aguarda.

APRENDENDO COM AS PROFECIAS

Roteiro 5

UM REBANHO E UM PASTOR

Objetivos

» Explicar a sentença do Cristo de que "haverá um rebanho e um pastor" (Jo10:16).

» Identificar condições favoráveis para o cumprimento desta profecia.

» Destacar a contribuição do Espiritismo no contexto da previsão.

Ideias principais

» Com a profecia de que na Terra haverá "um rebanho e um pastor", [...] *Jesus claramente anuncia que os homens um dia se unirão por uma crença única* [...]. Allan Kardec: *A gênese*. Cap. XVII, item 32.

» A fim de que os homens se unam por meio de uma única crença é necessário que [...] *as religiões se encontrem num terreno neutro, se bem que comum a todas; para isso todas terão que fazer concessões e sacrifícios mais ou menos importantes, conformemente à multiplicidade dos seus dogmas particulares.* Allan Kardec: *A gênese*. Cap. XVII, item 32.

» *Por meio do Espiritismo, a Humanidade tem que entrar numa nova fase, a do progresso moral que lhe é consequência inevitável.* [...] Allan Kardec: *O livro dos espíritos*. Conclusão V.

Subsídios

1. Texto evangélico

Eu sou o bom Pastor, e conheço as minhas ovelhas, e das minhas sou conhecido. Assim como o Pai me conhece a mim, também eu conheço o Pai e dou a minha vida pelas ovelhas. Ainda tenho outras ovelhas que não são deste aprisco; também me convém agregar estas, e elas ouvirão a minha voz, e haverá um rebanho e um Pastor. (João, 10:14-16.)

Em algumas regiões do Planeta existem, atualmente, acordos comerciais, econômicos, políticos e sociais coordenados, na sua maioria, por respeitáveis organizações internacionais, públicas ou privadas. São iniciativas que visam à aproximação e a integração de diferentes nacionalidades. A Comunidade Econômica Europeia (CEE) é um exemplo desse tipo de união.

As palavras do Cristo, contudo, extrapolam essas ligações sociopolítico-econômicas. Indicam que acontecerá também uma integração religiosa entre os diferentes povos que compõem a humanidade planetária. É uma profecia que não deixa de representar um grande desafio, sobretudo se analisarmos a situação atual, em que predominam o separatismo, o fundamentalismo e os extremismos religiosos. Entretanto, se foi profetizado por Jesus, tal acontecimento ocorrerá, cedo ou tarde. Mas, como será possível efetuar essa união?

> [...] Difícil parecerá isso, tendo-se em vista as diferenças que existem entre as religiões, o antagonismo que elas alimentam entre os seus adeptos, a obstinação que manifestam em se acreditarem na posse exclusiva da verdade. Todas querem a unidade, mas cada uma se lisonjeia de que essa unidade se fará em seu proveito e nenhuma admite a possibilidade de fazer qualquer concessão, no que respeita às suas crenças.

> [...] Ela se fará pela força das coisas, porque há de tornar-se uma necessidade, para que se estreitem os laços da fraternidade entre as nações; far-se-á pelo desenvolvimento da razão humana, que se tornará apta a compreender a puerilidade de todas as dissidências; pelo progresso

das ciências, a demonstrar cada dia mais os erros materiais sobre que tais dissidências assentam [...].[1]

2. Interpretação do texto evangélico

» *Eu sou o bom Pastor, e conheço as minhas ovelhas, e das minhas sou conhecido* (Jo, 10:14).

A palavra pastor (do hebraico *ro'eh* e do grego *poimen*) apresenta diferentes significados nos textos bíblicos. *Pastor* ou *guardador de gado* é o mais conhecido: identifica as pessoas que cuidam de um rebanho, especialmente o de ovelhas. Exemplo: "E todas as nações serão reunidas diante dele e apartará uns dos outros, como o pastor aparta dos bodes as ovelhas" (Mt 25:32). Pode referir-se a *ministro de uma igreja*. Exemplo: "Obedecei a vossos pastores e sujeitai-vos a eles; porque velam por vossa alma, como aqueles que hão de dar conta delas" (Hb 13:17). Indica também *governante espiritual* ou *guia* de um povo, nação ou Humanidade. Ismael é considerado pelos espíritas como o guia espiritual do Brasil. Jesus é o governante ou governador da humanidade terrestre. Exemplo: "Ora, o Deus de paz, que pelo sangue do concerto eterno tornou a trazer dos mortos a nosso Senhor Jesus Cristo, grande Pastor das ovelhas". (Hb 13:20) Encontramos, ainda, o significado de pastor como indicativo de Deus, o Criador supremo, sobretudo nos textos do Velho Testamento: " O Senhor é o meu Pastor; nada me faltará". (Sl 23:1.)

Jesus aplica a si mesmo o cognitivo "pastor" ou "porta", no sentido de governador ou dirigente da humanidade terrestre. "[...] O Cristo, porém, é a porta da Vida abundante. Com Ele, submetemo-nos aos desígnios do Pai celestial e, nessa diretriz, aceitamos a existência como aprendizado e serviço, em favor de nosso próprio crescimento para a imortalidade."[11]

Fora dos textos bíblicos, "[...] Homero e outros escritores seculares frequentemente chamavam os reis e governadores de pastores (Ilíada, I, 263)".[8]

No contexto da citação de João, a afirmativa do Cristo "Eu sou o bom Pastor", tem como significado expresso o de ser Ele, Jesus, o Governador espiritual do Orbe, o condutor dos nossos destinos, o guia e modelo da Humanidade. Nenhum dos demais significados estudados anteriormente se aplicam ao Mestre: Jesus não deve ser confundido com guardador de ovelhas, com ministro ou chefe de igreja cristã, com governantes de províncias da Terra, e, especialmente, com Deus.

> Cristo é a linha central de nossas cogitações. Ele é o Senhor único, depois de Deus, para os filhos da Terra, com direitos inalienáveis, porquanto é a nossa luz do primeiro dia evolutivo e adquiriu-nos para a redenção com sacrifícios de seu amor. Somos servos dele. Precisamos atender-lhe aos interesses sublimes, com humildade.[10]

Emmanuel esclarece no seu livro *A caminho da luz*, a posição de Jesus como dirigente planetário:

> Rezam as tradições do mundo espiritual que na direção de todos os fenômenos, do nosso sistema, existe uma Comunidade de Espíritos puros e eleitos pelo Senhor supremo do Universo, em cujas mãos se conservam as rédeas diretoras da vida de todas as coletividades planetárias. Essa Comunidade de seres angélicos e perfeitos, da qual é Jesus um dos membros divinos, ao que nos foi dado saber, apenas já se reuniu, nas proximidades da Terra, para a solução de problemas decisivos da organização e da direção do nosso planeta, por duas vezes no curso dos milênios conhecidos.[9]

Neste sentido, Jesus não é apenas "o pastor", mas "o bom pastor" porque conhece verdadeiramente as suas ovelhas, guiando-as com segurança e amor ao longo do processo ascensional.

> Compadecendo-se de nossa ignorância, a divina Providência deliberou enviar alguém que nos instruísse nos caminhos da elevação, e Jesus, o sublime governador do planeta terrestre, veio em pessoa explicar-nos que Deus não nos pede nem adulações e nem pompas, nem vítimas e nem holocaustos, e sim o coração inflamado de fraternidade, a serviço do bem, para que a Terra se abra, enfim, à glória e à felicidade do seu Reino.[12]

O vocábulo ovelha, usualmente empregado nos textos religiosos, testamentais e não testamentais, apresenta três interpretações: a) a forma literal conhecida, de animal, fêmea do carneiro. Exemplo: "Que vos parece? Se algum homem tiver cem ovelhas, e uma delas se desgarrar, não irá pelos montes, deixando as noventa e nove, em busca da que se desgarrou?" (Mt 18:12.) b) a que faz referência aos crentes, religiosos, adeptos ou seguidores de uma religião. Exemplo: "[...]

mas ide, antes, às ovelhas perdidas da casa de Israel [...]" (Mt 10:6). Neste aspecto, as ovelhas perdidas representam os judeus afastados da sinagoga ou desiludidos com o Judaísmo; c) a que indica todos os Espíritos bons, justos ou benevolentes. Exemplo: "E, quando o Filho do Homem vier em sua glória [...]; e todas as nações serão reunidas diante dele, e apartará uns dos outros, como o pastor aparta dos bodes as ovelhas. E porá as ovelhas à sua direita, mas os bodes à esquerda. Então, dirá o Rei aos que estiverem à sua direita: Vinde, benditos do meu Pai, possuí por herança o Reino que vos está preparado desde a fundação do mundo; porque tive fome, e deste-me de comer [...]. Então, os justos lhes responderão, dizendo: Senhor, quando te vimos com fome e te demos de comer? [...]"(Mt 25:31-37).

Fica claro que Jesus considera como "ovelhas" o sentido expresso nos itens " b" e "c".

» *Ainda tenho outras ovelhas que não são deste aprisco; também me convém agregar estas, e elas ouvirão a minha voz, e haverá um rebanho e um Pastor* (Jo, 10:16).

Jesus anuncia, com essas palavras, a diversidade religiosa que existia na sua época, em todas as partes do mundo, cuja maioria abraçava a crença em vários deuses. Mesmo entre os judeus, monoteístas por natureza, existiam divisões quanto à interpretação da revelação de Moisés. Em Jerusalém, a sede do monoteísmo hebreu, conviviam diversas seitas do Judaísmo: dos fariseus e saduceus; dos nazarenos e essênios; dos samaritanos e terapeutas etc. Os judeus que nasceram e viveram fora de Jerusalém sofreram, especialmente, forte influência dos povos gentílicos. Um exemplo que se destaca diz respeito aos chamados "judeus helênicos" envolvidos, em geral, com as ideias dos filósofos gregos, sobretudo os da famosa Escola de Alexandria.

Nos dias atuais, percebemos que o politeísmo não é tão expressivo como era na Antiguidade, em razão da existência das três grandes revelações monoteístas, firmemente estabelecidas: Judaísmo, Cristianismo e Islamismo. Contudo, a mensagem cristã não é crença universal. Daí Jesus anunciar a conveniência de agregar ao seu aprisco outras ovelhas, as que ainda não aceitam ou desconhecem a sua mensagem de amor. A profecia do Cristo se aplica tanto à Humanidade daquela época quanto a da atualidade.

Trata-se de uma profecia que será cumprida, possivelmente, durante o período de regeneração, quando a humanidade terrestre estará mais unida em torno de ideias comuns, sobretudo no campo da fé:

> A fraternidade será a pedra angular da nova ordem social; mas, não há fraternidade real, sólida, efetiva, senão assente em base inabalável e essa base é a *fé*, não a fé em tais ou tais dogmas particulares, que mudam com os tempos e os povos e que mutuamente se apedrejam, porquanto, anatematizando-se uns aos outros, alimentam o antagonismo, mas a fé nos princípios fundamentais que toda a gente pode aceitar e aceitará: *Deus, a alma, o futuro, o progresso individual indefinito, a perpetuidade das relações entre os seres*. Quando todos os homens estiverem convencidos de que Deus é o mesmo para todos; de que esse Deus, soberanamente justo e bom, nada de injusto pode querer; que não dele, porém dos homens vem o mal, todos se considerarão filhos do mesmo Pai e se estenderão as mãos uns aos outros. Essa a fé que o Espiritismo faculta e que doravante será o eixo em torno do qual girará o gênero humano, quaisquer que sejam os cultos e as crenças particulares.[2]

É equívoco supor que a união dos homens em torno de uma única crença eliminará a diversidade religiosa existente no Planeta. As pessoas se manterão unidas pela crença em princípios espirituais universais e por um laço de fraternidade. Compreenderão, às duras penas, que somente "[...]o progresso moral pode assegurar aos homens a felicidade na Terra, refreando as paixões más; somente esse progresso pode fazer que entre os homens reinem a concórdia, a paz, a fraternidade".[3]

> Será ele [o progresso moral] que deitará por terra as barreiras que separam os povos, que fará caiam os preconceitos de casta e se calem os antagonismos de seitas, ensinando os homens a se considerarem irmãos que têm por dever auxiliarem-se mutuamente e não destinados a viver à custa uns dos outros. Será ainda o progresso moral que, secundado então pelo da inteligência, confundirá os homens numa mesma crença fundada nas verdades eternas, não sujeitas a controvérsias e, em consequência, aceitáveis por todos.[3]

Os livros sagrados das religiões e as características culturais de cada movimento religioso serão mantidos, pois representam o patrimônio cultural da Humanidade. Ocorrerá, porém, uma espécie de diversidade religiosa que se apoiará na unidade de certas ideias fundamentais.

Quer isto dizer que continuarão existindo judeus, católicos, islâmicos, protestantes, espíritas etc. Somente assim podemos compreender a afirmativa de Jesus de que "haverá um rebanho e um Pastor".

> A unidade de crença será o laço mais forte, o fundamento mais sólido da fraternidade universal, obstada, desde todos os tempos pelos antagonismos religiosos que dividem os povos e as famílias, que fazem sejam uns, os dissidentes, vistos, pelos outros, como inimigos a serem evitados, combatidos, exterminados, em vez de irmãos a serem amados.[4]

O Espiritismo, na sua missão de Cristianismo redivivo, mostra que durante o período de transição moral, a "[...] geração que desaparece levará consigo seus erros e prejuízos; a geração que surge, retemperada em fonte mais pura, imbuída de ideias mais sãs, imprimirá ao mundo ascensional movimento, no sentido de progresso moral que assinalará a nova fase da evolução humana".[5]

"Um rebanho e um Pastor" representa a idade de maturidade espiritual da Humanidade. Indica o surgimento de uma geração nova, solidária e fraterna, que caminhará unida em busca da felicidade espiritual.

> A nova geração marchará, pois, para a realização de todas as ideias humanitárias compatíveis com o grau de adiantamento a que houver chegado. Avançando para o mesmo alvo e realizando seus objetivos, o Espiritismo se encontrará com ela no mesmo terreno. Aos homens progressistas se deparará nas ideias espíritas poderosa alavanca e o Espiritismo achará, nos novos homens, espíritos inteiramente dispostos a acolhê-lo. Dado esse estado de coisas, que poderão fazer os que entendam de opor-se-lhe?[6]

Referências

1. KARDEC, Allan. *A gênese*. Tradução de Guillon Ribeiro. 51. ed. Rio de Janeiro: FEB, 2007. Cap. 17, item 32, p. 436-437.
2. _____._____. Cap. 18, item 17, p. 470-471.
3. _____._____. Item 19, p. 471.
4. _____._____. p. 471-472.
5. _____._____. Item 20, p. 472.
6. _____._____. Item 24, p. 474.
7. _____. *O livro dos espíritos*. Tradução de Guillon Ribeiro. 89. ed. Rio de Janeiro: FEB, 2007. Questão 625, p. 346.

8. DOUGLAS, J. D. BRUCE, F. F [et cols]. *O novo dicionário da bíblia*. Tradução de João Bentes. 3. ed. rev. São Paulo: Vida Nova, 2006. p.1004.

9. XAVIER, Francisco Cândido. *A caminho da luz*. Pelo Espírito Emmanuel. 34. ed. Rio de Janeiro: FEB, 2006. Cap. 1 (A gênese planetária), item: A comunidade dos espíritos puros, p. 17-18.

10. _____. *Caminho, verdade e vida*. Pelo Espírito Emmanuel. 27. ed. Rio de Janeiro: FEB, 2006. Cap. 142 (Um só senhor), p. 299-300.

11. _____. *Fonte viva*. Pelo Espírito Emmanuel. 35. ed. Rio de Janeiro: FEB, 2006. Cap. 172 (Ante o Cristo libertador), p. 416.

12. XAVIER, Francisco Cândido; VIEIRA, Waldo. *Estude e viva*. Pelos Espíritos Emmanuel e André Luiz. 12. ed. Rio de Janeiro: FEB, 2006. Cap. 24, item: Deus e caridade (mensagem de Emmanuel), p. 141.

Orientações ao monitor

Sugerimos que o estudo siga, criteriosamente, os objetivos definidos na página inicial deste Roteiro, independentemente dos recursos audiovisuais e técnicas didáticas selecionados.

OBSERVAÇÃO: Ao término da aula, o monitor solicita aos participantes a realização de uma pesquisa sobre as expressões "jugo" e "autoridade", tanto no sentido indicado por Jesus quanto no que é, usualmente, utilizado nas relações sociais e profissionais (sentidos filosófico, científico, político, religioso e espiritual). Esta pesquisa servirá de base para o estudo previsto para as próximas reuniões (módulo II).

EADE LIVRO III | MÓDULO II

ENSINOS DIRETOS DE JESUS

ENSINOS DIRETOS DE JESUS

Roteiro 1

O JUGO DE JESUS

Objetivos

» Explicar, à luz da Doutrina Espírita, o significado do jugo do Cristo.
» Refletir sobre a necessidade de nos submetermos ao amparo de Jesus.

Ideias principais

» *O jugo a que Jesus se reporta é justamente a sua Doutrina, o conhecimento e a prática das regras de bem-viver, expostos no Sermão da Montanha e na Revelação espírita; é a prática do Amor, os deveres da Caridade, a consciência dos princípios das leis eternas e sua observância possível, divulgadas no alto do Sinai.* Yvonne A. Pereira: À luz do consolador. Cap. Convite ao estudo.

» *Todos os sofrimentos [...] encontram consolação em a fé no futuro, em a confiança na justiça de Deus, que o Cristo veio ensinar aos homens.* Allan Kardec: O evangelho segundo o espiritismo. Cap. 6, item 2.

Subsídios

1. Texto evangélico

Naquele tempo, respondendo Jesus, disse: Graças te dou, ó Pai, Senhor do céu e da Terra, que ocultaste estas coisas aos sábios e instruídos e as revelaste aos pequeninos. Sim, ó Pai, porque assim te aprouve. [...] Vinde a mim, todos os que estais cansados e oprimidos, e eu vos aliviarei. Tomai sobre vós o meu jugo, e aprendei de mim, que sou manso e humilde de coração, e encontrareis descanso para a vossa alma. Porque o meu jugo é suave, e o meu fardo é leve. (MATEUS,11:25-26; 28-30.)

Por esse ensino direto, Jesus nos faz ver a importância do seu Evangelho como rota segura da conquista da felicidade verdadeira. Esclarece Emmanuel:

> Apresentar-nos com volumosa bagagem de débitos do passado escuro, ante a verdade; mas desde o instante em que nos rendemos aos desígnios do Senhor, aceitando sinceramente o dever da própria regeneração, avançamos para região espiritual diferente, onde todo jugo é suave e todo fardo é leve.[12]

Sob seu amparo e orientação adquirimos fortaleza moral que nos liberta dos velhos hábitos que nos mantêm presos ao solo das imperfeições. Neste propósito, a orientação espírita nos fornece a chave para a compreensão da mensagem do Cristo, necessária à nossa felicidade verdadeira.

> Todos os sofrimentos: misérias, decepções, dores físicas, perda de seres amados, encontram consolação em a fé no futuro, em a confiança na justiça de Deus, que o Cristo veio ensinar aos homens. Sobre aquele que, ao contrário, nada espera após esta vida, ou que simplesmente duvida, as aflições caem com todo o seu peso e nenhuma esperança lhe mitiga o amargor. Foi isso que levou Jesus a dizer: "Vinde a mim todos vós que estais fatigados [cansados e oprimidos], que eu vos aliviarei." Entretanto, faz depender de uma condição a sua assistência e a felicidade que promete aos aflitos. Essa condição está na lei por Ele ensinada. Seu jugo é a observância dessa lei; mas, esse jugo é leve e a lei é suave, pois que apenas impõe, como dever, o amor e a caridade.[1]

2. Interpretação do texto evangélico

» *Naquele tempo, respondendo Jesus, disse: Graças te dou, ó Pai, Senhor do céu e da Terra, que ocultaste estas coisas aos sábios e instruídos e as revelaste aos pequeninos. Sim, ó Pai, porque assim te aprouve* (Mt 11:25-26).

As lições do Evangelho têm caráter atemporal: orientaram o discípulo à época em que o Cristo esteve no plano físico ("naquele tempo"), orientam no presente e orientação nos dias futuros. Independentemente do nosso estágio evolutivo, importa considerar que Jesus continua conosco, sempre solícito, disposto a nos ensinar como edificar o reino dos céus, em nós mesmos.

As palavras: "Graças te dou, ó Pai, Senhor do céu e da Terra" indicam, além de louvor, reverência e submissão ao jugo, ou vontade, de Deus (o "Pai"), Criador supremo ("Senhor do céu e da Terra"). Os vocábulos "céu" e "Terra" revelam, respectivamente, e sob forma simbólica, os valores imortais que transmitem felicidade eterna ("céu") ao Espírito e o campo ou laboratório das experiências necessárias ao aprendizado humano ("Terra").

Jesus louva o Criador supremo porque certas verdades são reveladas aos pequeninos e ocultas aos sábios e instruídos. Na linguagem do Evangelho, "pequeninos" faz referência aos humildes, às almas pacíficas e boas, que se encontram abertas aos ensinamentos morais do Cristo. Os "sábios e instruídos" representam o grupo de intelectuais ciosos do saber que possuem. Por se julgarem "donos da verdade" são incapazes de perceber que revelam o estado de ignorância moral em que se encontram, por ora. São os intelectuais de todas as épocas, que enxergam através de lentes míopes, mas se avaliarem como superiores aos semelhantes, porque possuem alguma cultura fornecida pelo mundo, ou em razão da posição social ou econômica que ocupam. Na verdade, quem se julga sábio entroniza a própria ignorância, pois a verdadeira sabedoria consiste em aplicar o conhecimento na construção do bem, por meio de exemplificações moralmente elevadas. Os "sábios e instruídos" a que Jesus faz alusão, se revelam, paradoxalmente, incapazes de entender orientações espirituais básicas, uma vez que trazem o espírito saturado de arrogância e de vaidade.

> Deus não esconde as coisas aos sábios e aos entendidos; é o orgulho que não os deixa vê-las. Ao passo que os pequeninos, isto é, os despidos de orgulho e de presunção, iluminados pela fé pura que lhes concede segura intuição, assimilam facilmente as lições divinas e fazem delas caminho para a felicidade espiritual.[8]

Os humildes, ao contrário, por se curvarem aos desígnios divinos, não se julgam superiores. Sendo Espíritos mansos e benevolentes captam a essência das verdades imortais, por inspiração superior, ainda que na reencarnação se apresentem desprovidos de maiores conhecimentos intelectuais.

O poder de Deus se manifesta nas mais pequeninas coisas, como nas maiores. Ele não põe a luz debaixo do alqueire, por isso que a derrama em ondas por toda a parte, de tal sorte que só cegos não a veem. *A esses não quer Deus abrir à força os olhos, dado que lhes apraz tê-los fechados.* [...] Para vencer a incredulidade, Deus emprega os meios mais convenientes, conforme os indivíduos. Não é à incredulidade que compete prescrever-lhe o que deva fazer, nem lhe cabe dizer: "Se me queres convencer, tens de proceder dessa ou daquela maneira, em tal ocasião e não em tal outra, porque essa ocasião é a que mais me convém." Não se espantem, pois, os incrédulos de que nem Deus, nem os Espíritos, que são os executores da sua vontade, se lhes submetam às exigências. Inquiram de si mesmos o que diriam, se o último de seus servidores se lembrasse de lhes prescrever fosse o que fosse. Deus impõe condições e não aceita as que lhe queiram impor. Escuta, bondoso, os que a Ele se dirigem humildemente e não os que se julgam mais do que Ele.[2]

Jesus exemplifica sujeição à vontade de Deus quando afirma: "Sim, ó Pai, porque assim te aprouve." Ele "[...] tinha certeza de que seus ensinamentos jamais se perderiam. No caminho do progresso, o que a alma não aceita hoje, aceitará no futuro".[8] Entretanto, Jesus respeita o livre-arbítrio dos seus interlocutores, de aceitar ou rejeitar as suas sábias orientações. "Não nos esqueçamos de que o Evangelho é para ser semeado, e a partir daí, germinar, crescer e frutificar no coração."[4]

O exemplo do Cristo ilustra o tipo de comportamento que devemos adotar perante pessoas que rejeitam ou desconhecem os ensinos espíritas. Precisamos respeitar, com serenidade, a indiferença ou as opiniões contrárias emitidas sobre a Doutrina Espírita. Com o tempo, todas as criaturas humanas absorverão seus princípios. "Atrás do 'aprouve' do Pai, pode estar presente o recurso menos agradável, mas imprescindível ao ressarcimento de débitos pretéritos, ou outros, destinados à aferição das conquistas já operadas, com vistas ao futuro [...]".[5]

O Mestre demonstra que os Espíritos que rejeitam as verdades do Evangelho o fazem porque estão transitoriamente incapacitados de enxergar mais além. "*O orgulho é a catarata que lhes tolda a visão. De que vale apresentar a luz a um cego? Necessário é que, antes se lhe destrua a causa do mal.*"[3]

Essa condição nos faz lembrar a seguinte afirmativa de Paulo: "E, se alguém cuida saber alguma *coisa*, ainda não sabe como convém saber" (1Co 8:2), cuja interpretação de Emmanuel não deve ser ignorada:

A civilização sempre cuida saber excessivamente, mas, em tempo algum, soube como convém saber.

É por isto que, ainda agora, o avião bombardeia, o rádio transmite a mentira e a morte, e o combustível alimenta maquinaria de agressão.

Assim também, na esfera individual, o homem apenas cogita saber, esquecendo que é indispensável saber como convém.

Em nossas atividades evangélicas, toda a atenção é necessária ao êxito na tarefa que nos foi cometida.

Aprendizes do Evangelho existem que pretendem guardar toda a revelação do Céu, para impô-la aos vizinhos; que se presumem de posse da humildade para tiranizarem os outros; que se declaram pacientes, irritando a quem os ouve; que se afirmam crentes, confundindo a fé alheia; que exibem títulos de benemerência, olvidando comezinhas obrigações domésticas.

Esses amigos, principalmente, são daqueles que cuidam saber sem saberem de fato.

Os que conhecem espiritualmente as situações ajudam sem ofender, melhoram sem ferir, esclarecem sem perturbar. Sabem como convém saber e aprenderam a ser úteis. Usam o silêncio e a palavra, localizam o bem e o mal, identificam a sombra e a luz e distribuem com todos os dons do Cristo. Informam-se quanto à Fonte da eterna Sabedoria e ligam-se a ela como lâmpadas perfeitas ao centro da força. Fracassos e triunfos, no plano das formas temporárias, não lhes modificam as energias. Esses sabem porque sabem e utilizam os próprios conhecimentos como convém saber.[14]

» *Vinde a mim, todos os que estais cansados e oprimidos, e eu vos aliviarei. Tomai sobre vós o meu jugo, e aprendei de mim, que sou manso e humilde de coração, e encontrareis descanso para a vossa alma. Porque o meu jugo é suave, e o meu fardo é leve* (Mt 11:28-30).

Este texto revela uma das mais belas e consoladoras manifestações de Jesus. Demonstra a sensibilidade do educador cônscio de seu ministério e do que efetivamente necessita ser repassado ao aprendiz.

Ninguém como Cristo espalhou na Terra tanta alegria e fortaleza de ânimo. Reconhecendo isso, muitos discípulos amontoam argumentos contra a lágrima e abominam as expressões de sofrimento.

O Paraíso já estaria na Terra se ninguém tivesse razões para chorar. Considerando assim, Jesus, que era o Mestre da confiança e do otimismo, chamava ao seu coração todos os que estivessem cansados e oprimidos sob o peso de desenganos terrestres.

Não amaldiçoou os tristes: convocou-os à consolação.

[...]

Caracterizam-se as lágrimas através de origens específicas. Quando nascem da dor sincera e construtiva, são filtros de redenção e vida; no entanto, se procedem do desespero, são venenos mortais.[10]

A expressão "Vinde a mim" está saturada de vibrações amorosas.

Convidando-nos, Jesus espera que nos movimentemos para Ele. Apesar de nos aguardar no decorrer dos milênios, essas suas palavras ainda soam nas consciências, trabalhando nossas reservas, até que o livre-arbítrio, imprescindível em tal decisão, possa ser acionado na direção dele que se constitui na porta de solução de todas as dores e apreensões.[6]

Sabemos, como cristãos e espíritas, que Jesus possui a suprema graça divina. Dele frui o bem superior, em razão de sua íntima e perfeita união com o Pai celestial.[9] "Em tais condições, um desejo ardente domina o seu amorável coração: tornar os homens tais como ele é, fazê-los co-herdeiros com Ele, da paterna herança."[9]

A ternura expressa no "Vinde a mim", indica a possibilidade de nos libertarmos do peso das provações. É um apelo sincero que se assemelha às mãos estendidas; ao abraço fraterno; ao secar de lágrimas; à oferta de ombro amigo; é também manifestação de socorro, consolo e proteção.

Criados simples e ignorantes, optamos, contudo, em perambular pelos desvios que nos afastam do caminho do bem, a despeito das inúmeras oportunidades de elevação que nos são oferecidas.

Todos os males que nos afetam têm origem na falta de comunhão com Deus. Consequentemente, tudo que nos causa aflições, mágoas e sofrimentos, resolver-se-á como que por encanto, mediante o estabelecimento de nossas relações com a Divindade.[9]

O ser humano, para ser feliz, necessita desprender-se da opressão que a vida material proporciona. A questão que se coloca, naturalmente, não é a do Cristo vir até nós, mas decidirmos, efetivamente, ir ao encontro do Cristo.

> Todos ouvem as palavras do Cristo, as quais insistem para que a mente inquieta e o coração atormentado lhe procurem o regaço refrigerante...
>
> [...]
>
> Aqui, as palavras do Mestre se derramam por vitalizante bálsamo, entretanto, os laços da conveniência imediatista são demasiado fortes; além, assinala-se o convite divino, entre promessas de renovação para a jornada redentora, todavia, o cárcere do desânimo isola o espírito, por meio de grades resistentes; acolá, o chamamento do Alto ameniza as penas da alma desiludida, mas é quase impraticável a libertação dos impedimentos constituídos por pessoas e coisas, situações e interesses individuais, aparentemente inadiáveis.
>
> Jesus, o nosso Salvador, estende-nos os braços amoráveis e compassivos. Com Ele, a vida enriquecer-se-á de valores imperecíveis e à sombra dos seus ensinamentos celestes seguiremos, pelo trabalho santificante, na direção da Pátria Universal ...[11]

Faz-se necessário, pois, que o ser humano priorize a sua felicidade, orientando-se pelo poder do amor. Assim, quando Jesus afirma "Vinde a mim, todos os que estais cansados e oprimidos e eu vos aliviarei", destaca que a força do amor é a única capaz de produzir paz e alegria duradouras. O jugo do Cristo é o jugo do amor, que educa e promove o ser humano. Sob sua tutela, conhecemos e colocamos em prática a sua Doutrina, que se resume na prática da caridade. Entretanto, agindo como Espíritos rebeldes e imaturos, fugimos de sua assistência, através de ações infelizes, contra nós próprios e contra o próximo.

> Por não buscá-lo pela via do Amor, Ele nos aguarda após as muitas lutas e desarmonias experimentadas nas veredas do sofrimento e da desilusão. Oprimidos, porque as coisas da Terra não apenas cansam, oprimem também. As desilusões aniquilam. As derrotas afligem. Depois de tanta luta, tudo passa deixando cicatrizes a nos induzirem à reflexão, para tomada de uma nova posição com Ele nas trilhas do progresso.[7]

É importante não nos submetermos às pseudonecessidades alimentadas pelo ego que, por serem fictícias e transitórias, atordoam os sentidos, envenenam os sentimentos, obliteram o raciocínio, interpondo obstáculos à melhoria espiritual. O atraso moral torna o Espírito escravo de paixões inferiores, em que o orgulho e o egoísmo estabelecem reinado desolador. Libertos, porém, dos seus apelos inferiores, fazendo opção pelo amor do Cristo, constata-se e que o seu jugo liberta e ampara por estar fundamentado no amor.

Os versículos 29 e 30, do registro de Mateus, trazem uma promessa de Jesus que deve ser considerada com muita seriedade: "Tomai sobre vós o meu jugo, e aprendei de mim, que sou manso e humilde de coração, e encontrareis descanso para a vossa alma. Porque o meu jugo é suave, e o meu fardo é leve."

Importa destacar que se o Cristo fala do seu jugo é porque existem outros jugos, como o das paixões inferiores, anteriormente assinaladas. Nessas condições, a pessoa corre o risco de ficar indiferente ao bem. Preferindo manter-se à margem da vida, indolente, é então subjugada pelas oscilações dos interesses egoísticos que lhe alimentam a existência. Presa às manifestações do egocentrismo, passa a ignorar o valor do sacrifício em benefício do próximo, incapaz que se encontra de renunciar às atrações impostas por posições e cargos existentes na vida em sociedade.

É necessário ficarmos atentos ao real sentido destas palavras de Jesus, evitando-se qualquer tipo de equívoco: "Tomai sobre vós o meu jugo, e aprendei de mim, que sou manso e humilde de coração, e encontrareis descanso para a vossa alma. Porque o meu jugo é suave, e o meu fardo é leve." Não existe, na transcrição, estímulo à falta de compromisso moral quando Jesus anuncia: "aprendei de mim, que sou manso e humilde de coração"; nem à ociosidade quando afirma: "encontrareis descanso para a vossa alma"; ou, ainda, desprezo pelo esforço e pelo trabalho, quando alega que o seu jugo é suave e que o seu fardo é leve. Recordemos que o processo de renovação no bem exige dedicação e persistência, obtido, em geral, à custa de suor e de lágrimas.

Neste contexto, orienta o benfeitor Emmanuel com propriedade:

Dirigiu-se Jesus à multidão dos aflitos e desalentados proclamando o divino propósito de aliviá-los.

— "Vinde a mim! — clamou o Mestre —, tomai sobre vós o meu jugo, e aprendei comigo, que sou manso e humilde de coração!"

Seu apelo amoroso vibra no mundo, através de todos os séculos do Cristianismo.

Compacta é a turba de desesperados e oprimidos da Terra, não obstante o amorável convite.

É que o Mestre no "Vinde a mim!" espera naturalmente que as almas inquietas e tristes o procurem para a aquisição do ensinamento divino. Mas nem todos os aflitos pretendem renunciar ao objeto de suas desesperações e nem todos os tristes querem fugir à sombra para o encontro com a luz.

A maioria dos desalentados chega a tentar a satisfação de caprichos criminosos com a proteção de Jesus, emitindo rogativas estranhas.

Entretanto, quando os sofredores se dirigirem sinceramente ao Cristo, hão de ouvi-lo, no silêncio do santuário interior, concitando-lhes o espírito a desprezar as disputas reprováveis do campo inferior.

Onde estão os aflitos da Terra que pretendem trocar o cativeiro das próprias paixões pelo jugo suave de Jesus Cristo?

Para esses foram pronunciadas as santas palavras "Vinde a mim!", reservando-lhes o Evangelho poderosa luz para a renovação indispensável.[13]

Referências

1. KARDEC, Allan. *O evangelho segundo o espiritismo*. Tradução de Guillon Ribeiro. 126. ed. Rio de Janeiro: FEB, 2006. Cap. 6, item 2, p. 139-140.

2. _____._____. Cap. 7, item 9, p. 151.

3. _____._____. Item 10, p. 151-152.

4. GRUPO ESPÍRITA EMMANUEL. *Luz imperecível*. Coordenação de Honório Onofre de Abreu. 2. ed. Belo Horizonte: União Espírita Mineira, 1997. Cap. 57 (Proposta divina), p. 171.

5. _____._____. p. 172.

6. _____._____. Cap. 59 (Cansados e oprimidos), p. 176-177.

7. _____._____. p. 176-177.

8. RIGONATTI, Eliseu. *O evangelho dos humildes*. 16. ed. São Paulo: Pensamento, 2004. Cap. 11, item: O jugo de Jesus, p. 108.

9. VINÍCIUS (Pedro de Camargo). *Nas pegadas do mestre*. 10. ed. Rio de Janeiro: FEB, 2005. Cap. Vinde a mim, p. 119.

10. XAVIER, Francisco Cândido. *Caminho, verdade e vida*. Pelo Espírito Emmanuel. 27. ed. Rio de Janeiro: FEB, 2006. Cap. 172 (Lágrimas), p. 359-360.

11. _____. *Fonte viva*. Pelo Espírito Emmanuel. 35. ed. Rio de Janeiro: FEB, 2006. Cap. 5 (Consegues ir?), p. 25-26.

12. _____. *Pão nosso*. Pelo Espírito Emmanuel. 28. ed. Rio de Janeiro: FEB, 2006. Cap. 81 (No paraíso), p. 178.

13. _____._____. Cap. 130 (Onde estão?), p. 275-276.

14. _____. *Vinha de luz*. Pelo Espírito Emmanuel. 25. ed. Rio de Janeiro: FEB, 2006. Cap. 44 (Saber como convém), p. 107-108.

Orientações ao monitor

Pedir aos participantes que apresentem os resultados da pesquisa solicitada na reunião anterior, a que trata das diferentes utilizações da palavra "jugo". Em seguida, trabalhar os objetivos especificados no Roteiro, tendo como base as referências citadas.

OBSERVAÇÃO: esclarecer que a pesquisa sobre o significado de "autoridade" será utilizada na próxima reunião.

ENSINOS DIRETOS DE JESUS

Roteiro 2

A AUTORIDADE DE JESUS

Objetivos

» Analisar em que se resume a autoridade do Cristo.
» Esclarecer como Espiritismo explica essa autoridade.

Ideias principais

» Sob a autoridade moral do Cristo, o ser humano é guiado na sua busca pela conquista da felicidade plena. *Um dia, Deus, em sua inesgotável caridade, permitiu que o homem visse a verdade varar as trevas. Esse dia foi o do advento do Cristo.*[...] Allan Kardec: O evangelho segundo o espiritismo. Cap. I, item 10.

» *O Cristo foi o iniciador da mais pura, da mais sublime moral, da moral evangélico-cristã, que há de renovar o mundo, aproximar os homens e torná-los irmãos; que há de fazer brotar de todos os corações a caridade e o amor do próximo e estabelecer ente os humanos uma solidariedade comum; de uma moral, enfim, que há de transformar a Terra, tornando-a morada de Espíritos superiores aos que hoje a habitam.* Allan Kardec: O evangelho segundo o espiritismo. Cap. I, item 9.

Subsídios

1. Texto evangélico

Eu sou o pão da vida. (João, 6:48.)

Eu sou a luz do mundo; quem me segue não andará em trevas, mas terá a luz da vida. (João, 8:12.)

Eu sou a porta; se alguém entrar por mim, salvar-se-á, e entrará, e sairá, e achará pastagens. (João, 10:9-10.)

Eu sou o caminho, e a verdade, e a vida. Ninguém vem ao Pai senão por mim. (João, 14:6.)

Como Governador do planeta, Jesus detém a plena autoridade para suprir a Humanidade de recursos favoráveis à sua redenção espiritual. É uma autoridade que se manifesta de forma branda e pacífica, sem violência de qualquer espécie. Fundamenta-se na lei de amor que, por sua vez, reflete as leis sábias do Criador. A autoridade e a sabedoria de Jesus são legítimas, oriundas de Deus. Seu Evangelho é o maior código de moralidade existente, ensinando como colocar em prática a Lei de Deus, Lei que Jesus "[....] veio cumpri-la, isto é, desenvolvê-la, dar-lhe o verdadeiro sentido e adaptá-la ao grau de adiantamento dos homens. Por isso é que se nos depara, nessa Lei, o princípio dos deveres para com Deus e para com o próximo, base de sua doutrina".[1]

Em cada ensinamento do Evangelho identificamos o Mestre na sua divina missão de educador de almas que imprime o selo do amor e da sabedoria nas suas orientações superiores. É por este motivo que, em outra oportunidade, afirma o Cristo: "Vós me chamais Mestre e Senhor e dizeis bem, porque eu o sou" (Jo 13:13).

> Mas o papel de Jesus não foi o de um simples legislador moralista, tendo por exclusiva autoridade a sua palavra. Cabia-lhe dar cumprimento às profecias que lhe anunciaram o advento; a autoridade lhe vinha da natureza excepcional do seu Espírito e de sua missão divina.[2]

> Ele viera ensinar aos homens que a verdadeira vida não é a que transcorre na Terra e sim a que é vivida no reino dos céus; viera ensinar-lhes o caminho que a esse reino conduz, os meios de eles se reconciliarem com Deus e de pressentirem esses meios na marcha das coisas por vir,

para a realização dos destinos humanos. Entretanto, não disse tudo, limitando-se, respeito a muitos pontos, a lançar o gérmen de verdades que, segundo Ele próprio o declarou, ainda não podiam ser compreendidas. Falou de tudo, mas em termos mais ou menos implícitos. Para ser apreendido o sentido oculto de algumas palavras suas, mister se fazia que novas ideias e novos conhecimentos lhes trouxessem a chave indispensável, ideias que, porém, não podiam surgir antes que o espírito humano houvesse alcançado um certo grau de madureza.[3]

Os ensinamentos espíritas nos orientam como interpretar com segurança a mensagem de Jesus, inclusive pontos que permaneceram obscuros ou foram interpretados equivocadamente. "O Espiritismo é a chave com auxílio da qual tudo se explica de modo fácil."[4]

A Boa-Nova apresenta sublimadas orientações que definem com clareza inequívoca a autoridade de Jesus e a sua condição de dirigente maior dos destinos da Humanidade. Neste contexto, a fórmula da nossa definitiva libertação espiritual encontra-se neste conselho de Jesus: "Se vós permanecerdes na minha palavra, verdadeiramente, sereis meus discípulos e conhecereis a verdade, e a verdade vos libertará" (Jo 8:31-32).

2. Interpretação do texto evangélico

» *Eu sou o pão da vida* (Jo 6:48).

No sentido elementar, "pão" significa alimento básico, o que nutre as células e mantém a vida humana. Afirmando-se, porém, como "o pão da vida", Jesus nos apresenta o sentido espiritual do seu ensinamento: o de alimento essencial, que garante os nutrientes necessários para o sustento moral do Espírito. Jesus é o pão que fornece, cotidianamente, conforto espiritual. Este conforto não "[...] é como o pão do mundo, que passa, mecanicamente, de mão em mão, para saciar a fome do corpo, mas sim como o Sol, que é o mesmo para todos, penetrando, porém, somente nos lugares onde não se haja feito um reduto fechado para as sombras".[9]

Através dos tempos, Jesus vem, saciando a fome espiritual de quantos dele se aproximam, suprindo-os fartamente em termos de harmonia, equilíbrio, bom ânimo e força moral. Acrescenta, ainda, Emmanuel:

> Dentro de nossa pequenez, sucumbiríamos de fome espiritual, estacionados na sombra da ignorância, não fosse essa videira da verdade

e do amor que o supremo Senhor nos concedeu em Jesus Cristo. De sua seiva divina procedem todas as nossas realizações elevadas, nos serviços da Terra. Alimentados por essa fonte sublime, compete-nos reconhecer que, sem o Cristo, as organizações do mundo se perderiam por falta de base. Nele encontramos o pão vivo das almas e, desde o princípio, o seu amor infinito no orbe terrestre é o fundamento divino de todas as verdades da vida.[10]

Conclui-se, dessa forma, que precisamos trazer o Cristo no coração e na mente. As lições do seu Evangelho nos convidam ao grande esforço de cooperação e de doação no bem, que devemos aderir voluntariamente, sem falsas expectativas, mas conscientes do trabalho que nos cabe realizar.

» *Eu sou a luz do mundo; quem me segue não andará em trevas, mas terá a luz da vida* (Jo 8:12).

Por essa afirmativa compreendemos a missão de Jesus como iluminador de consciências, num trabalho incessante que se desenrola ao longo das eras, nas vias do progresso humano. Sob a projeção da sua magnífica luz espiritual somos esclarecidos, porém, sem deixar de reconhecer o estado de escuridão que ainda trazemos no íntimo do ser.

Nossos pobres olhos não podem divisar particularidades nesse deslumbramento, mas sabemos que o fio da luz e da vida está nas suas mãos. É Ele quem sustenta todos os elementos ativos e passivos da existência planetária. No seu coração augusto e misericordioso está o Verbo do princípio. Um sopro de sua vontade pode renovar todas as coisas, e um gesto seu pode transformar a fisionomia de todos os horizontes terrestres.[11]

Como Governador espiritual da Terra, Jesus fornece os meios e os recursos necessários ao aprendizado humano e, sob o seu jugo amorável, a Humanidade adquire a tão esperada iluminação espiritual.

Ele é a Luz do princípio e nas suas mãos misericordiosas repousam os destinos do mundo. Seu coração magnânimo é a fonte da vida para toda a humanidade terrestre. Sua mensagem de amor, no Evangelho, é a eterna palavra da ressurreição e da justiça da fraternidade e da misericórdia. Todas as coisas humanas passarão, todas as coisas humanas se modificarão. Ele, porém, é a Luz de todas as vidas terrestres, inacessível ao tempo e à destruição.[12]

Identificando e aceitando a luz do Mestre, as criaturas humanas transformam-se, pouco a pouco, em instrumentos de auxílio, em autênticos discípulos, que sabem refletir a luz do Evangelho nas inúmeras atividades de amor e caridade. Tais discípulos são assim denominados pelo Mestre: "Vós sois a luz do mundo" (Mt 5:14).

> *Eu sou a porta; se alguém entrar por mim, salvar-se-á, e entrará, e sairá, e achará pastagens. [...] Eu sou o bom Pastor; o bom Pastor dá a sua vida pelas ovelhas* (Jo 10:9 e11).

A porta é uma passagem situada entre dois ambientes que, no sentido do Evangelho, expressa níveis de entendimento ou de planos evolutivos. A passagem de um lado para o outro está intermediada pela porta, aqui claramente representada pelo Cristo. Quer isso dizer que as oportunidades de progresso, advindas das provações ou em razão de escolhas sensatas, são concessões que Jesus faz aos seres humanos, em nome de Deus.

Há também outro sentido para "porta". Pode indicar sinal de renovação mental, ou mudanças de atitudes e de comportamentos. Devemos considerar, porém, que nem sempre o desejo de melhoria corresponde a ações efetivas.

> Quando notarmos a presença de um crente de boa palavra, mas sem o íntimo renovado, dirigindo-se ao Mestre como um prisioneiro carregado de cadeias, estejamos certos de que esse irmão pode estar à porta do Cristo, pela sinceridade das intenções; no entanto, não conseguiu, ainda, a penetração no santuário de seu amor.[8]

Encontramos muitas portas na vida: as "portas largas" que conduzem às perturbações e às desarmonias espirituais. Da mesma forma, existem "portas estreitas", caracterizadas pela renúncia aos valores transitórios e às ilusões da matéria. (Mt 7:13-14.) Com o Cristo, porém, a palavra "porta" apresenta grande significância, porque quando Ele afirma "Eu sou a porta", acrescenta, em seguida: "se alguém entrar por mim, salvar-se-á". Jesus é, assim, meio de progresso moral-intelectual e salvação. É o Guia e Modelo da Humanidade.[6]

Jesus é a referência legítima do bem e da felicidade. Simbolizando-se como porta, demonstra que a sua mensagem conduz a um patamar mais amplo, mais elevado, fértil de valores edificantes para o Espírito.

> O Cristo foi o iniciador da mais pura, da mais sublime moral, da moral evangélico-cristã, que há de renovar o mundo, aproximar os homens

e torná-los irmãos; que há de fazer brotar de todos os corações a caridade e o amor do próximo e estabelecer entre os humanos uma solidariedade comum; de uma moral, enfim, que há de transformar a Terra, tornando-a morada de Espíritos superiores aos que hoje a habitam. É a lei do progresso, a que a Natureza está submetida, que se cumpre, e o Espiritismo é a alavanca de que Deus se utiliza para fazer que a Humanidade avance.[5]

No final do versículo nove, da citação de João, o Mestre afirma: "Salvar-se-á, e entrará, e sairá, e achará pastagens". Percebe-se, aqui, que a ideia de "salvar-se" não é algo estático ou passivo. Envolve movimentação de um nível evolutivo para outro, determinada por ações precisas. "Salvar-se" significa integrar-se ao serviço do Cristo, colocar-se à sua disposição, onde o indivíduo encontrará sempre oportunidades de realizações nobres ("achará pastagens").

Fica claro também que a pessoa é salva porque se libertou ou encontrase em processo de libertação das próprias imperfeições. O Espírito é livre a partir do momento que aceita e vivência ensinamentos do Cristo ("a porta"). Sendo livre, "entrará, e sairá, e achará pastagens", ou seja, é capaz de vencer as tentações do caminho porque a sua alimentação mental, "a pastagem", agora, é farta, decorrente da sua nova atuação no cenário da vida: a vitória sobre si mesmo, sobre as próprias imperfeições.

» Eu sou o caminho, e a verdade, e a vida. Ninguém vem ao Pai senão por mim (Jo14:6).

A autoridade de Jesus é de cunho moral. A que se impõe, naturalmente, sem ofensas e violências. É a autoridade do amor. O dia em que a Humanidade tiver conhecimento da mensagem do Cristo, uma nova ordem se estabelecerá no planeta, que de mundo de expiação e provas se elevará à categoria de regeneração. Os seres humanos, mais fraternos e solidários, entenderão e aceitarão a liderança real, legítima e verdadeira: a de Jesus.

A liderança real, no caminho da vida, não tem alicerces em recursos amoedados. Não se encastela simplesmente em notoriedade de qualquer natureza. Não depende unicamente da argúcia ou sagacidade. Nem é fruto da erudição pretensiosa. A chefia durável pertencem aos que se ausentam de si mesmos, buscando os semelhantes para servi--los... Esquecendo as luzes transitórias da ribalta do mundo... renunciando à concretização de sonhos pessoais em favor das realizações coletivas.... Obedecendo aos estímulos e avisos da consciência... E por amar a todos sem reclamar amor para si, embora na condição de servo de todos, faz-se amado da vida, que nele concentra seus interesses fundamentais.[13]

Existindo uma sociedade mais pacífica na Terra, unida por um laço de sincera fraternidade, a Humanidade compreenderá, finalmente, o significado de o Cristo ser o Caminho, a Verdade e a Vida.

Jesus é o Caminho, a Verdade e a Vida. Sua luz imperecível brilha sobre os milênios terrestres, como o Verbo do princípio, penetrando [...].

Lutas sanguinárias, guerras de extermínio, calamidades sociais não lhe modificaram um til nas palavras que se atualizam, cada vez mais, com a evolução multiforme da Terra. Tempestades de sangue e lágrimas nada mais fizeram que avivar-lhes a grandeza. Entretanto, sempre tardios no aproveitamento das oportunidades preciosas, muitas vezes, no curso das existências renovadas, temos desprezado o Caminho, indiferentes ante os patrimônios da Verdade e da Vida.

O Senhor, contudo, nunca nos deixou desamparados.

Cada dia, reforma os títulos de tolerância para com as nossas dívidas; todavia, é de nosso próprio interesse levantar o padrão da vontade, estabelecer disciplinas para uso pessoal e reeducar a nós mesmos, ao contato do Mestre divino. Ele é o Amigo generoso, mas tantas vezes lhe olvidamos o conselho que somos suscetíveis de atingir obscuras zonas de adiamento indefinível de nossa iluminação interior para a vida eterna.[7]

Referências

1. KARDEC, Allan. *O evangelho segundo o espiritismo*. Tradução de Guillon Ribeiro. 126. ed. Rio de Janeiro: FEB, 2006. Cap. 1, item 3, p. 58.

2. _____._____. Item 4, p. 58-59.

3. _____._____. p. 59.

4. _____._____. Item 5, p.59.

5. _____._____. Item 9, p. 62-63.

6. _____. *O livro dos espíritos*. Tradução de Guillon Ribeiro. 89. ed. Rio de Janeiro: FEB, 2007. Questão 625, p. 346.

7. XAVIER, Francisco Cândido. *Caminho, verdade e vida*. Pelo Espírito Emmanuel. 27. ed. Rio de Janeiro: FEB, 2006. Introdução: Interpretação dos textos sagrados, p. 13-14.

8. _____._____. Cap. 7 (Tudo novo), p. 30.

9. _____._____. Cap. 11 (Conforto), p. 38.

10. _____._____. Cap. 54 (A videira), p. 124.

11. _____. *A caminho da luz*. Pelo Espírito Emmanuel. 32. ed. Rio de Janeiro: FEB, 2005. Introdução, p.15.

12. _____._____. p. 16.

13. XAVIER, Francisco Cândido; VIEIRA, Waldo. *O espírito da verdade*. Por diversos Espíritos. 16. ed. Rio de Janeiro: FEB, 2006. Cap. 64 (O primeiro: mensagem do Espírito Emmanuel), p. 152.

Orientações ao monitor

Como motivação inicial, pedir aos participantes que informem os diferentes significados da palavra autoridade. Dividir, em seguida, a turma em pequenos grupos para o estudo dos textos evangélicos, citados neste Roteiro. Promover, em seguida, ampla análise do assunto, mantendo-se atento às orientações espíritas correspondentes.

EADE – LIVRO III | MÓDULO II

ENSINOS DIRETOS DE JESUS

Roteiro 3

A CASA EDIFICADA SOBRE A ROCHA

Objetivos

» Analisar, à luz da Doutrina Espírita, o simbolismo da "casa construída sobre a rocha", constante em MATEUS, 7:24-27 e em LUCAS, 6:46-49.

» Esclarecer por que todas as pessoas podem e devem colocar em prática os ensinamentos de Jesus.

Ideias principais

» *Todos os que reconhecem a missão de Jesus dizem: Senhor! Senhor! — De que serve, porém, lhe chamarem Mestre ou Senhor, se não lhe seguem os preceitos? [...]* Allan Kardec: *O evangelho segundo o espiritismo.* Cap. XVIII, item 9.

» *São eternas as palavras de Jesus, porque são a verdade. [...] Eis por que todas as instituições humanas, políticas, sociais e religiosas, que se apoiarem nessas palavras, serão estáveis como a casa construída sobre a rocha. [...]* Allan Kardec: *O evangelho segundo o espiritismo.* Cap. XVIII, item 9.

» *Na qualidade de político ou de varredor, num palácio ou numa choupana, o homem da Terra pode fazer o que lhe ensinou Jesus.* Emmanuel: *Caminho, verdade e vida.* Cap. 47.

Subsídios

1. Texto evangélico

E por que me chamais Senhor, Senhor, e não fazeis o que eu digo? Qualquer que vem a mim, e ouve as minhas palavras, e as observa, eu vos mostrarei a quem é semelhante. É semelhante ao homem que edificou uma casa, e cavou, e abriu bem fundo, e pôs os alicerces sobre rocha; e, vindo a enchente, bateu com ímpeto a corrente naquela casa e não a pôde abalar, porque estava fundada sobre rocha. Mas o que ouve e não pratica é semelhante ao homem que edificou uma casa sobre terra, sem alicerces, na qual bateu com ímpeto a corrente, e logo caiu; e foi grande a ruína daquela casa. (LUCAS, 6:46-49.)

Todo aquele, pois, que escuta estas minhas palavras e as pratica, assemelhá-lo-ei ao homem prudente, que edificou a sua casa sobre a rocha. E desceu a chuva, e correram rios, e assopraram ventos, e combateram aquela casa, e não caiu, porque estava edificada sobre a rocha. E aquele que ouve estas minhas palavras e as não cumpre, compará-lo-ei ao homem insensato, que edificou a sua casa sobre a areia. E desceu a chuva, e correram rios, e assopraram ventos, e combateram aquela casa, e caiu, e foi grande a sua queda. (MATEUS, 7:24-27.)

Por esse ensinamento de Jesus, registrado por Lucas e por Mateus, identificamos duas questões fundamentais, dirigidas a todo cristão, independentemente da interpretação religiosa que segue: 1) a importância de colocar em prática os ensinamentos de Jesus; 2) a sabedoria, ou prudência, em edificar o próprio caráter em bases sólidas. A propósito, esclarece Kardec:

> Todos os que reconhecem a missão de Jesus dizem: Senhor! Senhor! – De que serve, porém, lhe chamarem Mestre ou Senhor, se não lhe seguem os preceitos? Serão cristãos os que o honram com exteriores atos de devoção e, ao mesmo tempo, sacrificam ao orgulho, ao egoísmo, à cupidez e a todas as suas paixões? Serão seus discípulos os que passam os dias em oração e não se mostram nem melhores, nem mais caridosos, nem mais indulgentes para com seus semelhantes? Não, porquanto, do mesmo modo que os fariseus, eles têm a prece nos lábios e não no coração. [...] Não espereis dobrar a Justiça do Senhor pela multiplicidade das vossas palavras e das vossas genuflexões. O caminho único que vos está aberto, para achardes graça perante Ele, é o da prática sincera da lei de amor e de caridade.

[...] Eis por que todas as instituições humanas, políticas, sociais e religiosas, que se apoiarem nessas palavras, serão estáveis como a casa construída sobre a rocha.[...][1]

2. Interpretação do texto evangélico

» *E por que me chamais Senhor, Senhor, e não fazeis o que eu digo?* (Lc 6:46).

No Velho Testamento, a palavra "Senhor" faz referência exclusiva a Deus (do hebraico *Yhvh*, transliterado para *Yahweh*, *Javé* ou *Jeová*),[3] Criador supremo, também chamado de "O Eterno". Nessa escritura bíblica existe também a palavra *Adonay* indicativa de "Senhor".

[*Adonay*] é [...] uma forma plural que designa Deus como ser pleno de vida e poder. Significa "Senhor", ou em sua forma extensiva, "Senhor de senhores", e "Senhor de toda a Terra", apontando Deus como governante a quem tudo está sujeito e com quem o homem está relacionado como servo (Gn 18:27). Era a forma favorita do nome divino pelo escritores judeus posteriores, os quais usavam-na para substituir o nome sagrado YHVH.[2]

Importa considerar, porém, que seguindo a tradição definida pelos escritores da *Septuaginta* (tradução grega das escrituras hebraicas), as modernas traduções do Velho Testamento usam a palavra "Senhor" como equivalente de *YHVH* (Javé), "[...] A forma JAVÉ é a mais aceita entre os eruditos. A forma JEOVÁ (JEHOAH), que só aparece a partir de 1518, não é recomendável por ser híbrida, isto é, consta da mistura das consoantes de *YHVH* (o Eterno) com as vogais de *ADONAY* (Senhor).[7]

No Novo Testamento, o vocábulo "Senhor" é usado tanto para Deus, o Pai, como para Jesus, o Filho — também confundido, equivocadamente, com Deus por algumas religiões cristãs —, "[...] sendo às vezes impossível afirmar com certeza de qual dos dois se está falando".[7]

Referências históricas à parte, o que realmente é essencial diz respeito à vivência da mensagem do Cristo. Trata-se de questão que todo cristão, todo espírita, deve analisar com seriedade.

São eternas as palavras de Jesus, porque são a verdade. Constituem não só a salvaguarda da vida celeste, mas também o penhor da paz, da tranquilidade e da estabilidade nas coisas da vida terrestre. [...] Os homens as conservarão porque se sentirão felizes nelas. As que, porém, forem uma violação daquelas palavras, serão como a casa edificada na areia: o vento das renovações e o rio do progresso as arrastarão.[1]

Considerando o período de tempo que a mensagem cristã se encontra entre nós, entende-se que um esforço maior deva ser levado avante pelos cristãos — notadamente o espírita que detém maiores esclarecimentos sobre as consequências dos seus atos —, no sentido de vivenciá-la, tendo em vista esta orientação do apóstolo Tiago: "E sede cumpridores da palavra e não somente ouvintes, enganando-vos com falsos discursos" (Tg 1:22).

> Falsos discursos enganaram indivíduos, famílias e nações. Acreditaram alguns em promessas vãs, outros em teorias falaciosas, outros, ainda, em perspectivas de liberdade sem obrigações. E raças, agrupamentos e criaturas, identificando a ilusão, atritam-se, mutuamente, procurando a paternidade das culpas.
>
> [...]
>
> No turbilhão de lutas, todavia, o amigo do Cristo pode valer-se do tesouro evangélico, em proveito de sua esfera individual.
>
> Cumprir a palavra do Mestre em nós é o programa divino. Sem a execução desse plano de salvação, os demais serviços sob nossa responsabilidade constituirão sublimada teologia, raciocínios brilhantes, magnífica literatura, muita admiração e respeito do campo inferior do mundo, mas nunca a realização necessária.
>
> Eis o motivo pelo qual é sempre perigoso estacionar, no caminho, a ouvir quem foge à realidade de nossos deveres.[12]

Fazendo uma reflexão mais apurada, percebemos que não conseguimos nos furtar de certo constrangimento, de vergonha mesmo, quando deparamos com a interrogação do Mestre: "E por que me chamais Senhor, Senhor, e não fazeis o que eu digo?"

> Em lamentável indiferença, muitas pessoas esperam pela morte do corpo, a fim de ouvirem as sublimes palavras do Cristo.
>
> Não se compreende, porém, o motivo de semelhante propósito. O Mestre permanece vivo em seu Evangelho de amor e luz.
>
> É desnecessário aguardar ocasiões solenes para que lhe ouçamos os ensinamentos sublimes e claros.
>
> [...]
>
> Tais companheiros não sabem ouvir o Mestre divino em seu verbo imortal. Ignoram que o serviço deles é aquele a que foram chamados, por mais humildes lhes pareçam as atividades a que se ajustam.

Na qualidade de político ou de varredor, num palácio ou numa choupana, o homem da Terra pode fazer o que lhe ensinou Jesus.

É por isso que a oportuna pergunta do Senhor deveria gravar-se de maneira indelével em todos os templos, para que os discípulos, em lhe pronunciando o nome, nunca se esqueçam de atender, sinceramente, às recomendações do seu verbo sublime.[9]

» *Qualquer que vem a mim, e ouve as minhas palavras, e as observa, eu vos mostrarei a quem é semelhante. É semelhante ao homem que edificou uma casa, e cavou, e abriu bem fundo, e pôs os alicerces sobre rocha; e, vindo a enchente, bateu com ímpeto a corrente naquela casa e não a pôde abalar, porque estava fundada sobre rocha. Mas o que ouve e não pratica é semelhante ao homem que edificou uma casa sobre terra, sem alicerces, na qual bateu com ímpeto a corrente, e logo caiu; e foi grande a ruína daquela casa* (Lc 6:47-49).

Observar os ensinamentos de Jesus ("as palavras") significa adquirir força moral necessária, a que impulsiona a evolução espiritual do ser, que o protege quando se encontra sob o peso das provações. "Com o espírito fortificado pelo conhecimento que possuímos das leis divinas, facilmente triunfaremos das vicissitudes terrenas e edificaremos nossas vidas em bases sólidas, que não poderão ser abaladas pelas ilusões da Terra."[5]

É interessante verificar que o Mestre destaca, entre todos os discípulos, aquele que lhe ouve os ensinamentos e os pratica. Daí se conclui que os homens de fé não são aqueles apenas palavrosos e entusiastas, mas os que são portadores igualmente da atenção e da boa vontade, perante as lições de Jesus, examinando-lhes o conteúdo espiritual para o trabalho de aplicação no esforço diário.[11]

A pessoa que ouve e coloca em prática a mensagem cristã revela-se como sábia, prudente. Orientando-se pelo Evangelho, o Espírito se coloca acima das coisas transitórias, comuns da vida no plano físico, porque segue o roteiro moral seguro de combate às imperfeições que ainda possui. Nisso se resume a "edificação da casa sobre a rocha".

Um dos principais pontos onde poderemos fracassar é a não observância das lições do Evangelho, com conhecimento de causa. Uma vez que estudamos as leis divinas, temos obrigação de viver de acordo com elas. O Evangelho não é um repositório de máximas para o uso dos outros apenas, mas, principalmente, para nosso próprio uso. Os que pregam e ensinam e, todavia, não vivem em harmonia com o que ensinam e pregam, estão construindo a casa sobre a areia [ou terra].[...] Outros que também fracassam são aqueles que não possuem a força moral suficiente para seguirem a orientação espiritual que pediram e receberam, mas que não veio consoante seus desejos. [...] Finalizando, podemos dizer que também constroem sobre a areia aqueles que não aceitam resignadamente as provas e as expiações que lhes couberam; e os que usam dos bens que o Senhor lhes confiou, unicamente para a satisfação do seu egoísmo.[6]

Cristo simbolizou a edificação do caráter humano por meio de uma casa assentada sobre a rocha, uma casa de base sólida, contra a qual as tormentas e as tempestades da vida são incapazes de destruir ou abalar. Essa lição é muito atual, pois vivemos uma época difícil, em que os valores morais são questionados. Nesse sentido, toda prudência é pouca, a fim de que, inadvertidamente, venhamos a construir nossa casa sobre a areia, fácil de ruir e, em consequência, provocar grandes sofrimentos ou ruínas a nós próprios e ao próximo.

Não se pode esquecer, também, que toda edificação de valores espirituais eternos deve erguer-se, no dia a dia, pedra a pedra, tijolo a tijolo, unidos com o cimento da atenção, da vigilância e da perseverança.

A contrução do caráter, ou a sua melhoria, não deve restringir-se às boas intenções, mas ao esforço disciplinado de combate às imperfeições e às más inclinações.

A frase evangélica: "Qualquer um que vem a mim, e ouve as minhas palavras, e as observa [...]" está dirigida a quem ouve com atenção, que se esforça em entender ou assimilar a lição para, em seguida, colocá-la em prática. A vontade de se transformar em pessoa de bem é o primeiro passo, em continuidade, é necessário vivenciar esse propósito.

> Os que vivem na certeza das promessas divinas são os que guardam a fé no poder relativo que lhes foi confiado e, aumentando-o pelo próprio esforço, prosseguem nas edificações definitivas, com vistas à eternidade.
>
> Os que, no entanto, permanecem desalentados quanto às suas possibilidades, esperando em promessas humanas, dão a ideia de fragmentos de cortiça, sem finalidade própria, ao sabor das águas, sem roteiro e sem ancoradouro.
>
> [...]
>
> Na esfera de cada criatura, Deus pode tudo; não dispensa, porém, a cooperação, a vontade e a confiança do filho para realizar.[...][10]

Sem dúvida, a exemplificação dos ensinos do Mestre tem sido o maior desafio enfrentado pelo cristão. "Edificar a casa de modo seguro e adequado é a meta do progresso espiritual. Para que tal solidez seja alcançada, necessitamos de componentes selecionados, de disposição para o trabalho, perseverança e projeto bem definido."[4]

As chuvas, ventos, enchentes e correntes de água, citados no texto de Mateus e no de Lucas, representam as dificuldades, as intempéries que assolam a existência humana, sobretudo quando o indivíduo se dispõe a melhorar. São as provações e os desafios da vida.

Devemos considerar, porém, que há Espíritos que diante do ensino de Jesus deixam-se conduzir por uma torrente de entusiasmo contraproducente. São criaturas boas, mas precipitadas. Querem transformar-se de um dia para o outro, sem dispensar os devidos cuidados exigidos no processo de edificação moral: estudo, exemplos, esforço, experiência. Sabemos que são poucas as pessoas que conseguem, por esforço hercúleo, mudarem rapidamente de posição evolutiva, num reduzido espaço de tempo. Na verdade, não devemos ser excessivamente morosos nas nossas conquistas espirituais, nem imprudentes.

Tal situação nos faz lembrar esta outra citação do Evangelho: "Pois qual de vós, querendo edificar uma torre, não se assenta primeiro a fazer as contas dos gastos, para ver se tem com que a acabar? Para que não aconteça que, depois de haver posto os alicerces e não a podendo acabar, todos os que a virem comecem a escarnecer dele, dizendo: Este homem começou a edificar e não pôde acabar" (Lc 14:28-30). O Espírito Emmanuel se pronuncia a respeito do assunto.

> Constitui objeto de observação singular as circunstâncias do Mestre se referir, à essa altura dos ensinamentos evangélicos, à uma torre, quando deseja simbolizar o esforço de elevação espiritual por parte da criatura.
>
> A torre e a casa são construções muito diversas entre si. A primeira é fortaleza, a segunda é habitação. A casa proporciona aconchego, a torre dilata a visão. Um homem de bem, integrado no conhecimento espiritual e praticando-lhe os princípios sagrados está em sua casa, edificando a torre divina da iluminação, ao mesmo tempo. Em regra vulgar, porém, o que se observa no mundo é o número espontâneo de pessoas que nem cuidaram ainda da construção da casa interior e já falam calorosamente sobre a torre, de que se acham tão distantes. Não é fácil o serviço profundo da elevação espiritual, nem é justo apenas pintar projetos sem intenção séria de edificação própria. É indispensável refletir nas contas, nos dias ásperos de trabalho, de autodisciplina. Para atingir o sublime desiderato, o homem precisará gastar o patrimônio das velhas arbitrariedades e só realizará esses gastos com o desprendimento sincero da vaidade humana e com excelente disposição para

o trabalho da elevação de si mesmo, a fim de chegar ao término, dignamente. Queres construir uma torre de luz divina? É justo. Mas não comeces o esforço, antes de haver edificado a própria casa íntima.[8]

Referências

1. KARDEC, Allan. *O evangelho segundo o espiritismo*. Tradução de Guillon Ribeiro. 126. ed. Rio de Janeiro: FEB, 2006. Cap. 18, item 9, p. 330-331.

2. DOUGLAS, J. D. BRUCE, F. F. [et cols]. *O novo dicionário da Bíblia*. Tradução de João Bentes. 3. ed. rev. São Paulo: Vida Nova, 2006. Item: Palavras hebraicas para Deus: c) 'adonay, p. 332.

3. _____._____. Item: Nomes básicos: e) Yahweh, p.335.

4. GRUPO ESPÍRITA EMMANUEL. *Luz imperecível*. Coordenação de Honório Onofre de Abreu. 2. ed. Belo Horizonte: União Espírita Mineira, 1997. Cap. 44 (Edificação), p.138.

5. RIGONATTI, Eliseu. *O evangelho dos humildes*. 15. ed. São Paulo: Pensamento, 2003. Cap. 7 (Continuação do sermão da montanha), p. 61.

6. _____._____. p. 63.

7. SOCIEDADE BÍBLICA DO BRASIL. *Bíblia on-line*. Módulo básico expandido. Item: Dicionários bíblicos. Verbete Senhor, encontrado em Mateus, 7:21 e 22.

8. XAVIER, Francisco Cândido. *Alma e luz*. Pelo Espírito Emmanuel. 3. ed. Araras: IDE, 2000. Cap. 15 (A torre), p.71-73.

9. _____. *Caminho, verdade e vida*. Pelo Espírito Emmanuel. 27. ed. Rio de Janeiro: FEB, 2006. Cap. 47 (A grande pergunta), p. 109-110.

10. _____._____. Cap. 14 (Em ti mesmo), p. 43-44.

11. _____. *Pão nosso*. Pelo Espírito Emmanuel. 28. ed. Rio de Janeiro: FEB, 2006. Cap. 9 (Homens de fé), p. 33.

12. _____._____. Cap. 165 (Falsos discursos), p. 345-346

Orientações ao monitor

Elaborar, previamente, cerca de doze questões relacionadas às principais ideias desenvolvidas neste Roteiro. Em seguida, pedir aos participantes que formem um círculo para a realização de uma discussão em torno das questões elaboradas. Concluída a discussão, fazer o fechamento do estudo, tendo como referência o que está especificado nos objetivos citados na primeira página.

OBSERVAÇÃO: É importante que o tempo seja controlado harmonicamente, de forma que cada participante possa ter oportunidade de emitir a sua opinião do assunto.

EADE – LIVRO III | MÓDULO II

ENSINOS DIRETOS DE JESUS

Roteiro 4

AS MORADAS NA CASA DO PAI

Objetivos

» Explicar o significado destas palavras de Jesus: "Na casa de meu Pai há muitas moradas." (João, 14:2.)

Ideias principais

» *A casa do Pai é o universo. As diferentes moradas são os mundos que circulam no espaço infinito....* Allan Kardec: *O evangelho segundo o espiritismo.* Cap. III, item 2.

» *Independentemente da diversidade dos mundos essas palavras de Jesus podem referir-se ao estado venturoso ou desgraçado do Espírito na erraticidade [...]* Allan Kardec: *O evangelho segundo o espiritismo.* Cap. III, item 2.

» Ao longo do processo evolutivo, o Espírito [...] *cresce no conhecimento e aprimora-se na virtude, estruturando, pacientemente, no seio do espaço e do tempo, o veículo glorioso com que escalaremos, um dia, os impérios deslumbrantes da beleza imortal.* Emmanuel: *Roteiro.* Cap. 4.

Subsídios

1. Texto evangélico

Não se turbe o vosso coração; credes em Deus, crede também em mim. Na casa de meu Pai há muitas moradas; se não fosse assim, eu vo-lo teria dito, pois vou preparar-vos lugar. E, se eu for e vos preparar lugar, virei outra vez e vos levarei para mim mesmo, para que, onde eu estiver, estejais vós também. Mesmo vós sabeis para onde vou e conheceis o caminho. (João, 14:1-4.)

"As moradas da casa do Pai", expressão cunhada por Jesus, é muito conhecida dos espíritas por representar um dos princípios da Doutrina Espírita. Tal ensinamento evangélico abrange, a rigor, três ordens de ideias.

A primeira refere-se à pluralidade dos mundos habitados no Universo.

> A casa do Pai é o Universo. As diferentes moradas são os mundos que circulam no espaço infinito e oferecem, aos Espíritos que neles encarnam, moradas correspondentes ao adiantamento dos mesmos Espíritos.[1]

A segunda indica as regiões ou esferas vibracionais existentes no mundo espiritual para onde iremos após a desencarnação.

> Independente da diversidade dos mundos, essas palavras de Jesus também podem referirse ao estado venturoso ou desgraçado do Espírito na erraticidade. Conforme se ache este mais ou menos depurado e desprendido dos laços materiais, variarão ao infinito o meio em que ele se encontre, o aspecto das coisas, as sensações que experimente, as percepções que tenha.[1]

A terceira tem relação com os níveis ou graus evolutivos ("moradas") de cada Espírito, independentemente do plano de vida em que se situe. Esta é a razão de ser a Humanidade constituída por Espíritos de "[...] diferentes ordens, conforme o grau de perfeição que tenham alcançado".[5]

2. Interpretação do texto evangélico

» *Não se turbe o vosso coração; credes em Deus, crede também em mim* (Jo 14:1).

Tais palavras foram proferidas durante a última ceia de Jesus, antes do seu martírio e crucificação. Fazem parte do conjunto das derradeiras instruções que o Mestre prestou aos discípulos, cuja tônica é despedir-se dos irmãos e irmãs que lhe compartilharam a existência durante os três anos em que pregou o seu Evangelho, e também firmar, mais uma vez, seu amor e compaixão por toda a Humanidade. No discurso de despedida, suas palavras estão saturadas de compaixão por todos os discípulos, do presente e do futuro, que em seu nome deveriam submeter-se aos mais ásperos testemunhos. O inequívoco sentimento de esperança, presente na exortação de Jesus, segundo o registro de João, manifesta-se na forma de um apelo que solicita aos seus seguidores manterem a fé na assistência do Criador supremo e, também, nele, o Messias celestial.

> A confiança em Deus se torna dinâmica, atuante, renovadora, no momento em que depositamos fé no Cristo, pela aplicação em nossa vida prática dos postulados que nos legou, capazes de nos aproximar da Divindade; consoante a sua afirmativa: *"Ninguém vem ao Pai, senão por mim."* (JOÃO, 14:6.)[8]

Os verbos turbar — que significa "causar ou sofrer perturbação, desequilíbrio, alteração da ordem"[11] — e crer são empregados de forma incisiva, no texto, porque há intenção de atingir diretamente os sentimentos dos ouvintes, não apenas o raciocínio, tendo em vista a necessidade de levantar-lhes o bom ânimo. Refletindo sobre esse ensinamento de Jesus ("Não se turbe o vosso coração; credes em Deus, crede também em mim") e trazendo-o para os dias atuais, fazemos nossas as seguintes palavras do Espírito André Luiz:

> A tempestade espanta. Entretanto, acentuar-nos-á a resistência, se soubermos recebê-la. A dor dilacera. Mas aperfeiçoar-nos-á o coração, se buscarmos aproveitá-la. A incompreensão dói. Contudo, oferece-nos excelente oportunidade de compreender. A luta perturba. Todavia, será portadora de incalculáveis benefícios, se lhe aceitarmos o concurso. O desespero destrói. Diante dele, porém, encontramos ensejo de cultivar a serenidade. O ódio enegrece. No entanto, descortina bendito horizonte à revelação do amor. A aflição esmaga. Abre-nos, todavia,

as portas da ação consoladora. O choque assombra. Nele, contudo, encontraremos abençoada renovação. A prova tortura. Sem ela, entretanto, é impossível a aprendizagem. O obstáculo aborrece. Temos nele, porém, legítimo produtor de elevação e capacidade.[13]

» *Na casa de meu Pai há muitas moradas; se não fosse assim, eu vo-lo teria dito, pois vou preparar-vos lugar* (Jo 14:2).

Do ensino dado pelos Espíritos, resulta que muito diferentes umas das outras são as condições dos mundos, quanto ao grau de adiantamento ou de inferioridade dos seus habitantes. Entre eles há os em que estes últimos são ainda inferiores aos da Terra, física e moralmente; outros, da mesma categoria que o nosso; e outros que lhe são mais ou menos superiores a todos os respeitos. Nos mundos inferiores, a existência é toda material, reinam soberanas as paixões, sendo quase nula a vida moral. À medida que esta se desenvolve, diminui a influência da matéria, de tal maneira que, nos mundos mais adiantados, a vida é, por assim dizer, toda espiritual.[2]

Por força da lei do progresso, à medida que o Espírito completa seu aprendizado num mundo, passa a habitar outro, e assim sucessivamente, evoluindo sem cessar.

Quando, em um mundo, eles alcançam o grau de adiantamento que esse mundo comporta, passam para outro mais adiantado, e assim por diante, até que cheguem ao estado de puros Espíritos. São outras tantas estações, em cada uma das quais se lhes deparam elementos de progresso apropriados ao adiantamento que já conquistaram.[3]

Os Espíritos superiores relatam, por meio de médiuns confiáveis, que inúmeros são os mundos habitados no Universo, criados por Deus para atender a diferentes finalidades.

Sabemos hoje que moramos na Via Láctea — a galáxia comparável a imensa cidade nos domínios universais. Essa cidade possui mais de duzentos milhões de sóis, transportando consigo planetas, asteróides, cometas, meteoros, aluviões de poeira e toda uma infinidade de turbilhões energéticos. Entre esses sóis está o nosso, modestíssimo foco de luz, considerando-se que Sirius, um de seus vizinhos, apresenta brilho quarenta vezes maior. E, acompanhando-o, a nossa Terra, com todo o cortejo de suas orgulhosas nações, tem a importância de uma "casa nos fundos", visto que, se a Lua é satélite nosso, o Globo que nos asila é satélite pequenino desse mesmo Sol que nos sustenta.[...] Nesse critério, vamos facilmente encontrar, em todos os círculos cósmicos, os seres vivos da asserção de Kardec, embora a instrumentação do homem não os divise a todos. Eles se desenvolvem através de inimagináveis graus evolutivos, cabendo-nos reconhecer que, em aludindo à pluralidade dos mundos habitados, não se deverá olvidar a gama infinita das vibrações e os estados múltiplos da matéria. Temos, assim, no Espaço incomensurável, mundos-berços e mundos-experiências, mundos-universidades e mundos-templos, mundos-oficinas e mundos-reformatórios, mundos-hospitais e mundos-prisões. [17]

A propósito, é oportuno informar sobre um planeta recém-descoberto, com características semelhantes à Terra. "O achado resultou em algo significativo para o astrônomo francês Xavier Bonfils, da Universidade de Lisboa, e para os seus colegas de estudo que, junto com ele esperam descobrir outros."[12] O planeta recebeu o nome de Gliese 581 c.

"As moradas na casa do meu Pai" também se aplica às diferentes dimensões espirituais existentes no além-túmulo, nitidamente caracterizadas na Série André Luiz. Sabemos que após a desencarnação o Espírito passa pela fase de reintegração no outro plano vibratório, onde dá continuidade a sua existência. Liberto do corpo físico, o seu perispírito revela propriedades e funções próprias que, sob o comando da mente, oferecem condições de adaptação na nova moradia.

> Na moradia de continuidade para a qual se transfere, encontra, pois, o homem as mesmas leis de gravitação que controlam a Terra, com os dias e as noites marcando a conta do tempo, embora os rigores das estações estejam suprimidos pelos fatores de ambiente que asseguram a harmonia da Natureza, estabelecendo clima quase constante e quase uniforme. [...] Plantas e animais domesticados pela inteligência humana, durante milênios, podem ser aí aclimatados e aprimorados, por determinados períodos de existência, ao fim dos quais regressam aos seus núcleos de origem no solo terrestre. [...] Ao longo dessas vastíssimas regiões de matéria sutil que circundam o corpo ciclópico do Planeta, com extensas zonas cavitárias, sob linhas que lhes demarcam o início de aproveitamento, qual se observa na crosta da própria Terra, a estender-se da superfície continental até o leito dos oceanos, começam as povoações felizes e menos felizes, tanto quanto as aglomerações infernais de criaturas desencarnadas que, por temerem as formações dos próprios pensamentos, se refugiam nas sombras, receando ou detestando a presença da luz.[18]

No mundo espiritual, os Espíritos formam grupos ou famílias de acordo com as mútuas manifestações de simpatia, afeição ou afinidade.[4] Esses grupos se organizam em comunidades, mais ou menos extensas, genericamente denominadas *colônias espirituais*, que apresentam todas as características de uma sociedade organizada, de acordo com a moralidade e conhecimento dos seus habitantes. Há nessas comunidades níveis ou regiões de sombra e de dor, de ventura e alegria, cuja gradação evolutiva forma uma escala que se desdobra ao infinito, conforme o progresso alcançado pelos Espíritos que aí vivem.

Antes mesmo da Codificação do Espiritismo, o vidente sueco Emmanuel Swedenborg nos informava que "[...] o outro mundo, para onde vamos após a morte, consiste de várias esferas, representando outros tantos graus de luminosidade e de felicidade; cada um de nós irá para aquela a que se adapta a nossa condição espiritual".[7]

As "muitas moradas da casa do Pai" estão relacionadas, igualmente, aos degraus evolutivos que caracterizam a longa caminhada ascensional do Espírito, iniciada quando ele foi criado por Deus, ainda no estágio de "simples e ignorante" até o nível de Espírito puro, ou angélico. Recebemos, assim, inúmeras concessões do Criador, em razão da sua misericórdia, necessárias ao nosso aprimoramento espiritual. Tudo isso indica que o "[...] Pai forneceu ao filho homem a casa planetária, onde cada objeto se encontra em lugar próprio, aguardando somente o esforço digno e a palavra de ordem, para ensinar à criatura a arte de servir".[16]

> As moradas podem também ser representadas por planos, que se expressam por vibrações e não propriamente por lugar. Assim sendo, consoante o estado ou a província mental em que situamos as ações e as aspirações interiores, é que moldaremos o ambiente ou a "morada" evolutiva a que nos ligaremos no plano exterior. Sob este prisma a "Casa do Pai" é o íntimo de cada qual, e as "moradas", os estados de alma que alimentamos consoante os nossos desejos e aspirações pessoais.[9]

De posse dessas informações, compreendemos a extensão que o símbolo "Casa do Pai" representa: os diferentes mundos do Universo, as moradias do plano espiritual ou níveis de progresso moral-intelectual. Dessa forma, entendemos que tudo "[...] é belo, tudo é grande, tudo é santo na casa de Deus".[3]

» *E, se eu for e vos preparar lugar, virei outra vez e vos levarei para mim mesmo, para que, onde eu estiver, estejais vós também. Mesmo vós sabeis para onde vou e conheceis o caminho* (Jo 14:3-4).

Identificamos nesse texto mais uma promessa do Cristo, entre tantas com que nos abençoou a existência. "Preparar o lugar" revela a diligência do seu amor, a assistência contínua, manifestada diretamente por Ele ou pelos seus mensageiros celestiais. De acordo com o interesse, disposição e esforço dos aprendizes são organizados caminhos e planos de trabalho.

Na categoria de nosso Guia e Orientador maior, Jesus segue à frente, oferecendo meios e recursos para que se concretize a nossa melhoria espiritual, de sorte que, quando estivermos livres das imperfeições, estaremos definitivamente unidos ao seu coração.

Assim, as frases: "se eu for e vos preparar o lugar"; "virei outra vez"; "vos levarei para mim mesmo" e "onde eu estiver, estejais vós também" indicam as felizes possibilidades que nos reservam o futuro, junto ao Cristo, na situação de Espíritos redimidos. "Então, nossos sentimentos, pensamentos, palavras e ações serão semelhantes aos dele, na consolidação da sábia afirmativa contida no Evangelho: *"Para que todos sejam um, como tu, ó Pai, o és em mim, e eu em ti; que também eles sejam um em nós..."* (Jo 17:21)."[10]

A afirmativa: "Para onde eu estiver estejais vós também" indica perfeita sintonia do discípulo com o Mestre. Trata-se do cumprimento do ideal de ser feliz, nossa herança ancestral, a qual deve ser perseguida intensamente ao longo dos tempos. Destacamos, ainda, os dois modos de conjugação do verbo estar ("estiver" e "estejais"), presentes na frase ora citada. Refletem, na verdade, o instante em que o discípulo se integra, definitivamente, ao Evangelho de Jesus. Nesse momento, acontece entre Jesus e o seu fiel servidor um nível de compreensão mútua, indicativa de que a criatura alcançou o estágio de Espírito puro. Toda essa caminhada, contudo, só acontece após um árduo trabalho de ascensão.

> Sabia o Mestre que, até à construção do Reino divino na Terra, quantos o acompanhassem viveriam na condição de desajustados, trabalhando no progresso de todas as criaturas, todavia, "sem lugar" adequado aos sublimes ideais que entesouram. Efetivamente, o cristão leal, em toda parte, raramente recebe o respeito que lhe é devido: Por destoar, quase sempre, da coletividade, ainda não completamente cristianizada, sofre a descaridosa opinião de muitos. [...] Reconhecendo que o domicílio de seus seguidores não se ergue sobre o chão do mundo, prometeu Jesus que lhes prepararia lugar na vida mais alta.[15]

O versículo 4 do registro de João contém essa afirmativa: "Mesmo vós sabeis para onde vou e conhecereis o caminho". A palavra "caminho" é de ocorrência comum nos registros do Evangelho, cuja ideia tem origem no fato de alguém seguir uma estrada pública onde se tornava conhecido pelos desejos e alvo que pretendia alcançar. Como metáfora religiosa, expressa a vontade e os propósitos de Deus para cada pessoa. No Novo Testamento, porém, há três significados específicos:[6]

"Caminho" como sinônimo de igreja cristã primitiva: *Mas, como alguns deles se endurecessem e não obedecessem, falando mal do Caminho perante a multidão, retirou-se deles e separou os discípulos [...]. Naquele mesmo tempo, houve um não pequeno alvoroço acerca do Caminho.* (ATOS DOS APÓSTOLOS, 19:9 e 23.)

"Caminho" no sentido de rota, meio ou via da salvação: *E porque estreita é a porta, e apertado, o caminho que leva à vida, e poucos há que a encontrem.* (MATEUS, 7:14.)

"Caminho" aplicado ao Cristo, referido a si mesmo, como meio de o Espírito chegar a Deus: *Disse-lhe Jesus: Eu sou o caminho, e a verdade, e a vida. Ninguém vem ao Pai senão por mim.* (JOÃO, 14:6.)

Obviamente, a orientação de Jesus, sob análise ("mesmo vós sabeis para onde vou e conhecereis o caminho"), abrange os dois últimos conceitos: Jesus é o caminho da salvação, e, por Ele, iremos ao Pai e Criador.

Referências

1. KARDEC, Allan. *O evangelho segundo o espiritismo*. Tradução de Guillon Ribeiro. 126. ed. Rio de Janeiro: FEB, 2006. Cap. 3, item 2, p. 76.

2. _____._____. Item 3, p. 76-77.

3. _____._____. Item 5, p. 77.

4. _____._____. Cap. 4, item 18, p. 98.

5. _____. *O livro dos espíritos*. Tradução de Guillon Ribeiro. 89. ed. Rio de Janeiro: FEB, 2007. Questão 96, p.105.

6. DOUGLAS, J. D. BRUCE, F. F [et cols]. *O novo dicionário da Bíblia*. Tradução de João Bentes. 3.ed. rev. São Paulo: Vida Nova, 2006. Item: caminho, p. 189.

7. DOYLE, Arthur Conan. *História do espiritismo*. A História de Swedenborg. Tradução de Júlio Abreu Filho. São Paulo: Pensamento, 1960. p. 38.

8. GRUPO ESPÍRITA EMMANUEL. *Luz imperecível*. Coordenação de Honório Onofre de Abreu. 2. ed. Belo Horizonte: União Espírita Mineira, 1997. Cap. 206 (Crescimento da fé), p. 553.

9. _____._____. Cap. 207 (Moradas), p. 555.

10._____._____. Cap. 208 (Transformação), p. 558.

11. HOUAISS, Antônio; VILLAR, Mauro de Salles. *Dicionário Houaiss da língua portuguesa*. Rio de Janeiro: Objetiva, 2001, p. 2787.

12. SILVA, Davilson. *Planeta parecido com a Terra é descoberto*. In: *Reformador*. Rio de Janeiro, FEB, setembro de 2007. Ano 25, n°. 2141, p. 345.

13. XAVIER, Francisco Cândido. *Agenda cristã*. Pelo Espírito André Luiz. 43. ed. Rio de Janeiro: FEB, 2005. Cap. 13 (Realmente), p. 49-51.

14. _____. *Fonte viva*. Pelo Espírito Emmanuel. 35. ed. Rio de Janeiro: FEB, 2006. Cap. 11, (Glorifiquemos), p. 38.

15. _____._____. Cap. 44, (Tenhamos fé), p.107-108.

16. _____. *Pão nosso*. Pelo Espírito Emmanuel. 27. ed. Rio de Janeiro: FEB, 2006. Cap. 4 (Antes de servir), p. 23-24.

17. _____. *Religião dos espíritos*. Pelo Espírito Emmanuel. 19. ed. Rio de Janeiro: FEB, 2006. Cap. Pluralidade dos mundos habitados, p. 219-220.

18. XAVIER, Francisco Cândido; VIEIRA, Waldo. *Evolução em dois mundos*. Pelo Espírito André Luiz. 24. ed. Rio de Janeiro: FEB, 2006. Cap. 13 (Alma e fluidos), item: Vida na espiritualidade, p.120-122.

Orientações ao monitor

Fazer explanação do assunto por meio de uma exposição dialogada, mas que permita a efetiva participação da turma, dirigindo aos participantes, sempre que possível, questões instigantes, pertinentes ao tema. Utilizar imagens como forma de ilustrar e dinamizar o estudo.

EADE – LIVRO III | MÓDULO II

ENSINOS DIRETOS DE JESUS

Roteiro 5

IMPOSITIVO DA RENOVAÇÃO

Objetivos

» Explicar, à luz da Doutrina Espírita, o significado deste ensinamento de Jesus: "Ninguém deita remendo de pano novo em veste velha. [...] Nem se deita vinho novo em odres velhos". (Mateus, 9:16-17.)

Ideias principais

» As ideias materialistas assim como a interpretação literal do Evangelho, representam o remendo novo em veste velha ou o vinho novo em odres velhos, que podem conduzir o ser humano a uma existência desoladora, sem expectativa de mudanças para melhor. Neste aspecto, a Humanidade se defronta com uma ciência arrogante, uma [...] *filosofia e religião nebulosa, impalpáveis, dubitativas quando não ferozes e dogmáticas; o resultado aí temos nesta ebulição de ódios, de lutas e reivindicações, que dão ao nosso mundo na hora atual o aspecto de campo de batalhas sem prólogos nem epílogos.* Editorial de *Reformador*, setembro de 1927.

» *Há indivíduos que se aferram à rotina, aos preconceitos sociais, às conveniências mundanas, ou por comodismo ou por orgulho. Quais odres velhos que não suportam vinho novo, tais pessoas são inacessíveis às ideias novas.* Eliseu Rigonatti: *O evangelho dos humildes*. Cap. IX.

Subsídios

1. Texto evangélico

Ninguém deita remendo de pano novo em veste velha, porque semelhante remendo rompe a veste, e faz-se maior a rotura. Nem se deita vinho novo em odres velhos; aliás, rompem-se os odres, e entorna-se o vinho, e os odres estragam-se; mas deita-se vinho novo em odres novos, e assim ambos se conservam. (MATEUS, 9:16-17.)

Está implícita nessa mensagem de Jesus uma proposta de renovação espiritual, relativa à aquisição de virtudes, base do processo de melhoria do ser humano. "A virtude, no mais alto grau, é o conjunto de todas as qualidades essenciais que constituem o homem de bem. Ser bom, caritativo, laborioso, sóbrio, modesto, são qualidades do homem virtuoso."[2]

A superioridade moral caracteriza o homem de bem, elemento da sociedade justa e pacífica do futuro. As principais qualidades do homem de bem são as seguintes:

> O verdadeiro homem de bem é o que cumpre a lei de justiça, de amor e de caridade, na sua maior pureza. Se ele interroga a consciência sobre seus próprios atos, a si mesmo perguntará se violou essa lei, se não praticou o mal, se fez todo o bem que podia, se desprezou voluntariamente alguma ocasião de ser útil, se ninguém tem qualquer queixa dele; enfim, se fez a outrem tudo o que desejara lhe fizessem. Deposita fé em Deus, na sua bondade, na sua justiça e na sua sabedoria. [...] Tem fé no futuro, razão por que coloca os bens espirituais acima dos bens temporais. [...] Possuído do sentimento de caridade e de amor ao próximo, faz o bem pelo bem, sem esperar paga alguma [...]. Encontra satisfação nos benefícios que espalha, nos serviços que presta, no fazer ditosos os outros, nas lágrimas que enxuga, nas consolações que prodigaliza aos aflitos. [...] O homem de bem é bom, humano e benevolente para com todos, sem distinção de raças, nem de crenças, porque em todos os homens vê irmãos seus. [...] Em todas as circunstâncias, toma por guia a caridade [...]. Não alimenta ódio, nem rancor, nem desejo de vingança; a exemplo de Jesus, perdoa e esquece as ofensas [...]. É indulgente para as fraquezas alheias [...]. Nunca se compraz em rebuscar os defeitos alheios, nem, ainda, em evidenciá-los.

[...] Estuda suas próprias imperfeições e trabalha incessantemente em combatê-las. [...] Não procura dar valor ao seu espírito, nem aos seus talentos, a expensas de outrem [...]. Não se envaidece da sua riqueza, nem de suas vantagens pessoais [...]. Se a ordem social colocou sob o seu mando outros homens, trata-os com bondade e benevolência, porque são seus iguais perante Deus [...]. Finalmente, o homem de bem respeita todos os direitos que aos seus semelhantes dão as leis da Natureza, como quer que sejam respeitados os seus.[1]

2. Interpretação do texto evangélico

» *Ninguém deita remendo de pano novo em veste velha, porque semelhante remendo rompe a veste, e faz-se maior a rotura* (Mt 9:16).

O significado literal desta imagem elaborada por Jesus é de fácil compreensão: é trabalho inglório remendar roupa velha, desgastada pelo tempo de uso, com remendo novo. Tal tentativa ampliará a rotura, isto é, o rasgão ou ruptura.

Essa mensagem evangélica reflete profundas advertências para todos que querem afastar-se dos comportamentos infelizes e pretendem operar no bem, seguindo os ensinamentos do Cristo. Neste sentido, o Evangelho, para ser integralmente entendido e vivenciado, requer rompimento com os antigos padrões comportamentais, assimilados ao longo das experiências reencarnatórias, aqui representados pelos símbolos "veste velha" e "odres velhos", (pronuncia-se "ôdres").

Quem deseja implementar mudanças de comportamento, priorizando a própria melhoria espiritual, deve estar consciente que a transformação precisa ocorrer sob novas bases. É ilusão querer colocar remendo nas imperfeições, maquiando-as, ainda que existam predisposições favoráveis. Quem age assim, falseia a verdade e se colocará, cedo ou tarde, numa posição constrangedora, quando num momento de descontrole os maus comportamentos assomarem à superfície da personalidade. Faz-se, pois, necessário que se associe à vontade de mudança, uma ação persistente.

Há indivíduos que se aferram à rotina, aos preconceitos sociais, às conveniências mundanas, ou por comodismo ou por orgulho. Quais odres velhos que não suportam vinho novo, tais pessoas são inacessíveis às ideias novas. Com pessoas dessa categoria, o trabalhador de boa vontade do Evangelho e do Espiritismo nada tem a fazer. É deixá-la entregues aos cuidados do Pai Celestial, que por meio das reencarnações em ambientes diversos, lhes modificará a atitude mental, transformando-as em odres novos, aptos a receberem o generoso vinho novo das ideias novas e progressista.[5]

Providências parciais, ou remendos na própria personalidade, sempre resultam frustrações, desilusões, que acabarão por trair e fazer sofrer o indivíduo quando este se vê frente a frente com a própria realidade. Assim, é importante fazer análise mais apurada destas incisivas exortações de Jesus: "ninguém deita remendo de pano novo em vestido velho". "Nem se deita vinho novo em odres velhos". Esta recomendação não se aplica à simples costura de roupas ou à produção de vinhos, menos ainda aos processos de renovação espiritual.

Um bom exemplo de transformação definitiva no bem, livre de autopiedade ou autocondescendência, encontra-se em (MARCOS, 10:42), que registra a seguinte cura de um cego:

> Depois, foram para Jericó. E, saindo ele de Jericó com seus discípulos e uma grande multidão, Bartimeu, o cego, filho de Timeu, estava assentado junto ao caminho, mendigando. E, ouvindo que era Jesus de Nazaré, começou a clamar e a dizer: Jesus, Filho de Davi, tem misericórdia de mim! E muitos o repreendiam, para que se calasse; mas ele clamava cada vez mais: Filho de Davi, tem misericórdia de mim! E Jesus, parando, disse que o chamassem; e chamaram o cego, dizendo-lhe: Tem bom ânimo; levanta-te, que ele te chama. E ele, lançando de si a sua capa, levantou-se e foi ter com Jesus. E Jesus, falando, disse-lhe: Que queres que te faça? E o cego lhe disse: Mestre, que eu tenha vista. E Jesus lhe disse: Vai, a tua fé te salvou. E logo viu, e seguiu a Jesus pelo caminho.

A citação demonstra, em linhas gerais, o seguinte: Bartimeu não se limitou apenas ao desejo da própria cura, mas fez alarde de forma enfática, no momento em que identificou aquele que o curaria ("E, ouvindo que era Jesus de Nazaré"). Encontrando Jesus, ouviu o que Ele pregava e partiu para a ação: foi em busca da cura ("E ele, lançando de si a sua capa, levantou-se e foi ter com Jesus"). Ao suplicar auxílio de forma insistente foi notado tanto pelos que se sentiram constrangidos com a mudança revelada pelo mendigo, daí repreendê-lo, quanto pelo próprio Cristo que, acalmando-o, fez o cego testemunhar a vontade de curar-se. Por este motivo pergunta ao mendigo: "Que queres que te faça?".

» *Nem se deita vinho novo em odres velhos; aliás, rompem-se os odres, e entorna-se o vinho, e os odres estragam-se; mas deita-se vinho novo em odres novos, e assim ambos se conservam* (Mt, 9:17).

A análise espírita dos dois versículos, tanto o 16, estudado no item anterior, quanto este, o 17, extrapola o sentido simbólico claramente expresso, pois, obviamente, Jesus estava dando muito mais do que lições de costura ou indicação sobre preferíveis processos de preparação de vinho.

O vinho foi amplamente trabalhado por Jesus em suas mensagens. Assim, importa considerar que o vinho novo indica fermentação recente da uva, devendo ser colocado em recipientes adequados porque, durante o processo, há produção e expansão de gases que multiplicam o volume do líquido fermentado. Antigamente a fermentação e o transporte de vinho eram feitos em recipientes denominados *odres*, espécie de saco feito de pele de animais. A expansão dos gases, decorrentes da fermentação, exigia que os odres fossem novos para não se romperem. Por outro lado, a fabricação cuidadosa do vinho evita a deterioração provocada por certos micróbios, em geral presentes nos vinhos velhos, quando muito manuseados.

Tais vinhos, assim como as vestes velhas, indicam que a Humanidade se defronta com uma ciência materialista, uma filosofia obscura que discute os efeitos não as causas dos atos humanos, e, também, uma religião distanciada da vida, dogmática e inacessível.[3]

> O resultado aí temos nesta ebulição de ódios, de lutas e reivindicações, que dão ao nosso mundo na hora atual o aspecto de campo de batalhas sem prólogos nem epílogos. Os sistemas políticos, impotentes para sintonizar aspirações e anseios coletivos, oscilam entre anarquia e despotismo; as legislações se ressentem do exclusivismo de interesses emergentes e flutuantes, sem balisas de equidade e justiça na consciência das massas. Todas as medidas e alvitres postos em equação, reduntam improfícuos e ruem fragorosamente na prática, porque de fato não têm a vivê-los e justificá-los mais que uma finalidade unilateral, por só decalcadas nas conveniências fortuitas de uma existência falaz e transitória.[3]

A produção de vinho, de forma correta, indica na mensagem um simbolismo que pode ser assim esclarecido: a maceração da uva é necessária para que surja o substrato ou essência do vinho. Da mesma forma, é preciso que o Espírito se entregue à "maceração" das provas existenciais através dos inevitáveis sacrifícios, afim de que surja a essência do homem de bem, liberto das imperfeições.

É necessário que se dê o renascimento do Espírito pela modificação das ideias, e do corpo, sem o que não se verá o Reino de Deus.

A esta operação Paulo chamou "a substituição do homem novo pelo despojamento do *homem velho*"; e acrescentou: "os que são de Cristo se tornam *novas criaturas*."⁶

Os ensinamentos espíritas além de oferecerem a chave para o entendimento da mensagem cristã, em sua pureza e sentido originais, esclarecem a criatura humana a respeito das consequências dos seus atos impensados e, também, como corrigi-los. O espírita deve estar consciente de que não é suficiente aceitar a doutrina que lhe ensina de onde vem, o que faz aqui e para onde vai.

> A essa noção precisa ele acrescentar a de uma ética superior, a de uma lei moral absoluta — divina diremos — que legitime as vicissitudes e incertezas da própria vida, de modo a poder harmonizá-la com a dos semelhantes em justificados lances de justiça e liberdade. Assim e só assim ele compreenderá que o benefício próprio está no alheio benefício; que a postergação dos direitos de outrem vale pela postergação dos seus direitos e que, se na luta pela vida corpórea e no ambiente psíquico, em suma, a reação é sempre igual à ação, o mesmo se dá para o ambiente espiritual, no plano universal.³

A aceitação do Evangelho de Jesus sem dogmas, sem interpretação literal, representa o vinho novo, livre de impurezas, que é colocado em odres novos, não contaminados, é proposta do Espiritismo, na sua feição de Cristianismo redivivo.

> Essa mentalidade assim formada poderá, então e só então resistir aos embates e seduções do mundo e, onde quer que no mundo lhe seja dado irradiar influências estas serão benéficas por colimarem princípios e não pessoas, ideias e não interesses efêmeros, visando não já uma família restrita, uma classe, uma sociedade, um povo, mas a Humanidade no que esta tem de mais grandioso e se não afere não por um ciclo de gerações, mas de Eternidade.⁴

Referências

1. KARDEC, Allan. *O evangelho segundo o espiritismo*. Tradução de Guillon Ribeiro. 126. ed. Rio de Janeiro: FEB, 2006. Cap. 17, item 3, p. 307-309.

2. _____._____. Item 8, p.315.

3. FEDERAÇÃO ESPÍRITA BRASILEIRA. *Reformador*. Ano 45, n.º 17, setembro de 1927. Editorial, p. 382.

4. _____._____. p. 382-383.

5. RIGONATTI, Eliseu. *O evangelho dos humildes.* 15. ed. São Paulo: Pensamento, 2003. Cap. IX, item: O jejum, p.77.

6. SCHUTEL, Cairbar. *Parábolas e ensinos de Jesus.* 20. ed. Matão: O Clarim, 2000. Item: Odres novos — vinho novo. Odres velhos — panos novos e vestidos velhos, p. 238-239.

Orientações ao monitor

Dividir a turma em pequenos grupos para o estudo do texto evangélico. Realizar, em seguida, um debate em que se analise os equívocos das ideias materialistas e da interpretação literal do Evangelho, tendo como base os ensinamentos espíritas desenvolvidos neste Roteiro.

Como atividade extraclasse (veja anexo), escalar três participantes para que façam a leitura dos temas a seguir indicados, cuja síntese será apresentada na próxima aula.

Anexo

ATIVIDADE EXTRACLASSE		
» Resumo de tema indicado » Apresentação do resumo, em plenário		
AUTOR	OBRA ESPÍRITA E TEMA	RESPONSÁVEL
XAVIER, Francisco C., pelo Espírito Emmanuel	*Seara dos médiuns*, editora FEB. Cap. 27, Palavra, p. 89-91.	
XAVIER, Francisco C., pelo Espírito Humberto de Campos	*Reportagens de além-túmulo*, editora FEB. Cap. 34 (A conselheira invigilante), p. 239-244.	
VINÍCIUS (Pedro Camargo)	*Nas pegadas do mestre*, editora FEB. Cap. A palavra da vida, p. 84-85.	

ENSINOS DIRETOS DE JESUS

Roteiro 6

PALAVRAS DE VIDA ETERNA

Objetivos

» Esclarecer por que os ensinamentos de Jesus são "palavras de vida eterna".

» Refletir sobre o efeito da palavra nos relacionamentos sociais.

Ideias principais

» As palavras do Cristo são de vida eterna porque consagram [...] a verdade.

Constituem não só a salvaguarda da vida celeste, mas também o penhor da paz, da tranquilidade e da estabilidade nas coisas da vida terrestre. Allan Kardec: O evangelho segundo o espiritismo. Cap. XVIII, item 9.

» A palavra vibra no alicerce de todos os males e de todos os bens do mundo.

Falando, o professor alça a mente dos aprendizes às culminâncias da educação, e, falando, o malfeitor arroja os companheiros para o fojo do crime.

Sócrates falou e a visão filosófica foi alterada.

Jesus falou e o Evangelho surgiu.

O verbo é plasma da inteligência, fio da inspiração, óleo do trabalho e base da escritura. Emmanuel: *Seara dos médiuns.* Cap. 27, Palavra.

Subsídios

1. Texto evangélico

Desde então, muitos dos seus discípulos tornaram para trás e já não andavam com Ele. Então, disse Jesus aos doze: Quereis vós também retirar-vos? Respondeu-lhe, pois, Simão Pedro: Senhor, para quem iremos nós? Tu tens as palavras da vida eterna, e nós temos crido e conhecido que tu és o Cristo, o Filho de Deus. (João, 6:66-69.)

As palavras do Cristo são de vida eterna porque são verdadeiras. Atendem às necessidades e aos anseios de todos, os felizes e os infelizes, que viveram, vivem e viverão ao longo das eras. "Será eterno o seu código de moral, porque consagra as condições do bem que conduz o homem ao seu destino eterno."[2]

É importante ficarmos atentos às palavras da vida eterna, tão úteis quanto necessárias ao nosso aprimoramento moral. Neste aspecto, aconselha Emmanuel:

> Rodeiam-te as palavras, em todas as fases da luta e em todos os ângulos do caminho. Frases respeitáveis que se referem aos teus deveres. Verbo amigo trazido por dedicações que te reanimam e consolam. Opiniões acerca de assuntos que te não dizem respeito. Sugestões de variadas origens. Preleções valiosas. Discursos vazios que os teus ouvidos lançam ao vento. Palavras faladas... palavras escritas... [...] "Palavras, palavras, palavras..." Esquece aquelas que te incitam à inutilidade, aproveita quantas te mostram as obrigações justas e te ensinam a engrandecer a existência, mas não olvides as frases que te acordam para a luz e para o bem; elas podem penetrar o nosso coração, através de um amigo, de uma carta, de uma página ou de um livro, mas, no fundo, procedem sempre de Jesus, o divino Amigo das criaturas. Retém contigo as palavras da vida eterna, porque são as santificadoras do espírito, na experiência de cada dia, e, sobretudo, o nosso seguro apoio mental nas horas difíceis das grandes renovações.[5]

2. Interpretação do texto evangélico

» *Desde então, muitos dos seus discípulos tornaram para trás e já não andavam com Ele* (Jo 6:66).

Durante a sua missão, o Cristo enfrentou muitos obstáculos, sendo duramente criticado e perseguido, sobretudo por representantes do clero. Nunca se abateu ou se revelou desiludido. Entretanto, abençoou e perdoou a todos, sem restrições.

A linguagem do Cristo sempre se afigurou a muitos aprendizes indecifrável e estranha. [...] Muita gente escuta a Boa-Nova, mas não lhe penetra os ensinamentos. Isso ocorre a muitos seguidores do Evangelho, porque se utilizam da força mental em outros setores. Creem vagamente no socorro celeste, nas horas de amargura, mostrando, porém, absoluto desinteresse ante o estudo e ante a aplicação das leis divinas. A preocupação da posse lhes absorve a existência.[4]

Como acontecia a alguns discípulos, à época do Cristo, nem sempre revelamos disposição para renunciar às infindáveis requisições do mundo e seguir Jesus. O apego a bens e a posições ainda exerce poderoso efeito sobre o nosso Espírito. A propósito, elucida o Espírito Lacordaire: "O amor aos bens terrenos constitui um dos mais fortes óbices ao vosso adiantamento moral e espiritual. Pelo apego à posse de tais bens, destruís as vossas faculdades de amar, com as aplicardes todas às coisas materiais".[1]

A natureza humana se revela contraditória quando, frente a frente com o conhecimento verdadeiro, o qual eleva e engrandece o Espírito, deixa-se consumir por dúvidas, enredando-se nas malhas de conflitos existenciais. De um lado fica evidente o desejo de seguir o bem, de envolver-se com ele, mas, em razão da escassez de fortaleza moral, a pessoa não consegue pôr em prática os ditames da vontade.

Esta é causa da maioria dos processos de fuga, os que produzem recuos perante os desafios da vida. As pessoas ficam, então, desorientadas e se deixam levar por temores infrutíferos, agindo da forma assinalada pelo registro do apóstolo João: "e tornam para trás". Outros indivíduos são até corajosos, mas preferem manter-se no nível do conhecimento teórico, sem maiores implicações ou compromissos com a mudança de comportamento.

Faz-se necessário perseverar no desenvolvimento do senso moral a fim de que o desejo de melhoria espiritual se transforme em ações efetivas, porque, neste contexto, o conhecimento nem sempre é suficiente.

"Já não andavam com Ele" retrata, em alguns Espíritos, o efeito do entusiasmo passageiro, das decisões apressadas, não filtradas pelo bom senso, e que é o oposto da fé raciocinada. Não andar com Jesus significa também abandonar o trabalho digno, forjado na luta redentora. Vemos, assim, que no cotidiano somos sempre defrontados com desafios que nos apontam para o valor de aprimorar a capacidade de andar com o Cristo, até para demonstrar a nossa fidelidade ao Pai celestial.

> Na causa de Deus, a fidelidade deve ser uma das primeiras virtudes. Onde o filho e o pai que não desejam estabelecer, como ideal de união, a confiança integral e recíproca? Nós não podemos duvidar da fidelidade do nosso Pai para conosco. Sua dedicação nos cerca os Espíritos, desde o primeiro dia. Ainda não o conhecíamos e já Ele nos amava. E, acaso, poderemos desdenhar a possibilidade da retribuição? Não seria repudiarmos o título de filhos amorosos, o fato de nos deixarmos absorver no afastamento, favorecendo a negação? [...] Tudo na vida tem o preço que lhe corresponde. Se vacilais receosos ante as bênçãos do sacrifício e as alegrias do trabalho, meditai nos tributos que a fidelidade ao mundo exige. O prazer não costuma cobrar do homem um imposto alto e doloroso? Quanto pagarão, em flagelações íntimas, o vaidoso e o avarento? Qual o preço que o mundo reclama ao gozador e ao mentiroso?[3]

"Andar com Jesus" é, portanto, decisão séria, pessoal, intransferível. Se erguida sobre o alicerce do discernimento, aprendemos a conciliar as expectativas da vida no plano físico com as necessidades de melhoria espiritual.

» *Quereis vós também retirar-vos? Respondeu-lhe, pois, Simão Pedro: Senhor, para quem iremos nós?* (Jo, 6:67-68).

Estas palavras de Jesus: "Quereis vós também retirar-vos?" devem ser meditadas com mais profundidade. Elas nos fazem ver que perante as grandes decisões que repercutem em nossa existência, somos convocados a agir como espíritas. A despeito da pergunta ser dirigida aos apóstolos, que possuíam melhor entendimento e maior capacidade de servir, aplica-se a nós, também, já esclarecidos à luz dos princípios espíritas.

Independentemente dos desafios que iremos deparar, dos testemunhos ou renúncias que exemplificaremos, não devemos sucumbir ao desespero e fugir aos deveres. Não é por acaso que o Espiritismo está presente na nossa vida. É por esta razão que Jesus afirmou, em outra oportunidade: "E a qualquer que muito for dado, muito se lhe pedirá, e ao que muito se lhe confiou, muito mais se lhe pedirá" (Lc 12:48). Diante do sofrimento, sobretudo, jamais devemos nos afastar do Cristo, mas estreitar mais os laços afetivos com Ele.

> À medida que o Mestre revelava novas características de sua doutrina de amor, os seguidores, então numerosos, penetravam mais vastos círculos no domínio da responsabilidade. Muitos deles, em razão disso, receosos do dever que lhes caberia, afastaram-se, discretos, do cenáculo acolhedor de Cafarnaum. O Cristo, entretanto, consciente das obrigações de ordem divina, longe de violar os princípios da liberdade, reuniu a pequena assembleia que restava e interrogou aos discípulos:
>
> Também vós quereis retirar-vos?
>
> Foi nessa circunstância que Pedro emitiu a resposta sábia, para sempre gravada no edifício cristão. Realmente, quem começa o serviço de espiritualidade superior com Jesus jamais sentirá emoções idênticas, a distância dele. [...] Quem comunga efetivamente no banquete da revelação cristã, em tempo algum olvidará o Mestre amoroso que lhe endereçou o convite. Por este motivo, Simão Pedro perguntou com muita propriedade:
>
> Senhor, para quem iremos nós?[8]

Partindo do princípio de que a Doutrina Espírita é o Consolador prometido, o Cristianismo redivivo, não podemos alegar ignorância a respeito dos seus princípios quando as dificuldades da caminhada evolutiva se revelam mais ásperas. Ao contrário, esse é o momento exato para revelarmos a firmeza da nossa fé, sem temer os obstáculos que atracam no porto da nossa existência sob a forma de provações. Armados do escudo da coragem, da perseverança e da confiança irrestrita no Cristo, sairemos vitoriosos.

» *Tu tens as palavras da vida eterna, e nós temos crido e conhecido que tu és o Cristo, o Filho de Deus* (Jo, 6:68-69).

Não podemos esquecer do valor da palavra no processo da comunicação e do relacionamento humano. Ainda que o exemplo arrasta, a palavra, em si, é neutra. Está sempre sujeita à intenção de quem a pronuncia: harmonizar ou degradar. É força poderosa porque plasma as ideias transmitidas pelo pensamento.

> A palavra é vigoroso fio da sugestão. É por ela que recolhemos ensinamento dos grandes orientadores da Humanidade, na tradição oral, mas igualmente com ela recebemos toda espécie de informações no plano evolutivo em que se nos apresenta a luta diária. Por isso mesmo, se é importante saber como falas, é mais importante saber como ouves, porquanto, segundo ouvimos, nossa frase semeará bálsamo ou veneno, paz ou discórdia, treva ou luz.[7]

É, pois, medida de prudência jamais descuidar da palavra na nossa conduta, mesmo posicionados como aprendizes do Evangelho. "Se buscamos o Cristo, decerto é necessário refleti-lo. É imprescindível, assim, saibamos agir como se lhe fôssemos representantes fiéis, no caminho em que estagiamos."[6]

Mais uma vez o venerável apóstolo revela a sua superioridade espiritual, e, igualmente, fé incomparável no Senhor, o Messias, quando expressa de forma singela, mas verdadeira: "Tu tens as palavras da vida eterna e nós temos crido e conhecido que tu és o Cristo, o filho de Deus."

> Dentre as expressões verbalistas articuladas ou silenciosas, junto das quais a tua mente se desenvolve, encontrarás, porém, as palavras da vida eterna. Guarda teu coração à escuta. Nascem do amor insondável do Cristo, como a água pura do seio imenso da Terra. Muitas vezes te manténs despercebido e não lhes assinalas o aviso, o cântico, a lição e a beleza. Vigia no mundo, isolado de ti mesmo, para que lhes não percas o sabor e a claridade. Exortam-te a considerar a grandeza de Deus e a viver de conformidade com as suas Leis. Referem-se ao Planeta como nosso lar e à Humanidade como a nossa família. Revelam no amor o laço que nos une a todos. Indicam no trabalho o nosso roteiro de evolução e aperfeiçoamento. Descerram os horizontes divinos da vida e ensinam-nos a levantar os olhos para o mais alto e para o mais além.[5]

As palavras da vida eterna simbolizam o Evangelho de Jesus, legado abençoado que aponta diretrizes seguras que devem nortear o nosso aprendizado na escalada evolutiva.

Jesus indicou a estrada e seguiu-a; pregou a fé e viveu-a; induziu discípulos e companheiros à coragem e demonstrou-a em si mesmo; difundiu a lição do amor, entregando-se amorosamente a cada um, expôs a necessidade do sacrifício pessoal e sacrificou-se; exaltou a beleza do verbo dar e deu sem recompensa; engrandeceu a confiança no Pai e foi fiel até o fim.⁹

Referências

1. KARDEC, Allan. *O evangelho segundo o espiritismo*. Tradução de Guillon Ribeiro. 126. ed. Rio de Janeiro: FEB, 2006. Cap. 16, item 14, p. 299.

2. _____. *A gênese*. Tradução de Guillon Ribeiro. 50. ed. Rio de Janeiro: FEB, 2006. Cap. 17, item 26, p. 432.

3. XAVIER, Francisco Cândido. *Boa nova*. Pelo Espírito Humberto de Campos (Irmão X). 35. ed. Rio de Janeiro: FEB, 2006. Cap. 6 (Fidelidade a Deus), p. 44-45.

4. _____. *Fonte viva*. Cap. 48 (Diante do Senhor), p.117.

5. _____._____. Cap. 59 (Palavras da vida eterna), p.147-149.

6. _____. *Palavras de vida eterna*. Pelo Espírito Emmanuel. 33. ed. Uberaba: Comunhão Espírita Cristã, 2005. Cap. 22 (Na palavra e na ação), p. 57.

7. _____._____. Cap. 52 (Palavra falada), p. 121.

8. _____. *Pão nosso*. Pelo Espírito Emmanuel. 28. ed. Rio de Janeiro: FEB, 2006. Cap. 151 (Ninguém se retira), p.317-318.

9. _____. *Reportagens de além-túmulo*. Pelo Espírito Humberto de Campos. 10. ed. Rio de Janeiro: FEB, 2004. Cap. 34 (A conselheira invigilante), p. 244.

Orientações ao monitor

Pedir aos participantes escalados para realizar a atividade extraclasse (veja anexo), solicitada na reunião anterior, que apresentem a síntese da página estudada. Em sequência, fazer breve exposição sobre o texto de João, objeto de estudo deste Roteiro. Após a explanação, debater o tema em plenária, fazendo correlações com o resumo apresentado no início da reunião.

Anexo

ATIVIDADE EXTRACLASSE		
» Resumo de tema indicado » Apresentação do resumo, em plenário		
AUTOR	OBRA ESPÍRITA E TEMA	RESPONSÁVEL
XAVIER, Francisco C., pelo Espírito Emmanuel	*Seara dos médiuns*, editora FEB. Cap. 27, Palavra, p. 89-91.	
XAVIER, Francisco C., pelo Espírito Humberto de Campos	*Reportagens de além-túmulo*, editora FEB. Cap. 34 (A conselheira invigilante), p. 239-244.	
VINÍCIUS (Pedro Camargo)	*Nas pegadas do mestre*, editora FEB. Cap. A palavra da vida, p. 84-85.	

ENSINOS DIRETOS DE JESUS

Roteiro 7

O MANDAMENTO MAIOR

Objetivos

» Interpretar, à luz da Doutrina Espírita, O mandamento maior, ensinado por Jesus.

Ideias principais

» *Ensinou-nos Jesus: Amarás o Senhor, teu Deus, de todo o teu coração, e de toda a tua alma, e de todo o teu pensamento. Este é o primeiro e grande mandamento. E o segundo, semelhante a este, é: Amarás o teu próximo como a ti mesmo.* (MATEUS, 22:37-39.)

» *[...] não se pode verdadeiramente amar a Deus sem amar o próximo, nem amar o próximo sem amar a Deus. Logo, tudo o que se faça contra o próximo o mesmo é que fazê-lo contra Deus.* Allan Kardec: *O evangelho segundo o espiritismo.* Cap. XV, item 5.

Subsídios

1. Texto evangélico

E eis que se levantou um certo doutor da lei, tentando-o e dizendo: Mestre, que farei para herdar a vida eterna? E ele lhe disse: Que está escrito na lei? Como lês? E, respondendo ele, disse: Amarás ao Senhor, teu Deus, de todo o teu coração, e de toda a tua alma, e de todas as tuas forças, e de todo o teu entendimento e ao teu próximo como a ti mesmo. E disse-lhe: Respondeste bem; faze isso e viverás. Ele, porém, querendo justificar-se a si mesmo, disse a Jesus: E quem é o meu próximo? (Lucas, 10:25-29.)

O Cristianismo é uma doutrina que se assenta em dois fundamentos: amor a Deus e ao próximo.

Com um Deus imparcial, soberanamente justo, bom e misericordioso, Ele fez do amor de Deus e da caridade para com o próximo a condição indeclinável da salvação, dizendo: *Amai a Deus sobre todas as coisas e o vosso próximo como a vós mesmos; nisto estão toda a lei e os profetas; não existe outra lei.* Sobre esta crença, assentou o princípio da igualdade dos homens perante Deus e o da fraternidade universal.[3]

Esses dois mandamentos retratam uma síntese dos Dez Mandamentos, recebidos por Moisés. Amar a Deus sobre todas as coisas é reconhecer que, Ele, é o Pai e Criador de todos os seres e de todas as coisas existentes no Universo. Que devemos adorá-lo em espírito e verdade, não por manifestações de culto externo. Amar o próximo como a si mesmo define as normas de relações humanas, cujo fundamento é a lei de amor.

2. Interpretação do texto evangélico

» *E eis que se levantou um certo doutor da lei, tentando-o e dizendo: Mestre, que farei para herdar a vida eterna?* (Lc 10:25).

Vemos aqui um conhecedor da lei de Moisés procurando o Cristo para testá-lo. Não foram poucos os momentos em que o Mestre foi assediado pelas forças contrárias à sua mensagem, sobretudo porque o Evangelho renovava e ampliava os ensinos da Torá. Jesus, porém, não se afasta e estabelece significativo diálogo com o religioso, aproveitando a feliz oportunidade de esclarecê-lo. Este versículo registra o encontro da lei antiga com o amor.

Vemos, ainda hoje, que as pessoas que mais resistem aos propósitos do bem são os letrados, as autoridades ou sábios do mundo, altamente intelectualizados, mas, quase sempre, são baldos de entendimento espiritual. Grande número revela interesse pelo processo de renovação espiritual, mas exigem "sinais do céu" na forma de acontecimentos extraordinários.

A pergunta do doutor da lei ("Mestre, que farei para herdar a vida eterna?") se enquadra nesse contexto, mas também revela intenção de testificar possível contradição doutrinária entre a lei de Moisés e o Cristianismo. Sob certo aspecto, não deixa de ser uma atitude pueril, comum nos que se julgam superiores porque possuem titulações acadêmicas ou religiosas.

» *E ele lhe disse: Que está escrito na lei? Como lês?* (Lc 10:26).

A sabedoria se revela inequívoca nesta pergunta. Ignorando a armadilha do doutor da lei, inicia o trabalho de atendimento espiritual, pelo diálogo, fazendo o religioso recordar e expressar o que já possuía de bom e verdadeiro. É a habilidade ou a psicologia do amor, que jamais fere nem agride, mas educa. Com a primeira pergunta ("Que está escrito na Lei?") Jesus faz o interlocutor recordar o ensinamento aprendido. Na outra indagação ("Como lês?"), porém, o Mestre identifica a interpretação pessoal do religioso, o nível de entendimento que ele tem sobre o assunto. Agindo dessa forma percebe as carências e necessidades daquele que o interroga, e, a partir deste piso, auxilia-o com proveito.

O diálogo que se segue fez o religioso esquecer o teste, inicialmente proposto, deixando-se mergulhar nas águas profundas das verdades superiores, para onde o Mestre habilmente o conduziu.

» *E, respondendo ele, disse: Amarás ao Senhor, teu Deus, de todo o teu coração, e de toda a tua alma, e de todas as tuas forças, e de todo o teu entendimento e ao teu próximo como a ti mesmo* (Lc 10:27).

O mandamento maior ensinado por Jesus é constituído de dois preceitos: Amar a Deus e amar ao próximo. Significa dizer "[...] que não se pode verdadeiramente amar a Deus sem amar o próximo, nem amar o próximo sem amar a Deus. Logo, tudo o que se faça contra o próximo o mesmo é que fazê-lo contra Deus".[2]

O entendimento espírita de Deus — "[...] a inteligência suprema, causa primária [primeira] de todas as coisas" —,[4] dos seus atributos e da Providência divina segue a orientação de Jesus que, ao apresentá-lo como Pai, justo e misericordioso, ensina que não se deve temê-lo, tal como acontecia na orientação moisaica.

> Entretanto, perguntarás, como amarei a Deus que se encontra longe de mim? Cala, porém, as tuas indagações e recorda que, se os pais e as mães do mundo vibram na experiência dos filhos, se o artista está invisível em suas obras, também Deus permanece em suas criaturas. Lembra que, se deves esperar por Deus onde te encontras, Deus

igualmente espera por ti em todos os ângulos do caminho. Ele é o Todo em que nos movemos e existimos.[6]

Por este motivo é que a assertiva "Amarás ao Senhor teu Deus de todo o teu coração, e de toda a tua alma, e de todas as tuas forças, e de todo o teu entendimento" tem caráter direto e incisivo. Reflete, porém, o sentido verdadeiro da lei de adoração, realizada em espírito e verdade, não mais por simples manifestações de culto externo, idólatra e ritualista. Implica, igualmente, profundo entendimento da solicitude do Pai para com todas as criaturas criadas.

Esse entendimento abrange o conhecimento de si mesmo.

Conhecer implica a pesquisa das causas. A causa primária de tudo o que existe é Deus, o Criador. Conhecer-nos significa a busca de todos os potenciais de nosso ser, compreendendo o uso da razão e a conquista das virtudes, realizando o destino na luta permanente pelo autoaperfeiçoamento. Para bem dirigir esse esforço incessante de cada criatura, o Pai celestial enviou à Humanidade seu Filho, o Mestre por excelência de cada um, o Cristo de Deus, que nos mostra como encontrar "o caminho, a verdade e a vida".[5]

Amar a Deus revela, pois, compreensão de que o "[...] amor puro é o reflexo do Criador em todas as criaturas. Brilha em tudo e em tudo palpita na mesma vibração de sabedoria e beleza. É fundamento da vida e justiça de toda a Lei".[9]

O segundo preceito, "amar ao próximo como a si mesmo" resume a lei de amor, fundamentada na prática da caridade. É a regra áurea da vida.

Incontestavelmente, muitos séculos antes da vinda do Cristo já era ensinada no mundo a Regra Áurea, trazida por embaixadores de sua sabedoria e misericórdia. Importa esclarecer, todavia, que semelhante princípio era transmitido com maior ou menor exemplificação de seus expositores. Diziam os gregos: "Não façais ao próximo o que não desejais receber dele." Afirmavam os persas: "Fazei como quereis que se vos faça." Declaravam os chineses: "O que não desejais para vós, não façais a outrem." Recomendavam os egípcios: "Deixai passar aquele que fez aos outros o que desejava para si." Doutrinavam os hebreus: "O que não quiserdes para vós, não desejeis para o próximo." Insistiam os romanos: "A lei gravada nos corações humanos é amar os membros da sociedade como a si mesmo."[...] Com o Mestre, todavia, a Regra Áurea é a novidade divina, porque Jesus a ensinou e exemplificou, não com virtudes parciais, mas em plenitude de trabalho, abnegação e amor, à claridade das praças públicas, revelando-se aos olhos da Humanidade inteira.[7]

Mas, o que significa amar ao próximo como a si mesmo?

"Amar o próximo como a si mesmo: fazer pelos outros o que quereríamos que os outros fizessem por nós", é a expressão mais completa da caridade, porque resume todos os deveres do homem para com o próximo. [...] A prática dessas máximas tende à destruição do egoísmo. Quando as adotarem para regra de conduta e para base de suas instituições, os homens compreenderão a verdadeira fraternidade e farão que entre eles reinem a paz e a justiça. Não mais haverá ódios, nem dissensões, mas, tão somente, união, concórdia e benevolência mútua.[1]

» *E disse-lhe: Respondeste bem; faze isso e viverás* (Lc 10:28).

Jesus elogia o doutor da lei, o conhecimento que Ele tinha da Torá, mas exorta-o a vivenciá-lo quando afirma: "faze isso, e viverás." O Mestre demonstra de maneira fraterna que ter conhecimento dos preceitos divinos não é suficiente para ganhar a vida eterna. É preciso vivenciá-los. Este deve ser também o nosso esforço cotidiano. "O discípulo de Jesus, porém — aquele homem que já se entediou das substâncias deterioradas da experiência transitória —, pede a luz da sabedoria, a fim de aprender a semear o amor em companhia do Mestre..."[10]

» *Ele, porém, querendo justificar-se a si mesmo, disse a Jesus: E quem é o meu próximo?* (Lc 10:29).

Esta é, em geral, a posição mental do religioso que desperta do sono das práticas ritualísticas, por julgá-las estéreis e sem sentido, e que se abre para as verdades espirituais. Assim, se nos depararmos com tais companheiros em nosso caminho, devemos exercitar a tolerância, uma vez que o despertamento espiritual nem sempre se realiza abrupto, mas aos poucos.

> Vive a tolerância na base de todo o progresso efetivo. As peças de qualquer máquina suportam-se umas às outras para que surja essa ou aquela produção de benefícios determinados. Todas as bênçãos da Natureza constituem larga sequência de manifestações da abençoada virtude que inspira a verdadeira fraternidade. Tolerância, porém, não é conceito de superfície. É reflexo vivo da compreensão que nasce, límpida, na fonte da alma, plasmando a esperança, a paciência e o perdão com esquecimento de todo o mal. Pedir que os outros pensem

com a nossa cabeça seria exigir que o mundo se adaptasse aos nossos caprichos, quando é nossa obrigação adaptar-nos, com dignidade, ao mundo, dentro da firme disposição de ajudá-lo. A Providência divina reflete, em toda parte, a tolerância sábia e ativa. Deus não reclama da semente a produção imediata da espécie a que corresponde. Dá-lhe tempo para germinar, crescer, florir e frutificar. Não solicita do regato improvisada integração com o mar que o espera. Dá-lhe caminhos no solo, ofertando-lhe o tempo necessário à superação da marcha. Assim também, de alma para alma, é imperioso não tenhamos qualquer atitude de violência.[8]

Referências

1. KARDEC, Allan. *O evangelho segundo o espiritismo*. Tradução de Guillon Ribeiro. 126. ed. Rio de Janeiro: FEB, 2006. Cap. 11, item 4, p. 203.

2. _____._____. Cap. 15, item 5, p. 278.

3. _____. *A gênese*. Tradução de Guillon Ribeiro. 51. ed. Rio de Janeiro: FEB, 2007. Cap. 1, item 25, p. 34.

4. _____. *O livro dos espíritos*. Tradução de Guillon Ribeiro. 89. ed. Rio de Janeiro, 2007. Questão 1, p. 65.

5. SOUZA, Juvanir Borges. *Tempo de transição*. 3. ed. Rio de Janeiro: FEB, 2002. Cap. 7 (O mandamento maior), p. 66.

6. XAVIER, Francisco Cândido. *Alma e luz*. Pelo Espírito Emmanuel. 3. ed. Araras: IDE, 2000. Cap. 5 (O maior mandamento), p. 33-34.

7. _____. *Caminho, verdade e vida*. Pelo Espírito Emmanuel. 27. ed. Rio de Janeiro: FEB, 2006. Cap. 41 (A regra áurea), p. 97-98.

8. _____. *Pensamento e vida*. Pelo Espírito Emmanuel. 17. ed. Rio de Janeiro: FEB, 2006. Cap. 25 (Tolerância), p. 115-116.

9. _____._____. Cap. 30 (Amor), p. 136.

10. _____. *Vinha de luz*. Pelo Espírito Emmanuel. 25. ed. Rio de Janeiro: FEB, 2006. Brilhe vossa luz, p. 14.

Orientações ao monitor

Interpretar, à luz da Doutrina Espírita, O mandamento maior, ensinado por Jesus. Para tanto, utilizar a técnica da exposição dialogada, correlacionando o estudo a situações cotidianas.

EADE LIVRO III | MÓDULO III

ENSINOS POR PARÁBOLAS

EADE – LIVRO III | MÓDULO III

ENSINOS POR PARÁBOLAS

Roteiro 1

O FILHO PRÓDIGO

Objetivos

» Explicar a parábola do filho pródigo, à luz do entendimento espírita.

Ideias principais

» A parábola do filho pródigo, interpretada à luz do entendimento espírita, encerra os seguintes ensinamentos básicos:

1.º *Imutabilidade de Deus — princípio sustentado, não teoricamente apenas, mas de modo positivo, condizente com os fatos e testemunhos da vida humana.*

2.º *Unidade do destino, isto é, a redenção completa pelo Amor e pela Dor, abrangendo todos os pecadores.*

3.º *A lei da causalidade, ou seja, de ação e reação, causas e efeitos, determinando, em dado tempo, o despertar das consciências adormecidas.*

4.º *A relatividade do livre arbítrio, o qual não pode ser absoluto, a ponto de ser dado ao homem alterar os desígnios de Deus.*

5.º *Finalmente, a evolução individual dos seres racionais e conscientes, de cujo número o homem faz parte, processada no recesso íntimo das almas, livre e espontaneamente, como lei natural e irrevogável.* Vinícius (Pedro de Camargo): *Na seara do mestre*, Cap. Parábola do filho pródigo.

Subsídios

1. Texto evangélico

E disse: Um certo homem tinha dois filhos. E o mais moço deles disse ao pai: Pai, dá-me a parte da fazenda que me pertence. E ele repartiu por eles a fazenda. E, poucos dias depois, o filho mais novo, ajuntando tudo, partiu para uma terra longínqua e ali desperdiçou a sua fazenda, vivendo dissolutamente. E, havendo ele gastado tudo, houve naquela terra uma grande fome, e começou a padecer necessidades. E foi e chegou-se a um dos cidadãos daquela terra, o qual o mandou para os seus campos a apascentar porcos. E desejava encher o seu estômago com as bolotas [ou alfarrobas] que os porcos comiam, e ninguém lhe dava nada. E, caindo em si, disse: Quantos trabalhadores de meu pai têm abundância de pão, e eu aqui pereço de fome! Levantar-me-ei, e irei ter com meu pai, e dir-lhe-ei: Pai, pequei contra o céu e perante ti. Já não sou digno de ser chamado teu filho; faze-me como um dos teus trabalhadores. E, levantandose, foi para seu pai; e, quando ainda estava longe, viu-o seu pai, e se moveu de íntima compaixão, e, correndo, lançou-se-lhe ao pescoço, e o beijou. E o filho lhe disse: Pai, pequei contra o céu e perante ti e já não sou digno de ser chamado teu filho. Mas o pai disse aos seus servos: Trazei depressa a melhor roupa, e vesti-lho, e ponde-lhe um anel na mão e sandálias nos pés, e trazei o bezerro cevado, e matai-o; e comamos e alegremo-nos, porque este meu filho estava morto e reviveu; tinha-se perdido e foi achado. E começaram a alegrar-se. E o seu filho mais velho estava no campo; e, quando veio e chegou perto de casa, ouviu a música e as danças. E, chamando um dos servos, perguntou-lhe que era aquilo. E ele lhe disse: Veio teu irmão; e teu pai matou o bezerro cevado, porque o recebeu são e salvo. Mas ele se indignou e não queria entrar. E, saindo o pai, instava com ele. Mas, respondendo ele, disse ao pai: Eis que te sirvo há tantos anos, sem nunca transgredir o teu mandamento, e nunca me deste um cabrito para alegrar-me com os meus amigos. Vindo, porém, este teu filho, que desperdiçou a tua fazenda com as meretrizes, mataste-lhe o bezerro cevado. E ele lhe disse: Filho, tu sempre estás comigo, e todas as minhas coisas são tuas. Mas era justo alegrarmo-nos e regozijarmo-nos, porque este teu irmão estava morto e reviveu; tinha-se perdido e foi achado.
(Lucas, 15:11-32.)

O texto destaca a figura de um pai que atende com amor e misericórdia as diferentes necessidades evolutivas dos seus filhos, representados por dois irmãos, um pródigo, outro egoísta.

A parábola reflete, igualmente, a utilização do livre-arbítrio, a manifestação da lei de causa e efeito e os fundamentos do processo de evolução do Espírito.

"À simples leitura da parábola, percebemos que aquele pai é Deus. Seus dois filhos representam os homens, nós, os pecadores de todos os matizes."[6]

> Os dois irmãos representam a Humanidade. O *Pródigo* é a fiel imagem dos pecadores cujas faltas transparecem, ressaltam logo à primeira vista. Semelhantes transviados deixam-se arrastar ao sabor das voluptuosidades, como barcos que vogam à mercê das ondas, sem leme e sem bússola. Sabem que são pecadores, estão cônscios das imperfeições próprias e, comumente, ostentam para os que têm olhos de ver, de permeio com as graves falhas de seus caracteres, apreciáveis virtudes. E assim permanecem, até que o aguilhão da dor os desperte.
>
> O filho mais velho, o *Egoísta* é a perfeita encarnação dos pecadores que se julgam isentos de culpa, protótipos de virtudes, únicos herdeiros das bem-aventuranças eternas, pelo fato de se haverem abstido do mal. São os orgulhosos, os exclusivistas, os sectários que se apartam dos demais para não se contaminarem, como faziam os fariseus. A soberba não lhes permite conceber a unidade do destino.[...] Descreem da reabilitação dos culpados. Só podem ver a sociedade sob seus aspectos de camadas diversas, camadas inconfundíveis. Imaginam-se no alto, e os demais em baixo.[2]

2. Interpretação do texto evangélico

» *E disse: Um certo homem tinha dois filhos. E o mais moço deles disse ao pai: Pai, dá-me a parte da fazenda que me pertence. E ele repartiu por eles a fazenda. E, poucos dias depois, o filho mais novo, ajuntando tudo, partiu para uma terra longínqua e ali desperdiçou a sua fazenda, vivendo dissolutamente. E, havendo ele gastado tudo, houve naquela terra uma grande fome, e começou a padecer necessidades. E foi e chegou-se a um dos cidadãos daquela terra, o qual o mandou para os seus campos a apascentar porcos. E desejava encher o seu estômago com as bolotas [ou alfarrobas] que os porcos comiam, e ninguém lhe dava nada* (Lc 15:11-16).

O filho mais moço, identificado "pródigo", tinha uma personalidade ativa, mais determinada, enquanto seu irmão revela-se acomodado no contexto em que vivia. Sentindo, porém, necessidade de vivenciar outras experiências, à distância do lar, o caçula da família comunica ao pai este desejo e solicita-lhe a parte da herança que lhe cabia. O pai não só lhe atende o pedido, como demonstra compreender ser um acontecimento natural. Divide a herança entre os filhos, de forma justa, não interpondo obstáculo à manifestação do livre-arbítrio dos seus herdeiros.

O texto evangélico informa que "o filho mais novo, ajuntando tudo, partiu para uma terra longínqua", isto é, manteve-se distante da proteção paterna, conduzindo a existência na forma que lhe aprazia, segundo os critérios estabelecidos pela vida material. É por esse motivo que o filho pródigo "[...] é a personificação daquele que se entrega desvairadamente aos prazeres sensuais, concentrando na gratifação dos sentidos todas as suas aspirações e ideias, consumindo em bastardos apetites as riquezas herdadas do divino progenitor".[6]

O desregramento da conduta produziu-lhe grande sofrimento. "[...] Empobrecido e arruinado, faminto e roto, espiritual e materialmente, acaba reconhecendo-se o único culpado de tamanha desventura, o único responsável pela crítica situação em que se vê."[6]

Arrependendo-se dos erros cometidos, o jovem toma, então, a decisão de retornar à casa paterna. A disposição para se reajustar perante a lei divina é o primeiro sinal de transformação moral que, em geral, atinge os que se transviaram ao longo da caminhada evolutiva.

> A história desse moço desassisado é a da grande maioria dos homens. Verificamos no transcurso dos acontecimentos passados com ele a manifestação das leis naturais que regem o destino das almas na sua caminhada pela senda intérmina da vida, sob o influxo incoercível da evolução. [...] O desfecho de toda a odisseia dos pecadores que passam pela Terra, é o retorno ao lar paterno. [...] Outro ensinamento de relevância que da mesma ressalta é o que respeita à doutrina da causalidade [lei de causa e efeito], propagada pela Terceira Revelação. A redenção do Pródigo deu-se mediante a influência dessa lei. Ele criou uma série de causas que determinaram uma série de efeitos análogos. Como as causas eram más, os efeitos foram dolorosos. Suportando-os,

como era natural, e não como castigo ou pena imposta por agente estranho, o moço acabou compreendendo a insensatez que praticara, considerando-se, outrossim, o próprio causador dos sofrimentos e da humilhação que suportava.[7]

Percorrendo as estradas largas dos interesses humanos, o filho pródigo conheceu a realidade da vida material, subjugando-se aos seus mecanismos e leis, razão pela qual foi colhido pelas frustrações e desilusões, que lhe forneceram lições retificadoras, capazes de reajustá-lo perante as leis divinas.

Nesta situação, esclarece o texto evangélico que o jovem vivenciou graves problemas, assim especificados: após ter "gastado tudo, houve naquela terra uma grande fome, e começou a padecer necessidades. E foi e chegou-se a um dos cidadãos daquela terra, o qual o mandou para os seus campos a apascentar porcos".

Uma análise superficial do texto sugere que o jovem enfrentou sérias privações, todas de ordem material: aniquilou os bens herdados ("ele desperdiçou a sua fazenda"); para sobreviver, precisou trabalhar para um dos cidadãos da terra, como guardador de porcos; passou tanta fome que até desejou ingerir o alimento destinado aos porcos.

É óbvio que a parábola oculta ensinamentos transcendentais, sob o véu do símbolo. A herança desperdiçada representa o desprezo pelos valores espirituais que lhes foram concedidos pelo Criador supremo: [...] "a retidão do juízo, a candura do sentimento, a sensibilidade da consciência e o discernimento justo do bem e do mal".[1]

A "grande fome" que se abateu sobre aquela terra indica o cansaço, a insatisfação, o fastio que os prazeres materiais, cedo ou tarde, produzem no ser. Chega, então, o momento em que a pessoa se revela faminta de bens espirituais, arde-lhe o desejo de ser bom, de melhorar-se.

Entretanto, nem sempre o Espírito mostra-se suficientemente forte para mudanças extremas. Faz-se necessário passar por um período de ajuste, que lhe conceda as condições apropriadas à verdadeira transformação espiritual. No texto em estudo, esse período está simbolizado no imenso sofrimento que vivenciou como apascentador de porcos. Importa considerar que não foi o trabalho, em si, que lhe causou sofrimento, pois nada há de indigno em cuidar de animais, mas as condições precárias em que se encontrava o Espírito daquele jovem. Sua queda moral foi profunda, destruindo-lhe qualquer vestígio de alegria ou prazer de viver, uma vez que, agindo para satisfazer os sentidos, sua existência assemelhava-se à dos animais, que são governados pelo instinto. Subjugado à lei de causa e efeito, colheu o que semeou, guiando-se apenas pelo uso do seu livre-arbítrio.

Precisou, todavia, chegar a um doloroso estado de carência espiritual para lembrar-se do Pai, da vida abençoada que tivera, um dia, no lar paterno. Esta foi, porém, a brecha espiritual que lhe permitiu reconhecer os erros cometidos, admitir a situação de indigência espiritual em que se encontrava e, arrependido, impor nova diretriz à sua existência. Reconhecemos, neste sentido, que há filhos pródigos de diferentes tipos na Humanidade.

> Examinando-se a figura do filho pródigo, toda gente idealiza um homem rico, dissipando possibilidades materiais nos festins do mundo. O quadro, todavia, deve ser ampliado, abrangendo as modalidades diferentes. Os filhos pródigos não respiram somente onde se encontra o dinheiro em abundância. Acomodam-se em todos os campos da atividade humana, resvalando de posições diversas. Grandes cientistas da Terra são perdulários da inteligência, destilando venenos intelectuais, indignos das concessões de que foram aquinhoados. Artistas preciosos gastam, por vezes, inutilmente, a imaginação e a sensibilidade, através de aventuras mesquinhas, caindo, afinal, nos desvãos do relaxamento e do crime. Em toda parte, vemos os dissipadores de bens, de saber, de tempo, de saúde, de oportunidades...[12]

» *E, caindo em si, disse: Quantos trabalhadores de meu pai têm abundância de pão, e eu aqui pereço de fome! Levantar-me-ei, e irei ter com meu pai, e dir-lhe-ei: Pai, pequei contra o céu e perante ti. Já não sou digno de ser chamado teu filho; faze-me como um dos teus trabalhadores. E, levantando-se, foi para seu pai; e, quando ainda estava longe, viu-o seu pai, e se moveu de íntima compaixão, e, correndo, lançou-se-lhe ao pescoço, e o beijou. E o filho lhe disse: Pai, pequei contra o céu e perante ti e já não sou digno de ser chamado teu filho. Mas o pai disse aos seus servos: Trazei depressa a melhor roupa, e vesti-lho, e ponde-lhe um anel na mão e sandálias nos pés, e trazei o bezerro cevado, e matai-o; e comamos e alegremo-nos, porque este meu filho estava morto e reviveu; tinha-se perdido e foi achado. E começaram a alegrar-se* (Lc 15:17-24).

O conhecimento espírita nos faz ver, neste texto do Evangelho, o momento preciso em que o Espírito, cansado de sofrer, busca o amor celestial, reconhecendo-lhe a excelsitude. Este momento está representado na expressão "cair em si." É instante de grande valor, pois indica que a criatura humana toma consciência do efetivo estado de evolução espiritual em que se encontra.

> Este pequeno trecho da parábola do filho pródigo desperta valiosas considerações em torno da vida. Judas sonhou com o domínio político do Evangelho, interessado na transformação compulsória das criaturas; contudo, quando caiu em si, era demasiado tarde, porque o divino Amigo fora entregue a juizes cruéis.[...] Maria de Magdala pusera a vida íntima nas mãos de gênios perversos, todavia, caindo em si, sob a influência do Cristo, observa o tempo perdido e conquista a mais elevada dignidade espiritual, por intermédio da humildade e da renunciação. Pedro, intimidado ante as ameaças de perseguição e sofrimento, nega o Mestre divino; entretanto, caindo em si, ao se lhe deparar o olhar compassivo de Jesus, chora amargamente e avança, resoluto, para a sua reabilitação no apostolado. Paulo confia-se a desvairada paixão contra o Cristianismo e persegue, furioso, todas as manifestações do Evangelho nascente; no entanto, caindo em si, perante o chamado sublime do Senhor, penitencia-se dos seus erros e converte-se num dos mais brilhantes colaboradores do triunfo cristão. [...] Cai, contudo, em ti mesmo, sob a bênção de Jesus e, transferindo-te, então, da inércia para o trabalho incessante pela tua redenção, observarás, surpreendido, como a vida é diferente.⁹

É admirável observar que, a partir do instante em que teve consciência dos seus méritos e deméritos, o filho pródigo aliou o desejo de melhoria à ação, facilmente percebidos neste trecho do Evangelho: "Levantar-me-ei, e irei ter com meu pai, e dir-lhe-ei: Pai, pequei contra o céu e perante ti. Já não sou digno de ser chamado teu filho; faze-me como um dos teus trabalhadores. E, levantando-se, foi para seu pai".

> Quando o filho pródigo deliberou tornar aos braços paternos, resolveu intimamente levantar-se. Sair da cova escura da ociosidade para o campo da ação regeneradora. Erguer-se do chão frio da inércia para o calor do movimento reconstrutivo. Elevar-se do vale da indecisão para a montanha do serviço edificante. Fugir à treva e penetrar a luz. Ausentar-se da posição negativa e absorver-se na reestruturação dos próprios ideais. Levantou-se e partiu no rumo do lar paterno.⁸

A atitude do pai ao reencontrar o filho não deve passar despercebida: "viu-o seu pai, e se moveu de íntima compaixão, e, correndo, lançou-se-lhe ao pescoço, e o beijou." A compaixão é o atributo divino que mais nos atinge, em qualquer estágio evolutivo. Reflete a misericórdia divina. A compaixão demonstra que o Criador supremo não "[...] esperou que o filho se penitenciasse de rojo, não exigiu escusas, não solicitou justificativas e nem impôs condições de qualquer natureza para estender-lhe os braços; apenas aguardou que o filho se levantasse e lhe desejasse o calor do coração".[10]

» *E o seu filho mais velho estava no campo; e, quando veio e chegou perto de casa, ouviu a música e as danças. E, chamando um dos servos, perguntou-lhe que era aquilo. E ele lhe disse: Veio teu irmão; e teu pai matou o bezerro cevado, porque o recebeu são e salvo. Mas ele se indignou e não queria entrar. E, saindo o pai, instava com ele. Mas, respondendo ele, disse ao pai: Eis que te sirvo há tantos anos, sem nunca transgredir o teu mandamento, e nunca me deste um cabrito para alegrar-me com os meus amigos. Vindo, porém, este teu filho, que desperdiçou a tua fazenda com as meretrizes, mataste-lhe o bezerro cevado. E ele lhe disse: Filho, tu sempre estás comigo, e todas as minhas coisas são tuas. Mas era justo alegrarmo-nos e regozijarmo-nos, porque este teu irmão estava morto e reviveu; tinha-se perdido e foi achado* (Lc 15:25-32).

O filho mais velho ilustra, na história contada por Jesus, o exemplo do egoísmo.

A parábola não apresenta somente o filho pródigo. Mais aguçada atenção e encontraremos o filho egoísta.

O ensinamento velado do Mestre demonstra dois extremos da ingratidão filial. Um reside no esbanjamento; o outro, na avareza. São as duas extremidades que fecham o círculo da incompreensão humana.

De maneira geral, os crentes apenas enxergaram o filho que abandonou o lar paterno, a fim de viver nas estroinices do escândalo, tornando-se credor de todas as punições; e raros aprendizes conseguiram fixar o pensamento na conduta condenável do irmão que permanecia sob o teto familiar, não menos passível de repreensão.

Observando a generosidade paterna, os sentimentos inferiores que o animam sobem à tona e ei-lo na demonstração de sovinice.

Contraria-o a vibração de amor reinante no ambiente doméstico; alega, como autêntico preguiçoso, os anos de serviço em família; invoca, na posição de crente vaidoso, a suposta observância da Lei divina e desrespeita o genitor, incapaz de partilhar-lhe o justo contentamento.

Esse tipo de homem egoísta é muito vulgar nos quadros da vida. Ante o bem-estar e a alegria dos outros, revolta-se e sofre, por meio da secura que o aniquila e do ciúme que o envenena.[13]

Ora, o amor verdadeiro não se ajusta aos padrões da contabilidade tradicional: é espontâneo, natural, não cobra, não exige. No entanto, aquele servidor, aparentemente correto, por estar presente de modo ostensivo na casa do Pai realizando as suas obrigações, revelou-se egocêntrico e intransigente, mesmo que as explicações concedidas pelo Pai fossem lógicas e ponderadas: "Filho, tu sempre estás comigo, e todas as minhas coisas são tuas. Mas era justo alegrarmo-nos e regozijarmo-nos, porque este teu irmão estava morto e reviveu; tinha-se perdido e foi achado."

Verificamos, assim, que nem sempre o que permanece na "Casa do Pai", cumprindo deveres e obrigações está, efetivamente, transformado no bem. Pode revelar-se mesquinho e egoísta, julgando-se único merecedor das atenções e cuidados do Pai. Da mesma forma, nem todo dissoluto — o que prioriza as sensações materiais em detrimento das conquistas espirituais —, é criatura má. Ele pode, inclusive, revelar virtudes que estão abafadas pelo gênero de vida que leva. Essas virtudes irão manifestar-se, no momento apropriado, servindo de recursos para admitir erros cometidos e reajustar condutas. Devemos reconhecer, em suma, que o filho pródigo é sempre alguém que "pecou, sofreu, amou. A dor despertou-lhe os sentimentos, iluminou-lhe a consciência, converteu-o. A humildade, essa virtude que levanta os decaídos e engrandece os pequeninos, exaltou-o, apagando todas as máculas do seu Espírito, então redimido".[4]

O mesmo não aconteceu com o outro irmão. Isso nos faz recordar que Jesus, antes mesmo de contar esta parábola, afiançou: "Digo-vos que assim haverá alegria no céu por um pecador que se arrepende, mais do que por noventa e nove justos que não necessitam de arrependimento". (LUCAS, 15:7)

Dessa forma, a recepção que o pai deu ao filho pródigo traduz-se em lição inesquecível: a alegria do acolhimento ao filho mais jovem, o melhor vestido, o anel e as alparcatas, assim como o banquete, a festa e a música foram concessões que expressam a misericórdia divina, perante as propostas de mudança dos que, sob os fundamentos da humildade, se arrependem. Por outro lado, essa boa receptividade provoca ciúme e inveja no filho mais velho, que ainda não se encontrava livre do ciúme, da inveja e do egoísmo, julgando-se o único merecedor dos cuidados e atenção do genitor. Trata-se de uma atitude mesquinha e rancorosa do primogênito, que busca justificá-la por meio da alegação pueril de jamais ter se afastado do lar.

> O *Pródigo*, a seu ver, deve ser excluído do lar. [...] O mal do Egoísta é muito mais profundo, está muito mais radicado que o do *Pródigo*. Este tem qualidades ao lado dos defeitos. Aquele não tem vícios, mas igualmente não tem virtudes. [...] O *Egoísta* não esbanja os dons: esconde-os, como o avarento esconde as moedas. Não mata, porém é incapaz de arriscar um fio de cabelo para salvar alguém. Não rouba, mas também não dá. Não jura falso, mas não se abalança ao mais ligeiro incômodo na defesa dum inocente. Seus atos e atitudes são invariavelmente negativos. Tais pecadores acham-se, por isso, mais longe de Deus que os demais, apesar das aparências denunciarem o contrário.[3]

O egoísta encontra muitas dificuldades para levar avante os propósitos da própria melhoria espiritual, uma vez que raramente considera as necessidades e as virtudes do próximo.

> O egoísta insula-se de todos pela influência de seus próprios pensamentos. É orgulhoso, é sectário. Separa-se dos demais porque se julga perfeito. Jacta-se intimamente em não alimentar vícios, mas nenhuma virtude, além da abstenção do mal, nele se descobre. É um cristalizado: não suporta as consequências dos desvarios, mas não goza dos prazeres da virtude. Sua conversão é mais difícil que a de qualquer outra espécie de pecadores. A presunção oblitera-lhe o entendimento, ofusca-lhe as ideias. Imaginando-se às portas do céu, dista ainda dele um abismo. Supõe-se um iluminado, e não passa de um cego.[5]

Sendo assim, guardemos este sábio conselho do benfeitor espiritual Emmanuel: "Se te sentes ligado à Esfera superior por teus atos e diretrizes, palavras e pensamentos, não te encarceres na vaidade de ser bom. Não te esqueças, em circunstância alguma, de que Deus é Pai de todos, e, se te ajudou para estares com Ele, é para que estejas com Ele, ajudando aos outros."[11]

Referências

1. CALLIGARIS, Rodolfo. *Parábolas evangélicas*. 9. ed. Rio de Janeiro: FEB, 2006. Cap. A ovelha, a dracma e o filho pródigo, p. 96.

2. VINÍCIUS (Pedro de Camargo). *Nas pegadas do mestre*. 11. ed. Rio de Janeiro: FEB, 2007. Cap. O pródigo e o egoísta, p. 22-23.

3. _____._____. p. 23.

4. _____._____. Cap. Por que será? p. 24.

5. _____._____. p. 24-25.

6. _____. *Na seara do mestre*. 9. ed. Rio de Janeiro: FEB, 2000. Cap. Parábola do filho pródigo, p. 41.

7. _____._____. p. 41-43.

8. XAVIER, Francisco Cândido. *Fonte viva*. Pelo Espírito Emmanuel. 35. ed. Rio de Janeiro: FEB, 2006. Cap. 13 (Ergamo-nos), p. 41.

9. _____._____. Cap. 88 (Caindo em si), p. 229-230.

10. _____. *Palavras de vida eterna*. Pelo Espírito Emmanuel. 33. ed. Uberaba: Comunhão Espírita Cristã, 2005. Cap. 97 (Pai e amigo), p. 211.

11. _____._____. Cap. 98 (Filho e censor), p. 213.

12. _____. *Pão nosso*. Pelo Espírito Emmanuel. 28. ed. Rio de Janeiro: FEB, 2006. Cap. 24 (Filhos pródigos), p. 63-64.

13. _____._____. Cap. 157 (O filho egoísta), p. 329-330.

Orientações ao monitor

Dividir a turma em grupos para leitura, troca de ideias e elaboração de um resumo a respeito dos assuntos desenvolvidos na interpretação do texto evangélico. Pedir-lhes, em seguida, que apresentem as conclusões do resumo, em plenário. Citar exemplos — e solicitar outros aos participantes — que ilustrem as características dos dois filhos citados na parábola.

ENSINOS POR PARÁBOLAS

Roteiro 2

OS TRABALHADORES DA VINHA

Objetivos

» Explicar, sob a ótica espírita, a parábola dos trabalhadores da vinha.

Ideias principais

» *[...] os obreiros que chegaram na primeira hora são os profetas, Moisés e todos os iniciadores que marcaram as etapas do progresso, as quais continuaram a ser assinaladas através dos séculos pelos apóstolos, pelos mártires, pelos Pais da Igreja, pelos sábios, pelos filósofos e, finalmente, pelos espíritas. [...]* Allan Kardec: *O evangelho segundo o espiritismo.* Cap. XX, item 3.

» *A formosa parábola dos servidores envolve conceitos profundos. Em essência, designa o local dos serviços humanos e refere-se ao volume de obrigações que os aprendizes receberam do Mestre divino.*

» *Por enquanto, os homens guardam a ilusão de que o orbe pode ser o tablado de hegemonias raciais ou políticas, mas perceberão em tempo o clamoroso engano, porque todos os filhos da razão, corporificados na crosta da Terra, trazem consigo a tarefa de contribuir para que se efetue um padrão de vida mais elevado no recanto em que agem transitoriamente.* Emmanuel: *Pão nosso.* Cap. 29.

Subsídios

1. Texto evangélico

Porque o Reino dos céus é semelhante a um homem, pai de família, que saiu de madrugada a assalariar trabalhadores para a sua vinha. E, ajustando com os trabalhadores a um dinheiro por dia, mandou-os para a sua vinha. E, saindo perto da hora terceira, viu outros que estavam ociosos na praça. E disse lhes: Ide vós também para a vinha, e dar-vos--ei o que for justo. E eles foram. Saindo outra vez, perto da hora sexta e nona, fez o mesmo. E, saindo perto da hora undécima, encontrou outros que estavam ociosos e perguntou-lhes: Por que estais ociosos todo o dia? Disseram-lhe eles: Porque ninguém nos assalariou. Diz-lhes ele: Ide vós também para a vinha e recebereis o que for justo. E, aproximando-se a noite, diz o senhor da vinha ao seu mordomo: Chama os trabalhadores, e paga-lhes o salário, começando pelos derradeiros até aos primeiros. E, chegando os que tinham ido perto da hora undécima, receberam um dinheiro cada um; vindo, porém, os primeiros, cuidaram que haviam de receber mais; mas, do mesmo modo, receberam um dinheiro cada um. E, recebendo-o, murmuravam contra o pai de família, dizendo: Estes derradeiros trabalharam só uma hora, e tu os igualaste conosco, que suportamos a fadiga e a calma do dia. Mas ele, respondendo, disse a um deles: Amigo, não te faço injustiça; não ajustaste tu comigo um dinheiro? Toma o que é teu e retira-te; eu quero dar a este derradeiro tanto como a ti. Ou não me é lícito fazer o que quiser do que é meu? Ou é mau o teu olho porque eu sou bom? Assim, os derradeiros serão primeiros, e os primeiros, derradeiros, porque muitos são chamados, mas poucos, escolhidos. (MATEUS, 20:1-16.)

Três ideias básicas são identificadas nessa parábola: o valor do trabalho para o progresso humano, o significado de trabalhador da vinha e o princípio da reencarnação. De maneira geral, tais temas estão desenvolvidos na seguinte mensagem de Henri Heine, ditada em Paris, em 1863:

> [...] os obreiros que chegaram na primeira hora são os profetas, Moisés e todos os iniciadores que marcaram as etapas do progresso, as quais continuaram a ser assinaladas através dos séculos pelos apóstolos, pelos mártires, pelos Pais da Igreja, pelos sábios, pelos filósofos e, finalmente,

pelos espíritas. Estes, que por último vieram, foram anunciados e preditos desde a aurora do advento do Messias e receberão a mesma recompensa. [...] Últimos chegados, eles aproveitam dos labores intelectuais dos seus predecessores, porque o homem tem de herdar do homem e porque coletivos são os trabalhos humanos [...]. Aliás, muitos dentre aqueles revivem hoje, ou reviverão amanhã, para terminarem a obra que começaram outrora. Mais de um patriarca, mais de um profeta, mais de um discípulo do Cristo, mais de um propagador da fé cristã se encontram no meio deles, porém, mais esclarecidos, mais adiantados, trabalhando, não já na base, e sim na cumeeira do edifício. Receberão, pois, o salário proporcionado ao valor da obra.[2]

2. Interpretação do texto evangélico

» *Porque o Reino dos céus é semelhante a um homem, pai de família, que saiu de madrugada a assalariar trabalhadores para a sua vinha. E, ajustando com os trabalhadores a um dinheiro por dia, mandou-os para a sua vinha* (Mt 20:1-2).

A expressão "Reino dos céus" é comum no Evangelho, referindo-se ao estado de plenitude espiritual, que será alcançado de forma ativa, perseverante e corajosa, jamais como concessão ou graça divina. Segundo a Doutrina Espírita, o ser humano atingirá esse estado de perfeição por meio do conhecimento e da transformação moral, obtidos nas inúmeras reencarnações e no plano espiritual.

O pai de família é Deus; a vinha somos nós, a Humanidade; e o trabalho, a aquisição das virtudes que devem enobrecer nossas almas. Para realizar esse desiderato, uns precisam de menos tempo, outros de mais, conforme cumpram, bem ou mal, os seus deveres. O premio, entretanto, é um só: a alegria, o gozo espiritual decorrente da própria evolução alcançada.[5]

A afirmativa, "sair de madrugada a assalariar trabalhadores para a sua vinha", indica o supremo dinamismo do trabalho no bem, caracterizado por ser diligente e produtivo, não perde tempo e que começa cedo. Como é prioritário o progresso humano, o Senhor tem enviado ao Planeta Espíritos missionários, desde as eras mais remotas. A evolução espiritual é uma meta divina definida desde que ocorreu o processo de humanização do princípio inteligente, isto é, na "madrugada" da vida humana, quando o Espírito era simples e ignorante.

A vinha é a própria Humanidade, o grande campo de aprendizado que precisa evolver, pelo trabalho-subsistência e pelo trabalho espiritual, firmado nos testemunhos, sacrifícios e doações incessantes que assinalam a via de progresso dos povos e de cada indivíduo. Em outras palavras, "[...] designa o local dos serviços humanos e refere-se ao volume de obrigações que os aprendizes receberam do Mestre divino".[8]

O texto evangélico esclarece que o pagamento ajustado dos trabalhadores foi de "um dinheiro por dia". A gerência divina, sempre atenta e atuante, sabe ajustar o trabalho em nível da conscientização e do entendimento do obreiro. Neste contexto, é possível definir o tipo de compromisso que cada um pode oferecer à vinha, identificado na equação produção versus benefício. Sendo assim, o Pai celestial, o dono da vinha, disponibiliza o serviço ao trabalhador, o local onde este deva atuar e, também, a forma e valor da remuneração. O filho ou trabalhador, por outro lado, recebe a oportunidade de progredir, no campo que lhe foi destinado, selecionado em função da experiência que possui.

A parábola nos mostra que há um plano diretor, sábio e inteligente, que define o processo evolutivo da Humanidade. Nada é feito de improviso ou de forma eventual. Implica estudo, planejamento e estratégias seriamente estipulados, a fim de que o sucesso esteja assegurado.

> O planeta não é um barco desgovernado.
>
> As coletividades humanas costumam cair em desordem, mas as leis que presidem aos destinos da Casa Terrestre se expressam com absoluta harmonia. Essa verificação nos ajuda a compreender que a Terra é a vinha de Jesus. Aí, vemo-lo trabalhando desde a aurora dos séculos e aí assistimos à transformação das criaturas, que, de experiência a experiência, se lhe integram no divino amor.[8]

» *E, saindo perto da hora terceira, viu outros que estavam ociosos na praça. E disse-lhes: Ide vós também para a vinha, e dar-vos-ei o que for justo. E eles foram. Saindo outra vez, perto da hora sexta e nona, fez o mesmo. E, saindo perto da hora undécima, encontrou outros que estavam ociosos e perguntou-lhes: Por que estais ociosos todo o dia? Disseram-lhe eles: Porque ninguém nos assalariou. Diz-lhes ele: Ide vós também para a vinha e recebereis o que for justo. E, aproximando-se a noite, diz o senhor da vinha ao seu mordomo: Chama os trabalhadores, e paga lhes o salário, começando pelos derradeiros até aos primeiros* (Mt 20:3-8).

As horas de contratação dos trabalhadores equivalem às diferentes convocações de Deus, aos seus filhos, para o cultivo de virtudes. "Uns começam mais cedo a cuidar dos seus espíritos para o bem; outros começam mais tarde. E no entanto, para os bons trabalhadores o salário é o mesmo, não importa a hora em que iniciaram o trabalho de se regenerarem."[6]

> Os trabalhadores da primeira hora são os Espíritos que contam com maior número de encarnações, mas que não souberam aproveitá-las, perdendo oportunidades que lhes foram concedidas para se regenerarem e progredirem. Os trabalhadores contratados posteriormente simbolizam os Espíritos que foram gerados há menos tempo, mas que, fazendo melhor uso do livre-arbítrio, [...] lograram em apenas algumas existências o progresso que outros tardaram a realizar.[5]

As oportunidades de melhoria espiritual são diuturnamente oferecidas pelo Criador supremo, através de Jesus. Existe trabalho para todos porque o progresso é Lei divina ou Natural. Entretanto, é importante considerar outras características que fazem parte do processo evolutivo humano, claramente identificadas nesta parábola do trabalhador da vinha.

> As condições essenciais para os trabalhadores são: a constância, o desinteresse, a boa vontade e o esforço que fazem no trabalho que assumiram. Os bons trabalhadores se distinguem por estes característicos. O mercenário trabalha pelo dinheiro; seu único fito, sua única aspiração é receber o salário. [...] Assim é em todas as ramificações dos conhecimentos humanos: há os escravos do dinheiro e há o operário do progresso. Na lavoura, na indústria, como nas Artes e Ciências, destacam-se sempre o operário e o mercenário. O materialismo, a materialidade, a ganância do ouro arranjaram, na época em que nos achamos, mais escravos do que a vinha arranjou mais obreiros. Por isso, grande é a seara e poucos são os trabalhadores![7]

Merece destaque o conteúdo do versículo oito, assim especificado: "E, aproximando-se a noite, diz o senhor da Vinha ao seu mordomo: Chama os trabalhadores, e paga-lhes o salário, começando pelos derradeiros até aos primeiros". Trata-se de uma ordenação divina referente ao acerto de contas, à aferição de resultados. É momento em que se verifica se ocorreu efetivo progresso ou melhoria espiritual do trabalhador. Essa aferição é de grande valor, tendo em vista os investimentos posteriores, os próximos planejamentos reencarnatórios. A expressão, "aproximando-se a noite", não está relacionada ao término de um dia, que acontece após o declínio do sol. Pode indicar tanto o final de uma existência física quanto o fechamento de um ciclo evolutivo.

> *E, chegando os que tinham ido perto da hora undécima, receberam um dinheiro cada um; vindo, porém, os primeiros, cuidaram que haviam de receber mais; mas, do mesmo modo, receberam um dinheiro cada um. E, recebendo-o, murmuravam contra o pai de família, dizendo: Estes derradeiros trabalharam só uma hora, e tu os igualas-te conosco, que suportamos a fadiga e a calma do dia. Mas ele, respondendo, disse a um deles: Amigo, não te faço injustiça; não ajustaste tu comigo um dinheiro? Toma o que é teu e retira-te; eu quero dar a este derradeiro tanto como a ti. Ou não me é lícito fazer o que quiser do que é meu? Ou é mau o teu olho porque eu sou bom?* (Mt 20:9-15).

Percebe-se que na Vinha, o Senhor não faz "[...] questão da *quantidade do trabalho*, mas sim da *qualidade*, e ainda mais, da permanência do obreiro *até o fim*. Os que trabalharam na vinha, desde a manhã até à noite, não mereceram maior salário que os que trabalharam uma única hora, dada a *qualidade* do trabalho".[7]

O pagamento que os trabalhadores recebem é o mesmo para todos os obreiros, independentemente do número de horas que tenham trabalhado. Cada hora de labor representa uma encarnação ou período de aprendizado. Há Espíritos que consomem muitas reencarnações para se tornarem criaturas melhores, outros realizam o mesmo processo em poucas existências corporais. Da mesma forma, existem obreiros que despendem muitas horas para realizar uma tarefa que, sendo feita por outros, é executada em breve espaço de tempo.

> Há operários diligentes, de boa vontade, que, devotando-se de corpo e alma às tarefas que lhe são confiadas, produzem mais e melhor, em menos tempo que o comum, assim como há os mercenários, os que não têm amor ao trabalho, os que se mexem somente quando são vigiados, os que estão de olhos pegados no relógio, pressurosos de que passe o dia, cuja produção, evidentemente, é muito menor que a dos primeiros. Uma vez, pois que o mérito de cada obreiro seja aferido, não pelas horas de serviço, mas pela produção, que interessa ao dono

do negócio saber se, para dar o *mesmo rendimento*, um precisa de doze horas, outro de nove, outro de seis, outro de três e outro de uma?[4]

A reencarnação deve ser vista como a manifestação da justiça divina. É significativa oportunidade para o Espírito reparar o passado de erros, reajustando-se perante a Lei de Deus, e, ao mesmo tempo, ensejo de progresso pelo desenvolvimento dos valores morais e intelectuais.

» *Assim, os derradeiros serão primeiros, e os primeiros, derradeiros, porque muitos são chamados, mas poucos, escolhidos* (Mt 20:16).

Os indivíduos escolhidos serão os primeiros no Reino dos céus porque souberam aproveitar, integralmente, os trabalhos na Vinha do Senhor, ao longo das sucessivas reencarnações. Não temeram as lutas nem os desafios impostos pelas provações, sempre agindo como alunos aplicados. Estes são os trabalhadores de última hora.

> O obreiro da última hora tem direito ao salário, mas é preciso que a sua boa vontade o haja conservado à disposição daquele que o tinha de empregar e que o seu retardamento não seja fruto da preguiça ou da má vontade. Tem ele direito ao salário, porque desde a alvorada esperava com impaciência aquele que por fim o chamaria para o trabalho. Laborioso, apenas lhe faltava o labor.[1]

A parábola dos trabalhadores da vinha deve calar fundo aos espíritas, em razão do conhecimento que possuem a respeito da realidade espiritual e da necessidade da prática da caridade, base da transformação moral. Neste sentido, é sempre útil lembrar estas recomendações de o Espírito de Verdade:

Aproxima-se o tempo em que se cumprirão as coisas anunciadas para a transformação da Humanidade. Ditosos serão os que houverem trabalhado no campo do Senhor, com desinteresse e sem outro móvel, senão a caridade! [...] Ditosos os que hajam dito a seus irmãos: "Trabalhemos juntos e unamos os nossos esforços, a fim de que o Senhor, ao chegar, encontre acabada a obra", porquanto o Senhor lhes dirá: "Vinde a mim, vós que sois bons servidores, vós que soubestes impor silêncio aos vossos ciúmes e às vossas discórdias, a fim de que daí não viesse dano para a obra!" [...]

Deus procede, neste momento, ao censo dos seus servidores fiéis e já marcou com o dedo aqueles cujo devotamento é apenas aparente, a fim de que não usurpem o salário dos servidores animosos, pois aos que não recuarem diante de suas tarefas é que ele vai confiar os postos mais difíceis na grande obra da regeneração pelo Espiritismo. Cumprir-se-ão estas palavras: "Os primeiros serão os últimos e os últimos serão os primeiros no reino dos céus."[3]

Referências

1. KARDEC, Allan. *O evangelho segundo o espiritismo*. Tradução de Guillon Ribeiro. 127. ed. Rio de Janeiro: FEB, 2006. Cap. 20, item 2, p. 350-351.

2. _____._____. Item 3, p. 352.

3. _____._____. Item 5, p. 356-357.

4. CALLIGARIS, Rodolfo. *Parábolas evangélicas*. 9. ed. Rio de Janeiro: FEB, 2006. Cap. Parábola dos trabalhadores e da diversas horas do dia, p. 34.

5. _____._____. p. 35.

6. RIGONATTI, Eliseu. *O evangelho dos humildes*. 15. ed. São Paulo: Pensamento, 2003. Cap. XX (A parábola dos trabalhadores e das diversas horas do trabalho), p. 181.

7. SCHUTEL, Cairbar. *Parábolas e ensinos de Jesus*. 20. ed. Matão: O Clarim, 2004. Item: Parábola dos trabalhadores da vinha, p. 54.

8. XAVIER, Francisco Cândido. *Pão nosso*. Pelo Espírito Emmanuel. 29. ed. Rio de Janeiro: FEB, 2007. Cap. 29 (A vinha), p. 73.

Orientações ao monitor

Pedir à turma que faça leitura silenciosa do texto evangélico (MATEUS, 20:1-16), assinalando os pontos que considerem mais significativos. Realizar, em seguida, breve explanação sobre as principais ideias desenvolvidas neste Roteiro, debatendo-as com os integrantes da reunião. Ao final, entregar aos participantes uma cópia da mensagem "Os obreiros do Senhor", de autoria de o Espírito de Verdade, constante em *O evangelho segundo o espiritismo*, capítulo XX, para leitura e correlação com a parábola estudada.

ENSINOS POR PARÁBOLAS

Roteiro 3

OS TALENTOS

Objetivos

» Explicar, à luz da Doutrina Espírita, a parábola dos talentos.

Ideias principais

» Os talentos são benefícios concedidos por Deus à Humanidade com a finalidade de fazê-la progredir material, intelectual e moralmente. Devem ser utilizados sob a forma de diferentes tipos de trabalhos e esforços que cabe ao homem desenvolver. *A atividade que esses mesmos trabalhos impõem lhe amplia e desenvolve a inteligência, e essa inteligência que ele concentra, primeiro, na satisfação das necessidades materiais, o ajudará mais tarde a compreender as grandes verdades morais.* Allan Kardec: *O evangelho segundo o espiritismo.* Cap. XVI, item 7.

» A parábola trata da distribuição, feita por Deus, de oito talentos entre três servidores. O primeiro servo recebeu cinco concessões divinas, assim representadas: a saúde, a riqueza, a habilidade, o discernimento e a autoridade. O segundo recebeu os talentos da inteligência e do poder. O terceiro servo recebeu um único talento: a dor. Irmão X: *Luz acima.* Cap. 33.

» Os oito talentos podem significar, também, outras manifestações do Pai celestial, concedidas aos três servidores. *Ao primeiro transmitiu o dinheiro, o poder, o conforto, a habilidade e o prestígio; ao segundo concedeu a inteligência e a autoridade, e ao terceiro entregou o conhecimento espírita.* Irmão X: *Estante da vida.* Cap. 4.

Subsídios

1. Texto evangélico

Porque isto é também como um homem que, partindo para fora da terra, chamou os seus servos, e entregou-lhes os seus bens, e a um deu cinco talentos, e a outro, dois, e a outro, um, a cada um segundo a sua capacidade, e ausentou-se logo para longe. E, tendo ele partido, o que recebera cinco talentos negociou com eles e granjeou outros cinco talentos. Da mesma sorte, o que recebera dois granjeou também outros dois. Mas o que recebera um foi, e cavou na terra, e escondeu o dinheiro do seu senhor. E, muito tempo depois, veio o senhor daqueles servos e ajustou contas com eles. Então, aproximou-se o que recebera cinco talentos e trouxe-lhe outros cinco talentos, dizendo: Senhor, entregaste-me cinco talentos; eis aqui outros cinco talentos que ganhei com eles. E o seu senhor lhe disse: Bem está, servo bom e fiel. Sobre o pouco foste fiel, sobre muito te colocarei; entra no gozo do teu senhor. E, chegando também o que tinha recebido dois talentos, disse: Senhor, entregaste-me dois talentos; eis que com eles ganhei outros dois talentos. Disse-lhe o seu senhor: Bem está, bom e fiel servo. Sobre o pouco foste fiel, sobre muito te colocarei; entra no gozo do teu senhor. Mas, chegando também o que recebera um talento disse: Senhor, eu conhecia-te, que és um homem duro, que ceifas onde não semeaste e ajuntas onde não espalhaste; e, atemorizado, escondi na terra o teu talento; aqui tens o que é teu. Respondendo, porém, o seu senhor, disse-lhe: Mau e negligente servo; sabes que ceifo onde não semeei e ajunto onde não espalhei; devias, então, ter dado o meu dinheiro aos banqueiros, e, quando eu viesse, receberia o que é meu com os juros. Tirai-lhe, pois, o talento e dai-o ao que tem os dez talentos. Porque a qualquer que tiver será dado, e terá em abundância; mas ao que não tiver, até o que tem ser-lhe-á tirado. Lançai, pois, o servo inútil nas trevas exteriores; ali, haverá pranto e ranger de dentes. (MATEUS, 25:14-30.)

As principais ideias da parábola podem ser assim resumidas:

Está visto que o senhor, aí, é Deus; os servos somos nós, é a Humanidade; os talentos são os bens e recursos que a Providência nos autorga para serem empregados em benefício próprio e de nosssos semelhantes; o tempo concedido para a sua movimentação é a existência terrena. A distribuição de talentos em quantidades desiguais, ao contrário do que possa parecer, nada tem de arbitrária nem de injusta: baseia-se na *capacidade* de cada um, adquirida antes da presente encarnação, em outras jornadas evolutivas.[1]

2. Interpretação do texto evangélico

» *Porque isto é também como um homem que, partindo para fora da terra, chamou os seus servos, e entregou-lhes os seus bens, e a um deu cinco talentos, e a outro, dois, e a outro, um, a cada um segundo a sua capacidade, e ausentou-se logo para longe. E, tendo ele partido, o que recebera cinco talentos negociou com eles e granjeou outros cinco talentos. Da mesma sorte, o que recebera dois granjeou também outros dois. Mas o que recebera um foi, e cavou na terra, e escondeu o dinheiro do seu senhor.* (Mt 25:14-18).

Por estas palavras, ensina Jesus sobre a confiança depositada por Deus a seus filhos, concedendo-lhes o gerenciamento de bens, de acordo com as possibilidades de cada um.

> Se te afeiçoas, assim, aos ideais de aprimoramento e progresso, não te afastes do trabalho que renova, do estudo que aperfeiçoa, do perdão que ilumina, do sacrifício que enobrece e da bondade que santifica... Lembra-te que o Senhor nos concede tudo aquilo de que necessitamos para comungar-lhe a glória divina, entretanto, não te esqueças de que as dádivas do Criador se fixam, nos seres da Criação, conforme a capacidade de cada um.[10]

O texto revela também a bondade divina, sempre plena de misericórdia, que fornece, em cada experiência reencarnatória, as bênçãos necessárias ao reajuste espiritual. Neste sentido, aconselha Emmanuel: "Melhorar para progredir — eis a senha da evolução. [...] Não olvides que os talentos de Deus são iguais para todos, competindo a nós outros a solução do problema alusivo à capacidade de recebê-los."[9]

Os servidores que receberam os talentos representam três diferentes categorias evolutivas de Espíritos.

> Os que recebem cinco talentos são Espíritos já mais experimentados, mais vividos, que aqui reencarnam para missões de repercussão social;

os que recebem dois, são destinados a tarefas mais restritas, de âmbito familiar; os que recebem um, não têm outra responsabilidade senão a de promoverem o progresso espiritual de si mesmos, mediante a aquisição de virtudes que lhes faltam.[1]

Os servidores incluídos nos dois primeiros grupos corresponderam à confiança do Senhor. Demonstraram responsabilidade perante as dádivas recebidas, agindo com diligência, bom senso, trabalho e dedicação, de sorte que conseguiram duplicar os benefícios que lhes foram confiados.

O terceiro depositário, entretanto, não seguiu o exemplo dos demais. Portador de personalidade inibida e temerosa, imatura e descompromissada, não soube utilizar, como deveria, a concessão celeste. Representa os homens que usam mal os dons recebidos do Pai Celestial. A maioria das pessoas, no estágio atual de evolução, procede de forma similar, daí a necessidade das inumeráveis reencarnações como processo reeducador.

> Há milhares de pessoas que efetuam a romagem carnal, amontoando posses exteriores, à gana de ilusória evidência. [...] E imobilizam-se do medo ou do tédio [...], até que a morte lhes reclama a devolução do próprio corpo. Não olvides, assim, a tua condição de usufrutuário do mundo e aprende a conservar no próprio íntimo os valores da Grande Vida. [...] Lembra-te de que amanhã restituirás à vida o que a vida te emprestou, em nome de Deus, e que os tesouros do teu Espírito será apenas aqueles que houveres amealhado em ti próprio, no campo da educação e das boas obras.[11]

Os talentos simbolizam os infinitos recursos divinos, disponibilizados pelo Criador supremo em prol do nosso progresso espiritual. O Espírito Irmão X nos apresenta, de forma criativa e inteligente, duas versões da parábola, nos livros *Luz acima* e *Estante da vida*, respectivamente. Apresentamos, em seguida, as ideias gerais existentes no primeiro livro.

Relata o Espírito amigo que os talentos recebidos pelo primeiro servo foram: saúde, riqueza, habilidade, discernimento e autoridade. O Senhor prestou-lhe, também, as seguintes recomendações: "[...] Multiplica-os, aonde fores, em benefício dos meus filhos e teus irmãos que, em situação inferior à tua, avergados ao solo do planeta a que levarás minhas bênçãos, se esforçam mais intensamente".[5]

Dirigindo-se ao segundo servidor, o Senhor orientou-o, assim:

— Transporta contigo estas duas preciosidades, que se destinam ao esclarecimento e auxílio do mundo a que te diriges. São ambas, a inteligência e o poder. Estende estes patrimônios respeitáveis às minhas construções eternas.[5]

Ao terceiro, confiou apenas um "talento", aclarando, cuidadoso:

— Apossa-te desta lâmpada sublime e segue. É a dor, o dom celeste da iluminação espiritual. Acende-a em teu campo de trabalho, em favor de ti mesmo e dos semelhantes. Seus raios abrem acesso aos tabernáculos divinos.[6]

» *E, muito tempo depois, veio o senhor daqueles servos e ajustou contas com eles. Então, aproximou-se o que recebera cinco talentos e trouxe-lhe outros cinco talentos, dizendo: Senhor, entregaste-me cinco talentos; eis aqui outros cinco talentos que ganhei com eles. E o seu senhor lhe disse: Bem está, servo bom e fiel. Sobre o pouco foste fiel, sobre muito te colocarei; entra no gozo do teu senhor. E, chegando também o que tinha recebido dois talentos, disse: Senhor, entregaste-me dois talentos; eis que com eles ganhei outros dois talentos. Disse-lhe o seu senhor: Bem está, bom e fiel servo. Sobre o pouco foste fiel, sobre muito te colocarei; entra no gozo do teu senhor. Mas, chegando também o que recebera um talento disse: Senhor, eu conhecia-te, que és um homem duro, que ceifas onde não semeaste e ajuntas onde não espalhaste; e, atemorizado, escondi na terra o teu talento; aqui tens o que é teu. Respondendo, porém, o seu senhor, disse-lhe: Mau e negligente servo; sabes que ceifo onde não semeei e ajunto onde não espalhei; devias, então, ter dado o meu dinheiro aos banqueiros, e, quando eu viesse, receberia o que é meu com os juros* (Mt 25:19-27).

"E muito tempo depois", assinala o período posterior ao aprendizado desenvolvido pelo Espírito. Indica a avaliação do estágio probatório, quando o Pai afere o resultado das provas ou testes que serviram de lições à criatura, no seu processo de ascensão espiritual.

O "ajuste de contas" é, pois, uma aferição de valores que cedo ou tarde nos alcança. Não há como fugir dessa avaliação divina. Neste sentido, os planejamentos reencarnatórios têm como base essa aferição, ou seja, a análise dos resultados dos trabalhos desenvolvidos pelo Espírito em cada etapa de aprendizado.

Segundo a parábola e a interpretação do Espírito Irmão X, o servo que recebera cinco talentos, duplicou-os esclarecendo, feliz, ao Senhor:

— Senhor, eis tuas dádivas multiplicadas. Deste-me cinco e restituo-as em dobro. Respeitando a saúde, adquiri o tempo; espalhando a riqueza, aliciei a gratidão; usando a habilidade, recebi a estima; movimentando o discernimento, conquistei o equilíbrio, e distribuindo a autoridade em teu nome, ganhei a ordem. O teu plano de júbilo e evolução foi executado.[7]

O que recebera dois talentos também se posiciona jubiloso perante o Pai e explica como se conduziu:

—Senhor, recebe teus haveres multiplicados. Elevando a inteligência obtive o trabalho e, submetendo o poder à tua vontade sábia, atraí o progresso. A tua expectativa de instrução e ajuda no meu setor de atividade foi atendida.[7]

Logo após, acercou-se o terceiro e último servo da expedição e, devolvendo, intacto, o patrimônio que recebera, notificou:
— Senhor, recolhe de volta a indesejável herança que me deste... Sei que és austero e exigente, que colhes o que não semeias e que ordenas por toda parte... Experimentando enorme dificuldade para aguentar a carga que me puseste nos ombros e temendo-te o juízo, escondi-a na terra e reponho-a, agora, em tuas mãos... Esta dádiva é um fardo difícil de carregar... Constituiu-se desagradável recordação por onde passei, estorvou-me os desejos e, de modo algum, desejaria possuí-la, outra vez. É impossível obter lucros ou vantagens com semelhante obstáculo. Retoma, pois, teu estranho e insuportável depósito!...[8]

Duas atitudes se destacam, de imediato, no comportamento desse servo: a) não assume a responsabilidade pelo próprio fracasso; b) culpa o Senhor pelos seus insucessos. Em consequência, foi denominado "mau e inconsequente" (Mt 25:26) ou "servo mau e infiel" (Irmão X).

O Poderoso contemplou-o, triste, e falou, enérgico:
— Servo mau e infiel, como poderias multiplicar minha bênção se nem ao menos te deste ao esforço de examiná-la? Como iluminar o cami-

nho se mantiveste a lâmpada apagada? Tua ociosidade transformou alguns gramas de serviço benéfico em várias toneladas de angústia que doravante pesarão sobre ti. Criaste fantasmas que nunca existiram, multiplicaste preocupações e receios que te levaram a gritar e espernear como simples tolo, no avançado círculo de minhas obras... Por fim, atiraste-me o tesouro ao pântano do desespero e da revolta e vens comentar o temor e o zelo que minha presença te infunde, quando foste tão somente preguiçoso e insensato! A dor era a tua oportunidade sagrada e única de iluminação ao próprio caminho, para que a tua claridade amparasse os companheiros de luta regenerativa e salutar. Repeliste o dom que te confiei [...][9]

O servidor que enterrou o talento tenta justificar o seu mau procedimento, dizendo-se "atemorizado" (versículo 25). É oportuno refletir sobre esse estado de ânimo, procurando, com paciência e determinação, identificar a natureza do sentimento alegado. Emmanuel esclarece com sabedoria, no texto que se segue.

Na parábola dos talentos, o servo negligente atribui ao medo a causa do insucesso em que se infelicita.

Recebera mais reduzidas possibilidades de ganho.

Contara apenas com um talento e temera lutar para valorizá-lo.

Quanto aconteceu ao servidor invigilante da narrativa evangélica, há muitas pessoas que se acusam pobres de recursos para transitar no mundo como desejariam.

E recolhem-se à ociosidade, alegando o medo da ação.

Medo de trabalhar.

Medo de servir.

Medo de fazer amigos.

Medo de desapontar.

Medo de sofrer.

Medo da incompreensão. Medo da alegria.

Medo da dor.

E alcançam o fim do corpo, como sensitivas humanas, sem o mínimo esforço para enriquecer a existência.

Na vida, agarram-se ao medo da morte.

Na morte, confessam o medo da vida.

E, a pretexto de serem menos favorecidos pelo destino, transformam-se, gradativamente, em campeões da inutilidade e da preguiça.

Se recebeste, pois, mais rude tarefa no mundo, não te atemorizes à frente dos outros e faze dela o teu caminho de progresso e renovação. Por mais sombria seja a estrada a que foste conduzido pelas circunstâncias, enriquece-a com a luz do teu esforço no bem, porque o medo não serviu como justificativa aceitável no acerto de contas entre o servo e o Senhor.[4]

> » *Tirai-lhe, pois, o talento e dai-o ao que tem os dez talentos. Porque a qualquer que tiver será dado, e terá em abundância; mas ao que não tiver, até o que tem ser-lhe-á tirado. Lançai, pois, o servo inútil nas trevas exteriores; ali, haverá pranto e ranger de dentes* (Mt 25:28-30).

"Tirai-lhe, pois, o talento e dai-o ao que tem os dez talentos. Porque a qualquer que tiver será dado, e terá em abundância; mas ao que não tiver, até o que tem ser-lhe-á tirado" "[...] significa que todo aquele que diligencia por corresponder à confiança do Senhor, receberá auxílio e proteção para que possa aumentar as virtudes que possui".[2] O esforço desenvolvido lhe proporciona existências futuras mais tranquilas, livres de expiações.

Há, entretanto, outro significado para estas ordenações do Pai: "mas ao que não tiver, até o que tem ser-lhe-á tirado." "Lançai, pois, o servo inútil nas trevas exteriores; ali, haverá pranto e ranger de dentes."

> Quer [...] dizer que, aquele que não se esforçar para acrescentar alguma coisa àquilo que recebe da misericórdia divina, expiará, em futuras reencarnações de sofrimentos, a incúria, a preguiça, a má vontade de que deu provas, quando se verá privado até do pouco que teve, por empréstimo.[2]

Serão existências marcadas por provas e expiação, em que o indivíduo estará submetido ao jugo da lei de causa e efeito.

A outra interpretação da parábola, anteriormente citada, também elaborada pelo Irmão X, encontra-se no livro *Estante da vida*. Nessa interpretação, os talentos destinados aos três servidores são os seguintes: "Ao primeiro transmitiu o dinheiro, o poder, o conforto a habilidade e o prestígio; ao segundo concedeu a inteligência e a autoridade, e ao terceiro entregou o conhecimento Eespírita."[3]

Sugerimos que esta versão da Parábola dos Talentos, inserida em anexo, seja estudada em sala de aula.

EADE • Livro III • Módulo III • Roteiro 3

Referências

1. CALLIGARIS, Rodolfo. *Parábolas evangélicas*. 9. ed. Rio de Janeiro:FEB, 2006. Cap. Parábola dos talentos, p. 55.

2. _____._____. p. 57.

3. XAVIER, Francisco Cândido. *Estante da vida*. Pelo Espírito Irmão X. 9. ed. Rio de Janeiro: FEB, 2006. Cap. 4 (Estudo na parábola), p. 29-30.

4. _____. *Fonte viva*. Pelo Espírito Emmanuel. 36. ed. Rio de Janeiro: FEB, 2007. Cap. 132 (Tendo medo), p. 327-328.

5. _____. *Luz acima*. Pelo Espírito Irmão X. 10. ed. Rio de Janeiro: FEB, 2007. Cap. 33 (Lembrando a parábola), p. 143.

6. _____._____. p. 143-144.

7. _____._____. p. 144.

8. _____._____. p. 144-145.

9. _____._____. p. 145.

10. _____ *Palavras de vida eterna*. Pelo Espírito Emmanuel. 33. ed. Uberaba: Comunhão Espírita Cristã, 2005. Cap. 7 (Melhorar para progredir), p. 28.

11. _____._____. Cap. 8 (Vida e posse), p. 29-30.

Orientações ao monitor

Pedir à turma que faça leitura silenciosa do texto evangélico (MATEUS, 25:14-30), assinalando os pontos que julguem mais significativos. Em seguida, organizar dois grupos de estudo e solicitar-lhes a realização das seguintes tarefas:

Grupo 1: leitura do texto "Estudo da parábola", do Espírito Irmão X — veja anexo —, seguida de troca de ideias e elaboração de resumo que expresse o pensamento do autor. Um ou mais relatores apresentarão, em plenária, um resumo da história e o resumo elaborado.

Grupo 2: os participantes realizam as mesmas atividades do outro grupo, só que estudarão o texto intitulado "Lembrando a parábola" — veja anexo —, também de autoria do Espírito Irmão X.

Após os relatos do grupo, analisar em conjunto com a turma, outras ideias que não foram consideradas, correlacionando-as à existência cotidiana.

Anexo

Estudo na parábola*

Irmão X

Comentávamos a necessidade da divulgação da Doutrina Espírita, quando o rabi Zoar ben Ozias, distinto orientador israelita, hoje consagrado às verdades do Evangelho no mundo espiritual, pediu licença a fim de parafrasear a parábola dos talentos, contada por Jesus, e falou, simples:

— Meus amigos, o Senhor da Terra, partindo, em caráter temporário, para fora do mundo, chamou três dos seus servos e, considerando a capacidade de cada um, confiou-lhes alguns dos seus próprios bens, a título de empréstimo, participando-lhes que os reencontraria, mais tarde, na vida superior...

Ao primeiro transmitiu o dinheiro, o poder, o conforto, a habilidade e o prestígio; ao segundo concedeu a inteligência e a autoridade, e ao terceiro entregou o conhecimento espírita.

Depois de longo tempo, os três servidores, assustados e vacilantes, compareceram diante do Senhor para as contas necessárias.

O primeiro avançou e disse:

— Senhor, cometi muitos disparates e não consegui realizar-te a vontade, que determina o bem para todos os teus súditos, mas, com os cinco talentos que me puseste nas mãos, comecei a cultivar, pelo menos com pequeninos resultados, outros cinco, que são o trabalho, o progresso, a amizade, a esperança e a gratidão, em alguns dos companheiros que ficaram no mundo... Perdoa-me, ó divino Amigo, se não pude fazer mais!...

O Senhor respondeu tranquilo:

— Bem está, servo fiel, pois não erraste por intenção... Volta ao campo terrestre e reinicia a obra interrompida, renascendo sob o amparo das afeições que ajudaste.

---

*   XAVIER, Francisco Cândido. *Estante da vida*. Pelo Espírito Irmão X. ed. Rio de Janeiro: FEB, 2006. Cap. 4 (Estudo na parábola), p.29-32.

Veio o segundo e alegou:

— Senhor, digna-te desculpar-me a incapacidade... Não te pude compreender claramente os desígnios que preceituam a felicidade igual para todas as criaturas e perpetrei lastimáveis enganos... Ainda assim, mobilizei os dois valores que me deste e, com eles, angariei outros dois que são a cultura e a experiência para muitos dos irmãos que permanecem na retarguada...

O Excelso benfeitor replicou, satisfeito:

Bem está, servo fiel, pois não erraste por intenção... Volta ao campo terrestre e reinicia a obra interrompida, renascendo sob o amparo das afeições que ajuntaste.

O terceiro adiantou-se e explicou:

— Senhor, devolvo-te o conhecimento espírita, intocado e puro, qual o recebi de tua munificência... O conhecimento espírita é Luz, Senhor, e, com ele, aprendi que a tua Lei é dura demais, atribuindo a cada um conforme as próprias obras. De que modo usar uma lâmpada assim, brilhante e viva, se os homens na Terra estão divididos por pesadelos de inveja e ciúme, crueldade e ilusão? Como empregar o clarão de tua verdade sem ferir ou incomodar? E como incomodar ou ferir, sem trazer deploráveis consequências para mim próprio? Sabes que a Verdade, entre os homens, cria problemas onde aparece... Em vista disso, tive medo de tua Lei e julguei como a medida mais razoável para mim o acomodar-me com o sossego de minha casa... Assim pensando, ocultei o dom que me recomendaste aplicar e restituo-te semelhante riqueza, sem o mínimo toque de minha parte!...

O Sublime credor, porém, entre austero e triste, ordenou que o tesouro do conhecimento espírita lhe fosse arrancado e entregue, de imediato, aos dois colaboradores diligentes que se encaminhariam para a Terra, de novo, declarando, incisivo:

— Servo infiel, não existe para a tua negligência outra alternativa senão a de recomeçares toda a tua obra pelos mais obscuros entraves do princípio...

Senhor!... Senhor!... — chorou o servo displicente. — Onde a tua equidade? Deste aos meus companheiros o dinheiro, o poder, o conforto, a habilidade, o prestígio, a inteligência e a autoridade, e a mim concedeste tão só o conhecimento espírita... Como fazes cair sobre mim todo o peso de tua severidade?

— O Senhor, entretanto, explicou, brandamente:

— Não desconheces que te atribuí a luz da Verdade como o bem maior de todos. Se a ambos os teus companheiros não acertaram em tudo, é que lhes faltava o discernimento que lhes podias ter ministrado, através do exemplo, de que fugiste por medo da responsabilidade de corrigir amando e trabalhar instruindo... Escondendo a riqueza que te emprestei, não só te perdeste pelo temor de sofrer e auxiliar, como também prejudicaste a obra deficitária de teus irmãos, cujos dias no mundo teriam alcançado maior rendimento no Bem eterno, se houvessem recebido o quinhão de amor e serviço, humildade e paciência que lhes negaste!...

— Senhor!... Senhor!... por quê? — soluçou o infeliz — por que tamanho rigor, se a tua Lei é de misericórdia e justiça.

Então, os assessores do Senhor conduziam o servo desleal para as sombras do recomeço, esclarecendo a ele que a Lei, realmente, é disciplina de misericórdia e justiça, mas com uma diferença: para os ignorantes do dever, a justiça chega pelo alvará da misericórdia; mas, para as criaturas conscientes das próprias obrigações, a misericórdia chega pelo cárcere da justiça.

Anexo

Lembrando a parábola*

Irmão X

Ao enviar três servos de confiança para servi-lo em propriedade distante, onde outros milhares de trabalhadores, em diversos degraus da virtude e da sabedoria, lavravam a terra em louvor de tua grandeza divina, o supremo Senhor chamou-os à sua presença e distribuiu com eles preciosos dons.

Afagado o primeiro, entregou-lhe cinco "talentos", notificando:

— Conduze contigo estes tesouros da alegria e da prosperidade. São eles a saúde, a riqueza, a habilidade, o Ddiscernimento e a

---

* XAVIER, Francisco Cândido. *Luz acima*. Pelo Espírito Irmão X. 10. ed. Rio de Janeiro: FEB, 2007. Cap. 33 (Lembrando a parábola), p. 143-145.

autoridade. Multiplicaos, aonde fores, em benefício dos meus filhos e teus irmãos que, em situação inferior à tua, avergados ao solo do planeta a quem levarás minhas bênçãos, se esforçam mais intensamente.

Ao segundo servidor passou dois "talentos", acentuando:

— Transporta contigo esta duas preciosidades, que se destinam ao esclarecimento e auxílio do mundo a que te diriges. São ambas, a inteligência e o poder. Estende estes patrimônios respeitáveis às minhas construções eternas.

Ao terceiro, confiou apenas um "talento", aclarando, cuidadoso:

Apossa-te desta lâmpada sublime e segue. É a dor, o dom celeste da iluminação espiritual. Acende-a em teu campo de trabalho, em favor de ti mesmo e dos semelhantes. Seus raios abrem acesso aos tabernáculos divinos.

Em seguida, fixou os três colaboradores que partiam e explicou:

— Aguardá-los-ei de regresso, para as contas.

O tempo correu, célere, e veio o dia em que os mensageiros voltaram ao pátrio lar.

O Soberano esperava-os no pórtico, esperançoso e feliz.

Findas as saudações usuais, o primeiro enviado adiantou-se e entregoulhe dez "talentos", relacionando:

— Senhor, eis tuas dádivas multiplicadas. Deste-me cinco e restituo-as em dobro. Respeitando a saúde, adquiri o tempo; espalhando a riqueza, aliciei a gratidão; usando a habilidade, recebi a estima; movimentando o discernimento, conquistei o equilíbrio, e distribuindo a autoridade em teu nome, ganhei a ordem. O teu plano de júbilo e evolução foi executado.

O Justo abençoou-o e explicou:

Já que foste fiel nestes negócios de pouca monta, conceder-te-ei a intendência de importantes interesses de minha casa.

Aproximou-se o segundo e depositou-lhe nas mãos quatro "talentos", informando:

Senhor, recebe teus haveres multiplicados. Elevando a inteligência obtive o trabalho e, submetendo o poder à tua vontade sábia, atraí o progresso. A tua expectativa de instrução e ajuda no meu setor de atividade foi atendida.

O Pai louvou-lhe a conduta e falou, contente:

— Já que revelaste lealdade no "pouco", ser-te-á conferido o "muito" das grandes tarefas.

Logo após, acercou-se o terceiro e último servo da expedição e, devolvendo, intacto, o patrimônio que recebera, notificou:

— Senhor, recolhe de volta a indesejável herança que me deste... Sei que és austero e exigente, que colhes o que não semeias e que ordenas por toda parte... Experimentando enorme dificuldade para aguentar a carga que me puseste nos ombros e temendo-te o juízo, escondi-a na terra e reponho-a, agora, em tuas mãos... Esta dádiva é um fardo difícil de carregar... Constituiu-se desagradável recordação por onde passei, estorvou-me os desejos e, de modo algum, desejaria possuí-la, outra vez. É impossível obter lucros ou vantagens com semelhante obstáculo. Retoma, pois, teu estranho e insuportável depósito!...

O Poderoso contemplou-o, triste, e falou, enérgico:

— Servo mau e infiel, como poderias multiplicar minha bênção se nem ao menos te deste ao esforço de examiná-la? Como iluminar o caminho se mantiveste a lâmpada apagada? Tua ociosidade transformou alguns gramas de serviço benéfico em várias toneladas de angústia que doravante pesarão sobre ti. Criaste fantasmas que nunca existiram, multiplicaste preocupações e receios que te levaram a gritar e espernear como simples tolo, no avançado círculo de minhas obras... Por fim, atiraste-me o tesouro ao pântano do desespero e da revolta e vens comentar o temor e o zelo que minha presença te infunde, quando foste tão somente preguiçoso e insensato! A dor era a tua oportunidade sagrada e única de iluminação ao próprio caminho, para que a tua claridade amparasse os companheiros de luta regenerativa e salutar. Repeliste o dom que te confiei... Volta, portanto, à sombra e à desesperação que abraçaste!...

E o servo, que se perdera pela imprevidência e pela inconformação, somente entendeu o sublime valor da lâmpada do sofrimento quando se viu sozinho e desamparado, nas trevas exteriores.

EADE – LIVRO III | MÓDULO III

ENSINOS POR PARÁBOLAS

Roteiro 4

AS PARÁBOLAS DA FIGUEIRA

Objetivos

» Explicar, sob a ótica espírita, os ensinamentos morais existentes nas duas parábolas da figueira.

Ideias principais

» Em diferentes oportunidades, Jesus utiliza o recurso das alegorias para transmitir um ensinamento moral. É o que faz quando identifica os sinais de transformação ocorridos na figueira, em razão da mudança climática, com o processo de renovação espiritual que, cedo ou tarde, alcança o Espírito. No caso desta parábola, [...] *grandes verdades se ocultam. Há, primeiramente, a predição das calamidades de todo o gênero que assolarão e dizimarão a Humanidade, calamidades decorrentes da luta suprema entre o bem e o mal, entre a fé e a incredulidade, entre as ideias progressistas e as ideias retrógradas. Há, em segundo lugar, a da difusão, por toda a Terra, do Evangelho* [...]. Allan Kardec: *A gênese.* Cap. XVII, item 56.

» *A figueira que secou é o símbolo dos que apenas aparentam propensão para o bem, mas que, em realidade, nada de bom produzem* [...]. Allan Kardec: *O evangelho segundo o espiritismo.* Cap. XIX, item 9.

Subsídios

1. Texto evangélico

E haverá sinais no sol, e na lua, e nas estrelas, e, na terra, angústia das nações, em perplexidade pelo bramido do mar e das ondas; homens desmaiando de terror, na expectação das coisas que sobrevirão ao mundo, porquanto os poderes do céu serão abalados. E, então, verão vir o Filho do Homem numa nuvem, com poder e grande glória. Ora, quando essas coisas começarem a acontecer, olhai para cima e levantai a vossa cabeça, porque a vossa redenção está próxima. E disse-lhes uma parábola: Olhai para a figueira e para todas as árvores. Quando já começam a brotar, vós sabeis por vós mesmos, vendo-as, que perto está já o verão. Assim também vós, quando virdes acontecer essas coisas, sabei que o Reino de Deus está perto. (Lucas, 21:25-31.)

E, no dia seguinte, quando saíram de Betânia, teve fome. Vendo de longe uma figueira que tinha folhas, foi ver se nela acharia alguma coisa; e, chegando a ela, não achou senão folhas, porque não era tempo de figos. E Jesus, falando, disse à figueira: Nunca mais coma alguém fruto de ti. E os seus discípulos ouviram isso. (Marcos, 11:12-14.)

Essas duas parábolas da figueira tratam de assuntos distintos, mas há uma relação de causa e efeito entre ambas.

A primeira figueira está na fase de surgimento de novos brotos quando o verão se aproxima. Simboliza os indivíduos que iniciaram o despertamento de valores espirituais. Na segunda parábola a figueira encontra-se noutro período, já coberta de folhagem vistosa, porém destituída de frutos. Trata-se de uma alegoria referente às pessoas que possuem algum entendimento espiritual, explanam sobre eles, mas são incapazes de produzir frutos, isto é, de exemplificarem o que pregam.

A primeira árvore é apenas uma promessa, que pode ou não se concretizar em determinado período de tempo. A segunda é um projeto que se encontra em fase de execução, mas que fracassa em razão de deficiências intrínsecas.

Da mesma forma, o Espírito só produzirá no momento certo, depois de, ter incorporados valores intelectuais e morais. São conquistas que irão produzir frutos do bem, os quais capacita a criatura a transformar-se em auxiliar do Pai, como anuncia Paulo, o apóstolo dos gentios, em sua primeira carta aos coríntios: "Porque nós somos cooperadores de Deus; vós sois lavoura de Deus e edifício de Deus" (1Co 3:9).

> Asseverando Paulo a sua condição de cooperador de Deus e designando a lavoura e o edifício do Senhor nos seguidores e beneficiários do Evangelho que o cercavam, traçou o quadro espiritual que sempre existirá na Terra em aperfeiçoamento, entre os que conhecem e os que ignoram a verdade divina. [...] O serviço é de plantação e edificação, reclamando esforço pessoal e boa vontade para com todos, porquanto, de conformidade com a própria simbologia do apóstolo, o vegetal pede tempo e carinho para desenvolver-se e a casa sólida não se ergue num dia.[11]

2. Interpretação do texto evangélico

» *E haverá sinais no sol, e na lua, e nas estrelas, e, na terra, angústia das nações, em perplexidade pelo bramido do mar e das ondas; homens desmaiando de terror, na expectação das coisas que sobrevirão ao mundo, porquanto os poderes do céu serão abalados. E, então, verão vir o Filho do Homem numa nuvem, com poder e grande glória. Ora, quando essas coisas começarem a acontecer, olhai para cima e levantai a vossa cabeça, porque a vossa redenção está próxima. E disse-lhes uma parábola: Olhai para a figueira e para todas as árvores. Quando já começam a brotar, vós sabeis por vós mesmos, vendo-as, que perto está já o verão. Assim também vós, quando virdes acontecer essas coisas, sabei que o Reino de Deus está perto* (Lc 21:25-31).

O registro de Lucas refere-se às provações que a Humanidade está destinada a passar, durante a transição que antecede a era da regeneração (veja Módulo I, roteiro 4).

> Há, primeiramente, a predição das calamidades [...], decorrentes da luta suprema entre o bem e o mal, entre a fé e a incredulidade, entre as ideias progressistas e as ideias retrógradas. Há, em segundo lugar, a difusão, por toda a Terra, do Evangelho *restaurado na sua pureza primitiva*; depois, ao reinado do bem, que será o da paz e da fraternidade universais, a derivar do código de moral evangélica, posto em pratica por todos os povos.[3]

Catástrofes e destruições assinalarão o período de transição. Os Espíritos orientadores assim se expressam: "[...] Preciso é que tudo se destrua para renascer e se regenerar. Porque, o que chamais destruição não passa de uma transformação, que tem por fim a renovação e a melhoria dos seres vivos."[7]

Os sinais que definem a era de transição e a de regeneração estão simbolizados nestes versículos: "Olhai para a figueira e para todas as árvores. Quando já começam a brotar, vós sabeis por vós mesmos, vendo-as, que perto está já o verão. Assim também vós, quando virdes acontecer essas coisas, sabei que o Reino de Deus está perto."

Na época de transição, a destruição abusiva que o homem perpetuou ao longo dos tempos chegará ao ápice. As forças da Natureza reagirão, visto que, ao lado dos agentes de destruição encontram-se também os meios de conservação, concedidos pela sabedoria divina, os quais delimitam os limites do livre arbítrio humano. "É o remédio ao lado mal."[8]

> Isto posto, diremos que o nosso globo, como tudo o que existe, esta submetido à lei do progresso. Ele progride, fisicamente, pela transformação dos elementos que o compõem e, moralmente, pela depuração dos Espíritos encarnados e desencarnados que o povoam. Ambos esses progressos se realizam paralelamente, porquanto o melhoramento da habitação guarda relação com o do habitante. Fisicamente, o globo terráqueo há experimentado transformações que a Ciência tem comprovado e que o tornaram sucessivamente habitável por seres cada vez mais aperfeiçoados. Moralmente, a Humanidade progride pelo desenvolvimento da inteligência, do senso moral e do abrandamento dos costumes.[4]

No período de transição, vivido atualmente pela Humanidade, surgirão não apenas os falsos profetas, mas também pessoas cujas ideias mais perturbam do que auxiliam. São "[...] as utopias, todos os sistemas ocos, todas as doutrinas carente de base sólida".[1]

> São pessoas que [...] aparentam propensão para o bem, mas que, em realidade, nada de bom produzem; dos oradores que mais brilho têm do que solidez, cujas palavras trazem superficial verniz, de sorte que agradam aos ouvidos, sem que, entretanto, revelem, quando perscrutadas, algo de substancial para os corações.[2]

As expiações coletivas, relativamente comuns durante a transição, representam recurso divino de reajuste espiritual.

A noção de pessoa, reconhecida pela ordem jurídica, facilita-nos o entendimento das responsabilidades individuais e coletivas. [...] Assim, não se torna difícil entender que as expiações coletivas são os resgates de ações anteriores praticadas em conjunto pelo grupo envolvido. [...] Ainda se pode acrescentar [...] que os grupos se reúnem na Terra para tarefas ou missões comuns, assim como são reunidos, em outras épocas e circunstâncias, para purgar faltas cometidas em conjunto, solidariamente. [...] A Providência divina tem meios e formas para determinar os reencontros, o reinício de tarefas, os resgates, tanto no plano individual quanto no coletivo [...].¹⁰

É importante permanecer atentos aos sinais que assinalam os momentos de mudança, da mesma forma que os brotos surgidos na figueira anunciam outra estação do ano, o verão. Na transição, "[...] os períodos de renovação moral da Humanidade coincidem, como tudo leva a crer, com as revoluções físicas do globo [...]".⁵

Os benfeitores espirituais orientam que é importante não perder a oportunidade de melhoria, concedido por Jesus, nessa ocasião: "Retire-se cada um dos excessos na satisfação egoística, fuja ao relaxamento do dever, alije as inquietações mesquinhas — e estará preparado à sublime transformação."¹²

A regeneração, por outro lado, será marcada pela transformação moral, situação em que o Evangelho estabelecerá seu reinado definitivo. "A fraternidade será a pedra angular da nova ordem social; mas, não há fraternidade real, sólida, efetiva, senão assente em base inabalável e essa base é a fé [...]."⁶

» *E, no dia seguinte, quando saíram de Betânia, teve fome. Vendo de longe uma figueira que tinha folhas, foi ver se nela acharia alguma coisa; e, chegando a ela, não achou senão folhas, porque não era tempo de figos. E Jesus, falando, disse à figueira: Nunca mais coma alguém fruto de ti. E os seus discípulos ouviram isso* (Mc 11:12-14).

Estas anotações do evangelista indicam que a figueira estéril é o símbolo das pessoas inclinadas ao bem, à aquisição de valores espirituais, mas ainda incapaz de praticá-los. "Simboliza também todos aqueles que, tendo meios de ser úteis, não o são [...]."¹

O que as mais das vezes falta é a verdadeira fé, a fé produtiva, a fé que abala as fibras do coração, a fé, numa palavra, que transporta montanhas. São árvores cobertas de folhas, porém, baldas de frutos. Por isso é que Jesus as condena à esterilidade, porquanto dia virá em que se acharão secas até à raiz. Quer dizer que todos os sistemas, todas as doutrinas que nenhum bem para a Humanidade houverem produzido, cairão reduzidas a nada; que todos os homens deliberadamente inúteis, por não terem posto em ação os recursos que traziam consigo, serão tratados como a figueira que secou.[1]

É necessário, contudo, fazer reflexão sobre o conteúdo do versículo treze, do texto de Marcos: "Vendo de longe uma figueira que tinha folhas, foi ver se nela acharia alguma coisa; e, chegando a ela, não achou senão folhas, porque não era tempo de figos." No primeiro momento, parece existir contradição nas ideias expressas, uma vez que, se não "era tempo de figos", Jesus só poderia encontrar na figueira apenas as folhas. Faz-se necessário explicar o significado do simbolismo para que não se julgue, equivocadamente, a ação seguinte, assim expressa pelo Cristo: "Nunca mais coma alguém fruto de ti"(versículo 14).

A figueira cheia de folhas assemelha-se aos indivíduos que receberam oportunidades de se transformar para melhor; conseguem discernir entre o falso e verdadeiro e são portadores de razoável conhecimento. Falam bem, atraindo pessoas, até multidões, em razão das habilidades pessoais que possuem. São, porém, incapazes de praticar o que recomenda porque não possuem, ainda, moralidade elevada nem domínio dos assuntos que ensina.

Em geral, são pessoas portadoras de algumas virtudes, mas que gostam de impor a própria opinião. São personalistas e não se animam a considerar outras opiniões, por se julgarem "donos da verdade". Os que se aproximam deles afastam, em seguida, decepcionados, por não encontrarem nem a fé pregada nem a consistência dos ensinamentos divulgados.

> A figueira não dava fruto porque sua organização celular era insuficiente ou deficiente, e Jesus, conhecendo esse mal, quis dar uma lição aos seus discípulos, não só para lhes ensinarem a terem fé, mas também para lhes fazer ver que os homens e as instituições infrutíferas, como aquela árvore, sofreriam as mesmas consequências. Pelo lado filosófico, realça da parábola a necessidade indispensável da prática das boas obras, não só pelas instituições, como pelos homens. Um indivíduo, por mais bem vestido e mais rico que seja, encaramujado no seu egoísmo, é semelhante a uma figueira, da qual, em nos aproximando, não vemos mais do que folhas.[...] O que precisamos da árvore são os frutos. O que precisamos da religião são as boas obras. [...] A religião do Cristo não é religião das "folhas", mas, sim, a dos frutos![9]

O Espiritismo nos orienta como proceder nestes tempos de transformação, em que o homem se revela demasiadamente preocupado com as dificuldades da vida material, em detrimento da aquisição de valores espirituais. Apóia-nos na fase de transição, em curso no Planeta, concedendo-nos os recursos necessários para que possamos integrar a Humanidade regenerada do futuro.

Referências

1. KARDEC, Allan. *O evangelho segundo o espiritismo*. Tradução de Guillon Ribeiro. 127. ed. Rio de Janeiro: FEB, 2006. Cap. 19, item 9, p. 345.

2. _____._____. p. 344-345.

3. _____. *A gênese*. Tradução de Guillon Ribeiro. 52 ed. Rio de Janeiro: FEB, 2007. Cap. 17, item 56, p. 449.

4. _____._____. Cap. 18, item 2, p. 458.

5. _____._____. Item 10, p. 466.

6. _____._____. Item 17, p.470.

7. _____. *O livro dos espíritos*. Tradução de Guillon Ribeiro. 91. ed. Rio de Janeiro: FEB, 2007, questão 728, p. 389.

8. _____._____. Questão 731, p. 390.

9. SCHUTEL, Cairbar. *Parábolas e ensinos de Jesus*. 20. ed. Matão: O Clarim, 2004. Item: Parábola da figueira estéril, p.57.

10. SOUZA. Juvanir Borges. *Tempo de transição*. 3. ed. Rio de Janeiro: FEB, 2002. Cap. 14 (Expiações coletivas), p.122-123.

11. XAVIER, Francisco Cândido. *Fonte viva*. Pelo Espírito Emmanuel. 36. ed. Rio de Janeiro: FEB, 2007. Cap. 68 (Sementeira e construção), p. 177-178.

12. _____. *Vinha de luz*. Pelo Espírito Emmanuel. 26. ed. Rio de Janeiro: FEB, 2007. Cap. 23 (E olhai por vós), p. 66.

Orientações ao monitor

Fazer uma breve explanação no início da aula, destacando os pontos principais que são desenvolvidos neste Roteiro. Em seguida, dividir a turma em dois grupos, cabendo, a cada um, o estudo de uma das parábolas da figueira; elaboração de uma síntese das ideias expressas por Jesus no texto evangélico e apresentação das conclusões do trabalho em grupo, em plenária. Ouvir os relatos, contextualizando os assuntos estudados no cotidiano da vida atual.

ENSINOS POR PARÁBOLAS

Roteiro 5

O CREDOR INCOMPASSIVO

Objetivos

» Interpretar a parábola do credor incompassivo, à luz do entendimento espírita.

Ideias principais

» A parábola do credor incompassivo refere-se a alguém que teve vultosa dívida perdoada, mas que não soube perdoar quem lhe devia pouca coisa. Recebeu misericórdia e perdão em abundância, mas não se fez merecedor desses benefícios quando colocado em situação similar. Perdeu, desta forma, a oportunidade de quitar suas dívidas de acordo com os preceitos indicados pela lei de amor e foi constrangido pagá-las segundo as determinações da lei de causa e efeito, em reencarnações provacionais.

» *A misericórdia é o complemento da brandura, porquanto aquele que não for misericordioso não poderá ser brando e pacífico. Ela consiste no esquecimento e no perdão as ofensas. [...] O esquecimento das ofensas é próprio da alma elevada, que paira acima dos golpes que lhe possam desferir. [...]*

» *Ai daquele que diz: nunca perdoarei. Esse, se não for condenado pelos homens, sê-lo-á por Deus. Com que direito reclamaria ele o perdão de suas próprias faltas, se não perdoa as dos outros? Jesus nos ensina que a misericórdia não deve ter limites, quando diz que cada um perdoe ao seu irmão, não sete vezes, mas setenta vezes sete vezes.* Allan Kardec: O evangelho segundo o espiritismo. Cap. X, item 4.

Subsídios

1. Texto evangélico

Por isso, o Reino dos céus pode comparar-se a um certo rei que quis fazer contas com os seus servos; e, começando a fazer contas, foi-lhe apresentado um que lhe devia dez mil talentos. E, não tendo ele com que pagar, o seu senhor mandou que ele, e sua mulher, e seus filhos fossem vendidos, com tudo quanto tinha, para que a dívida se lhe pagasse. Então, aquele servo, prostrando-se, o reverenciava, dizendo: Senhor, sê generoso para comigo, e tudo te pagarei. Então, o senhor daquele servo, movido de íntima compaixão, soltou-o e perdoou-lhe a dívida. Saindo, porém, aquele servo, encontrou um dos seus conservos que lhe devia cem dinheiros e, lançando mão dele, sufocava-o, dizendo: Paga-me o que me deves. Então, o seu companheiro, prostrando-se a seus pés, rogava-lhe, dizendo: Sê generoso para comigo, e tudo te pagarei. Ele, porém, não quis; antes, foi encerrá-lo na prisão, até que pagasse a dívida. Vendo, pois, os seus conservos o que acontecia, contristaram-se muito e foram declarar ao seu senhor tudo o que se passara. Então, o seu senhor, chamando-o à sua presença, disse-lhe: Servo malvado, perdoei-te toda aquela dívida, porque me suplicaste. Não devias tu, igualmente, ter compaixão do teu companheiro, como eu também tive misericórdia de ti? E, indignado, o seu senhor o entregou aos atormentadores, até que pagasse tudo o que devia. Assim vos fará também meu Pai celestial, se do coração não perdoardes, cada um a seu irmão, as suas ofensas. (MATEUS, 18:23-35.)

Em linhas gerais, esta parábola analisa o perdão e a compaixão.

Todos [...] estamos sobrecarregados de imensos débitos para com a Providência divina; todos, continuamente, lhe suplicamos o perdão. Todavia, somos incapazes de perdoar do fundo do coração a menor falta que alguém cometer contra nós. Queremos que Deus nos perdoe e nos tolere, mas não queremos perdoar, nem tolerar nossos semelhantes. Por meio desta tão singela quanto expressiva parábola o Mestre nos ensina que devemos cobrir com o manto do perdão e do amor os erros, que são cometidos contra nós, porque se assim não o fizermos, compareceremos com nossos erros descobertos na presença de Deus, o qual nos tratará exatamente como tivermos tratado os nossos irmãos.[7]

2. Interpretação do texto evangélico

» *Por isso, o Reino dos céus pode comparar-se a um certo rei que quis fazer contas com os seus servos; e, começando a fazer contas, foi-lhe apresentado um que lhe devia dez mil talentos. E, não tendo ele com que pagar, o seu senhor mandou que ele, e sua mulher, e seus filhos fossem vendidos, com tudo quanto tinha, para que a dívida se lhe pagasse. Então, aquele servo, prostrando-se, o reverenciava, dizendo: Senhor, sê generoso para comigo, e tudo te pagarei. Então, o senhor daquele servo, movido de íntima compaixão, soltou-o e perdoou-lhe a dívida* (Mt 18:23-27).

A parábola faz referência a uma prática que existia na Antiguidade: as pessoas que não podiam pagar as suas dívidas transformavam-se em escravos, podendo ser vendidos, eles e seus familiares. Os bens materiais que possuíam como casa, terras, moedas, animais etc., eram transferidos para o novo proprietário. O devedor citado na parábola devia uma quantia fabulosa. Vendo-se, porém, "[...] ameaçado de ser vendido, e mais a mulher, os filhos, e tudo quanto possuía, para resgate da dívida, pediu moratória, isto é, um prazo para que pudesse satisfazer a tão vultoso compromisso, e o rei [ou senhor], compadecendo-se dele, deferiu-lhe o pedido".[2]

> Inúmeras vezes fez o Mestre referência ao perdão, destacando-o por valioso e indispensável imperativo à evolução humana. Interpelado por Pedro se devia perdoar "sete vezes", respondeu-lhe que devia perdoar "setenta vezes sete" [Mt 18:21-22], que equivale a dizer: perdoar indefinitivamente, tantas vezes quantas forem necessárias.[5]

Realizando uma análise mais apurada da história, verificamos que o perdão, concedido porque aquele senhor, provinha de uma alma elevada, portadora de sentimentos nobres como misericórdia, tolerância, generosidade, capacidade para ouvir e para perceber as dificuldades do endividado. São atributos comuns aos Espíritos superiores, cuja benevolência é incomparável, uma vez que têm por norma de conduta seguir este procedimento: "[...] tudo o que vós quereis que os homens vos façam, fazei-lho também vós, porque esta é a lei e os profetas"(Mt 7:12).

> Esta [...] é a expressão mais completa da caridade, porque resume todos os deveres do homem para com o próximo. Não podemos encontrar guia mais seguro, a tal respeito, que tomar para padrão, do que devemos fazer aos outros, aquilo que para nós desejamos. Com que direito exigiríamos dos nossos semelhantes melhor proceder, mais indulgência, mais benevolência e devotamento para conosco, do que os temos para com eles? A prática dessas máximas tende à destruição do egoísmo. Quando as adotarem para regra de conduta e para base de suas instituições, os homens compreenderão a verdadeira fraternidade e farão que entre eles reinem a paz e a justiça. Não mais haverá ódios, nem dissensões, mas, tão somente, união, concórdia e benevolência mútua.[1]

» *Saindo, porém, aquele servo, encontrou um dos seus conservos que lhe devia cem dinheiros e, lançando mão dele, sufocava-o, dizendo: Paga-me o que me deves. Então, o seu companheiro, prostrando-se a seus pés, rogava-lhe, dizendo: Sê generoso para comigo, e tudo te pagarei. Ele, porém, não quis; antes, foi encerrá-lo na prisão, até que pagasse a dívida* (Mt 18:28-30).

A situação, aqui, é outra. O mesmo devedor que teve a dívida perdoada, revela-se como pessoa mesquinha e implacável: "Pois bem, mal havia obtido tão generoso atendimento, eis que encontrou um companheiro que lhe devia uma bagatela, ou sejam, cem denários [ou cem dinheiros] [...] e, para reaver o seu dinheiro, não titubeou em usar de recursos violentos."[3]

Infelizmente, esta tem sido a regra geral da conduta humana. Há pessoas que estão sempre prontas para receber benefícios e defender os próprios interesses. Não procedem, porém, da mesma forma para com o próximo. Trata-se de um comportamento contraditório, considerando que somos carentes do perdão e da misericórdia de Deus, e das pessoas que ofendemos. Não foi por acaso que Jesus incluiu na oração "Pai-nosso" a sentença: "Perdoa-nos as nossas dívidas, assim como nós perdoamos aos nossos devedores" (Mt 6:12).

O conceito de perdão, segundo o Espiritismo, é idêntico ao do Evangelho, que lhe é fundamento: concessão, indefinida, de oportunidades para que o ofensor se arrependa, o pecador se recomponha, o criminoso se libere do mal e se erga, redimido, para a ascensão luminosa. Quem perdoa, segundo a concepção espírita-cristã, esquece a ofensa. Não conserva ressentimentos. Ajuda o ofensor, muita vez sem que este o saiba. Não convém ao aprendiz sincero, sob pena de ultraje à própria consciência, adotar um perdão formal, aparente, socialmente hipócrita. Perdão formal é o que não tem feição evangélica. Guarda rancor. Alegra-se com os insucessos do adversário. Nega-lhe amparo moral e material.[6]

Faltou ao personagem que possuia uma grande dívida agir com misericódia, mesmo recebendo-a em abundância. É regra da vida que, quem age com misericódia, perdoa. Quem perdoa, é perdoado. "Porque, se perdoardes aos homens as suas ofensas, também vosso Pai celestial vos perdoará a vós. Se, porém, não perdoardes aos homens as suas ofensas, também vosso Pai vos não perdoará as vossas ofensas" (Mt 6:14-15).

O perdão se reveste de grande poder moral porque se fundamenta na lei do amor e da caridade. Assim, se "[...] pretendemos banir os males do mundo, cultivemos o amor que se compadece no serviço que constrói para a felicidade de todos. Ninguém se engane. As horas são inflexíveis instrumentos da Lei que distribui a cada um, segundo as suas obras".[9]

» *Vendo, pois, os seus conservos o que acontecia, contristaram-se muito e foram declarar ao seu senhor tudo o que se passara. Então, o seu senhor, chamando-o à sua presença, disse-lhe: Servo malvado, perdoei-te toda aquela dívida, porque me suplicaste. Não devias tu, igualmente, ter compaixão do teu companheiro, como eu também tive misericórdia de ti? E, indignado, o seu senhor o entregou aos atormentadores, até que pagasse tudo o que devia. Assim vos fará também meu Pai celestial, se do coração não perdoardes, cada um a seu irmão, as suas ofensas* (Mt18:31-35).

Este trecho, do registro de Mateus, nos reporta à manifestação da lei de causa e efeito. Percebemos, em primeiro, lugar que a criatura endividada recebeu a indulgência e o perdão, mas, malbaratando-os, adquiriu novas dívidas. Em segundo lugar o pagamento que, no início, seria governado pela lei de amor passou para a custódia e rigor da lei de ação e reação, simbolizada na expressão "atormentadores", existente no seguinte período gramatical: "indignado, o seu senhor o entregou aos atormentadores, até que pagasse tudo o que devia".

Este tópico da narrativa evangélica é de suma importância. Revela, claramente, que há sempre um limite no pagamento das dívidas. Estas podem, algumas vezes, ser realmente muito vultosas, como no caso prefigurado — dez mil talentos! — mas, uma vez pago esse montante, o devedor fica com direito à quitação. Semelhantemente, o pagamento dos dez mil talentos pode determinar longos períodos de sofrimento, muitas existências expiatórias [...].[4]

A primeira alternativa, relacionada ao pagamento de uma dívida, está sempre vinculada à misericórdia divina, pois é o resgate pelo amor, que é simbolizado na prática da caridade, como ensina o apóstolo Pedro: "Mas, sobretudo, tende ardente caridade uns para com os outros, porque a caridade cobrirá a multidão de pecados" (1Pe 4:8).

A segunda possibilidade só é estabelecida quando o amor é ignorado. Assim, a dívida passa a ser administrada pela lei da causalidade, cujo pagamento ocorre não sem a manifesta misericórdia de Deus, sempre presente, mas vinculada aos ditames da Justiça divina.

Fica evidente que os reajustes espirituais, quando governados pela lei de amor, são os preferidos, ainda que sob o peso das renúncias.

Neste propósito esclarece o benfeitor Emmanuel:

Em qualquer parte, não pode o homem agir, isoladamente, tratando-se da obra de Deus, que se aperfeiçoa em todos os lugares.

O Pai estabeleceu a cooperação como princípio dos mais nobres, no centro das leis que regem a vida.

No recanto mais humilde, encontrarás um companheiro de esforço. Em casa, ele pode chamar-se "pai" ou "filho"; no caminho, pode denominar-se "amigo" ou "camarada de ideal".

No fundo, há um só Pai que é Deus e uma grande família que se compõe de irmãos.

[...] Santifica os laços que Jesus promoveu a bem de tua alma e de todos os que te cercam.

[...]Observa em cada companheiro de luta ou do dia uma bênção e uma oportunidade de atender ao programa divino, acerca de tua existência. Há dificuldades e percalços, incompreensões e desentendimentos? Usa a misericórdia que Jesus já usou contigo, dando-te nova ocasião de santificar e de aprender.[8]

Referências

1. KARDEC, Allan. *O evangelho segundo o espiritismo*. Tradução de Guillon Ribeiro. 127. ed. Rio de Janeiro: FEB, 2006. Cap. 11, item 4, p. 203.

2. CALLIGARIS, Rodolfo. *Parábolas evangélicas*. 9. ed. Rio de Janeiro: FEB, 2006. Cap. Parábola do credor incompassivo, p. 29.

3. _____._____. p. 29-30.

4. _____._____. p. 30-31.

5. PERALVA, Martins. *Estudando o evangelho*. 9. ed. Rio de Janeiro: FEB, 2006. Cap. 20 (Perdão), p. 100-101.

6. _____._____. p. 102.

7. RIGONATTI, Eliseu. *O evangelho dos humildes*. 15. ed. São Paulo: Pensamento, 2003. Cap. XVIII, item: A parábola do credor incompassivo, p. 172.

8. XAVIER, Francisco Cândido. *Caminho, verdade e vida*. Pelo Espírito Emmanuel. 28. ed. Rio de Janeiro: FEB, 2007. Cap. 20 (O companheiro), p. 55-56.

9. _____. *Jesus no lar*. Pelo Espírito Neio Lúcio. 35 ed. 2006. Cap. 42 (A mensagem de compaixão), p. 247.

Orientações ao monitor

Realizar um amplo debate a respeito do assunto desenvolvido no Roteiro, procurando destacar o valor do perdão e da misericórdia como mecanismos de reajustes espirituais.

ATIVIDADE EXTRACLASSE: pedir aos participantes que façam leitura e elaborem uma síntese interpretativa das alegorias constantes dos dois textos evangélicos, objeto de estudo da próxima reunião: (LUCAS, 14:16-24.) e (MATEUS, 22:1-14.)

EADE – LIVRO III | MÓDULO III

ENSINOS POR PARÁBOLAS

Roteiro 6

A FESTA DAS BODAS

Objetivos

» Realizar interpretação espírita da parábola das bodas.

Ideias principais

» A parábola das bodas ensina que, partindo do princípio de [...] *que todos os recursos da vida são pertences de Deus, anotaremos o divino convite à lavoura do bem, em cada lance de nossa marcha. Os apelos do Céu, em forma de concessões, para que os homens se ergam à lei de amor, voam na Terra em todas as latitudes. Todavia, raros registram-lhes a presença.* Emmanuel: *Religião dos espíritos.* Cap. Versão prática.

» *— Jesus compara o Reino dos Céus, onde tudo é alegria e ventura, a um festim. Falando dos primeiros convidados, alude aos hebreus, que foram os primeiros chamados por Deus ao conhecimento da sua Lei.* [...] *Os convidados que se escusam, pretextando terem de ir cuidar de seus campos e de seus negócios, simbolizam as pessoas mundanas que, absorvidas pelas coisas terrenas, se conservam indiferentes às coisas celestes.* Allan Kardec: *O evangelho segundo o espiritismo.* Cap. XVIII, item 2.

Subsídios

1. Texto evangélico

Então, Jesus, tomando a palavra, tornou a falar-lhes em parábolas, dizendo: O Reino dos céus é semelhante a um certo rei que celebrou as bodas de seu filho. E enviou os seus servos a chamar os convidados para as bodas; e estes não quiseram vir. Depois, enviou outros servos, dizendo: Dizei aos convidados: Eis que tenho o meu jantar preparado, os meus bois e cevados já mortos, e tudo já pronto; vinde às bodas. Porém eles, não fazendo caso, foram, um para o seu campo, e outro para o seu negócio; e, os outros, apoderando-se dos servos, os ultrajaram e mataram. E o rei, tendo notícias disso, encolerizou-se, e, enviando os seus exércitos, destruiu aqueles homicidas, e incendiou a sua cidade. Então, disse aos servos: As bodas, na verdade, estão preparadas, mas os convidados não eram dignos. Ide, pois, às saídas dos caminhos e convidai para as bodas a todos os que encontrardes. E os servos, saindo pelos caminhos, ajuntaram todos quantos encontraram, tanto maus como bons; e a festa nupcial ficou cheia de convidados. E o rei, entrando para ver os convidados, viu ali um homem que não estava trajado com veste nupcial. E disse-lhe: Amigo, como entraste aqui, não tendo veste nupcial? E ele emudeceu. Disse, então, o rei aos servos: Amarrai-o de pés e mãos, levai-o e lançai-o nas trevas exteriores; ali, haverá pranto e ranger de dentes. Porque muitos são chamados, mas poucos, escolhidos. (MATEUS, 22:1-14.)

Sob a forma de alegorias, esta parábola transmite lições que nos ajudam compreender a vida atual. É evidente que o "Reino dos céus" representa o estado de plenitude espiritual, o ápice do processo evolutivo. O "rei" é Deus, o Pai celestial, o Criador dos seres e de todas as coisa do Universo. O "filho" para o qual as bodas foi preparada é Jesus. Os "servos" são os seus enviados, Espíritos guardiões da Humanidade. As "iguarias" ("bois e cevados") simbolizam as lições do Evangelho.

> O incrédulo sorri a esta parábola, que lhe parece de pueril ingenuidade, por não compreender que se possa opor tanta dificuldade para assistir a um festim e, ainda menos, que convidados levem a resistência a ponto de massacrarem os enviados do dono da casa.[1]

A narrativa revela duas ordens de ideias: primeira é que o estado de plenitude espiritual ("Reino dos céus") é convite destinado a todos os seres humanos, indistintamente. A segunda diz respeito à forma como atingir a perfeição espiritual: por meio de uma festa de casamento, ou união com Jesus, guia e modelo da humanidade terrestre. Nesta festa, os discípulos do Mestre encontrarão uma farta provisão de bens para suprir todas as suas necessidades de fome e sede espirituais.

> Jesus compara o reino dos Céus, onde tudo é alegria e ventura, a um festim. Falando dos primeiros convidados, alude aos hebreus, que foram os primeiros chamados por Deus ao conhecimento da sua Lei. Os enviados do rei são os profetas que os vinham exortar a seguir a trilha da verdadeira felicidade; suas palavras, porém, quase não eram escutadas; suas advertências eram desprezadas; muitos foram mesmo massacrados, como os servos da parábola. Os convidados que se escusam, pretextando terem de ir cuidar de seus campos e de seus negócios, simbolizam as pessoas mundanas que, absorvidas pelas coisas terrenas, se conservam indiferentes às coisas celestes.[2]

2. Interpretação do texto evangélico

» *Então, Jesus, tomando a palavra, tornou a falar-lhes em parábolas, dizendo: O Reino dos céus é semelhante a um certo rei que celebrou as bodas de seu filho. E enviou os seus servos a chamar os convidados para as bodas; e estes não quiseram vir* (Mt 22:1-3).

O processo de evolução espiritual começa, efetivamente, a partir de certo nível de entendimento e de experiências, vivênciadas pelo Espírito. Somente a partir desse patamar pode o homem abrir-se para as verdades transcendentais. Dessa forma, os primeiros convidados foram os hebreus.

> Os hebreus foram os primeiros a praticar publicamente o monoteísmo; é a eles que Deus transmite a sua lei, primeiramente por via de Moisés, depois por intermédio de Jesus. Foi daquele pequenino foco que partiu a luz destinada a espargir-se pelo mundo inteiro, a triunfar do paganismo e a dar a Abraão uma posteridade *espiritual* "tão numerosa quanto as estrelas do firmamento". Entretanto, abandonando de todo a idolatria, os judeus desprezaram a lei moral, para se aferrarem ao mais fácil: a prática do culto exterior.[3]

Entretanto, o chamamento não foi atendido pela maioria dos judeus, a despeito da base religiosa que possuíam.

Vemos a situação se repetir nos dias atuais: existem milhares de pessoas que receberam educação moral, proveniente de diferentes interpretações religiosas. Entretanto, não aceitam o convite de se melhorarem. Preferem atender às sensações imediatistas e transitórias da vida material, numa clara manifestação de egoísmo tiranizante. Vivem como sonâmbulos que, indiferentes aos benefícios espirituais recebidos na existência, não avaliam o preço que terão de pagar por este descaso. Neste sentido, um amigo espiritual esclarece:

> Melhor é aquele que se julga insignificante e vive cercado de servos, com os quais trabalha para o bem comum, do que o homem preguiçoso e inútil, faminto de pão, mas sempre interessado em honrar a si mesmo. [...] Enquanto as mãos do ímpio tecem a rede dos males, prepara com o teu esforço a colheita das bênçãos. Tudo passa no mundo. O mentiroso pagará pesados tributos. O desapiedado ferirá a si mesmo. O imprudente acordará nas sombras da própria queda. O avarento será algemado às riquezas que amontoou. O revoltado estará em trevas. Mas o homem justo e diligente vencerá o mundo.[8]

Os primeiros convidados podem representar, também, "[...] os doutos, os ricos, os sábios, os aristocratas, os sacerdotes, porque ninguém melhor do que estes estavam em condições de participar das bodas [...]".[5]

» *Depois, enviou outros servos, dizendo: Dizei aos convidados: Eis que tenho o meu jantar preparado, os meus bois e às bodas. Porém eles, não fazendo caso, foram, um para o seu campo, e outro para o seu negócio; e, os outros, apoderando-se dos servos, os ultrajaram e mataram. E o rei, tendo notícias disso, encolerizou-se, e, enviando os seus exércitos, destruiu aqueles homicidas, e incendiou a sua cidade* (Mt 22:4-7).

Com o ritualismo imposto pelas diferentes castas sacerdotais, a religião judaica revelou, à época de Jesus, grandes desvirtuamentos. A Lei de Deus, sintetizada nos Dez Mandamentos, era letra morta, mantida no esquecimento. Foi quando o Pai enviou-lhes Jesus para lembrá-los dos compromissos morais e espirituais assumidos.

> O mal chegara ao cúmulo; a nação, além de escravizada, era esfacelada pelas facções e dividida pelas seitas; a incredulidade atingira mesmo o santuário. Foi então que apareceu Jesus, enviado para os chamar à observância da Lei e para lhes rasgar os horizontes novos da vida futura. Dos *primeiros* a ser convidados para o grande banquete da fé universal, eles repeliram a palavra do Messias celeste e o imolaram. Perderam

assim o fruto que teriam colhido da iniciativa que lhes coubera. Fora, contudo, injusto acusar-se o povo inteiro de tal estado de coisas. A responsabilidade tocava principalmente aos fariseus e saduceus, que sacrificaram a nação por efeito do orgulho e do fanatismo de uns e pela incredulidade dos outros. São, pois, eles, sobretudo, que Jesus identifica nos convidados que recusam comparecer ao festim das bodas.[3]

O número de cristãos que segue o Evangelho ainda é pouco. Em geral, são pessoas que ouvem, leem, falam, interpretam e pregam as verdades imortais, mas pouco se esforçam para vivenciá-las. Não se revelam preocupadas com a salvação da própria alma. Estão sempre adiando, indefinitivamente, o momento da transformação espiritual: no próximo ano, no futuro, na reencarnação seguinte...

São criaturas tão absorvidas com o dia a dia que não sentem necessidade do Evangelho — indicadas no registro de Mateus como os que foram para o "campo" e foram cuidar dos "negócios" —, sem se darem conta do mal que infligem em si mesmas. O tesouro que trazem no coração é o amor pelo dinheiro e pela aquisição de bens; pela realização de negócios lucrativos; pela vivência de prazeres.

A negligência e a indiferença pelas coisas espirituais simbolizam o "ultraje" e a "morte" dos servos, ilustrados na parábola.

O versículo sete "E o rei, tendo notícias disso, encolerizou-se, e, enviando os seus exércitos, destruiu aqueles homicidas, e incendiou a sua cidade". faz referência à manifestação da lei de causa e efeito. No caso dos judeus, a história relata os sofrimentos que passaram ao longo dos tempos, a começar com o ocorrido no ano 70 d.C. foram trucidados pelos romanos, e sua capital, Jerusalém, foi quase totalmente destruida como relata, com detalhes, Flávio Josefo, o historiador da Antiguidade, em seu livro *História dos hebreus*.

» *As bodas, na verdade, estão preparadas, mas os convidados não eram dignos. Ide, pois, às saídas dos caminhos e convidai para as bodas a todos os que encontrardes. E os servos, saindo pelos caminhos, ajuntaram todos quantos encontraram, tanto maus como bons; e a festa nupcial ficou cheia de convidados. E o rei, entrando para ver os convidados, viu ali um homem que não estava trajado com veste nupcial. E disse-lhe: Amigo, como entraste aqui, não tendo veste nupcial? E ele emudeceu. Disse, então, o rei aos servos: Amarrai-o de pés e mãos, levai-o e lançai-o nas trevas exteriores; ali, haverá pranto e ranger de dentes. Porque muitos são chamados, mas poucos, escolhidos* (Mt 22:8-14).

Nestes versículos, Jesus informa "[...] que a palavra ia ser pregada a todos os outros povos, pagãos e idólatras, e estes, acolhendo-a, seriam admitidos no festim, em lugar dos primeiros convidados".³ Sabemos que este trabalho foi realizado, após a crucificação, pelos apóstolos e alguns discípulos do Cristo, em especial o desenvolvido por Paulo de Tarso junto aos povos gentílicos.

Entretanto, para participar da festa é preciso estar vestido adequadamente, com o "traje nupcial", isto é, faz-se necessário que a pessoa traga puro o coração, livre de más intenções, ainda que não possua base religiosa ou moral significativas. "*A veste de núpcias* simboliza o amor, a humildade, a boa vontade em encontrar a verdade para observá-la [...]."⁶ Em síntese, é preciso que o Espírito seja guiado pelos preceitos do mandamento maior: "Amar a Deus sobre todas as coisas e ao próximo como a si mesmo" (Mt 22:37-39).

> [...] não basta a ninguém ser convidado; não basta dizer-se cristão, nem sentar-se à mesa para tomar parte no banquete celestial. É preciso, antes de tudo e sob condição expressa, estar revestido da túnica nupcial, isto é, ter puro o coração e cumprir a lei segundo o espírito. Ora, a lei toda se contém nestas palavras: *Fora da caridade não há salvação.* Entre todos, porém, que ouvem a palavra divina, quão poucos são os que a guardam e a aplicam proveitosamente! Quão poucos se tornam dignos de entrar no Reino dos Céus! Eis por que disse Jesus: "*Chamados haverá muitos; poucos, no entanto, serão os escolhidos.*"⁴

Dessa forma, os hipócritas, os que promovem e executam lutas fratricidas, desuniões e perturbações; os egoístas, os orgulhosos e vaidosos; os falsos profetas e falsos cristos, oportunistas e embusteiros, que enganam as pessoas sob a aparência de bondade e de religiosidade; os que se mantêm indiferentes ao sofrimento do próximo, e que traficam com as coisas celestiais para obtenção de vantagens materiais, todos eles, serão retirados da festa por não vestirem o "traje nupcial". Tais criaturas serão, portanto, conduzidos a reencarnações dolorosas, representadas, no texto, como "trevas exteriores" onde haverá "pranto e ranger de dentes".

> Para que atinjamos no mundo, o Reino de Deus, não nos pede o Senhor peregrinações de sacrifício a regiões particulares; espera, entretanto, demonstremos coragem suficiente para viver, dia por dia, no exato cumprimento de nossos deveres, na viagem difícil da reencarnação. Não exige nos diplomemos nos preceitos gramaticais do idioma [...]; espera, porém, que saibamos dizer sempre a palavra equilibrada e reconfortante [...]. Não nos obriga a renúncia dos bens terrenos; espera,

todavia, que nos dediquemos a administrálos sensatamente [...]. Não nos impele as ginásticas especiais para o desenvolvimento prematuro de forças físicas e psíquicas; espera, entretanto, nos esforcemos para barrar pensamentos infelizes, dominando as nossas tendências inferiores. Não nos solicita a perfeição moral de um dia para outro; espera, contudo, nos disponhamos a cooperar com ele, suportando injúrias e esquecendo-as, em favor do bem comum. Não nos determina sistemas sacrificiais de alimentação [...]; espera, porém, sejamos no respeito ao corpo que a lei da reencarnação nos haja emprestado [...]. Não nos aconselha o afastamento da vida social [...]; espera, no entanto, que exerçamos é bondade e paciência, perdão e amor [...]. Jesus não nos pede o impossível; solicita-nos apenas a colaboração e trabalho na medida de nossas possibilidades humanas, cabendo-nos, porém, observar que, se todos aguardamos ansiosamente o mundo feliz de amanhã, é preciso lembrar que, assim como um edifício se levanta da base, o Reino de Deus começa de nós.[7]

Referências

1. KARDEC, Allan. *O evangelho segundo o espiritismo*. Tradução de Guillon Ribeiro. 127. ed. Rio de Janeiro: FEB, 2006. Cap. 18, item 2, p. 324.
2. _____._____. p. 325.
3. _____._____. p. 326.
4. _____._____. p. 327.
5. SCHUTEL, Cairbar. *Parábolas e ensinos de Jesus*. 20. ed. Matão: O Clarim, 2004. Item:Parábola das bodas, p. 72.
6. _____._____. p. 74.
7. XAVIER, Francisco Cândido. *Alma e coração*. Pelo Espírito Emmanuel. São Paulo: Cultix, 2006. Item: Para o reino de Deus, p. 33-34.
8. _____. *Falando à terra*. Por diversos Espíritos. 6. ed. Rio de Janeiro: FEB, 2002. Cap. De Salomão – mensagem de Souza Caldas, p. 161-162.

Orientações ao monitor

Ler em voz altar o texto evangélico que trata do festim das bodas, (MATEUS, 22:1-14), pedindo à turma que acompanhe a leitura. Em seguida, solicitar aos participantes que apresentem o resultado da pesquisa, indicada na reunião anterior como atividade extraclasse. Ouvir os relatos, comentando-os. Realizar uma exposição dialogada conclusiva dos assuntos, correlacionando-os com a vivência no mundo atual.

EADE – LIVRO III | MÓDULO III

ENSINOS POR PARÁBOLAS

Roteiro 7

O TESOURO E A PÉROLA

Objetivos

» Interpretar as parábolas do tesouro escondido e da pérola de grande valor, à luz do entendimento espírita.

Ideias principais

» As duas parábolas colocam em relevo o estado de plenitude espiritual, simbolizado na expressão "Reino dos céus", situação em que o indivíduo se desfaz do apego às posses dos bem materiais. Compreende então que a [...] *riqueza real é atributo da alma eterna e permanece incorruptível naquele que a conquistou.* Emmanuel: *Ceifa de luz.* Cap. 11.

» O homem que encontrou o tesouro escondido no campo ou o negociante que achou a pérola de grande valor são Espíritos que souberam vivenciar a lei de amor, sublimando as suas conquistas espirituais. Trabalharam incessantemente pela conquista do "Reino dos céus", por entenderem que *para se granjear um lugar neste reino, são necessárias a abnegação, a humildade, a caridade em toda a sua celeste prática, a benevolência para com todos.* [...]. Allan Kardec: *O evangelho segundo o espiritismo.* Cap. II, item 8.

Subsídios

1. Texto evangélico

Também o Reino dos céus é semelhante a um tesouro escondido num campo que um homem achou e escondeu; e, pelo gozo dele, vai, vende tudo quanto tem e compra aquele campo. Outrossim, o Reino dos céus é semelhante ao homem negociante que busca boas pérolas; e, encontrando uma pérola de grande valor, foi, vendeu tudo quanto tinha e comprou-a. (MATEUS, 13:44-46.)

No capítulo 13 de Mateus há seis parábolas que fazem referência direta ao "Reino dos céus": a do trigo e do joio; do grão de mostarda; do fermento; do tesouro escondido; da pérola e a da rede.

Nas parábolas do "tesouro oculto no campo" e da "pérola de grande valor", Jesus enfatiza a felicidade e a ventura de quem encontra tais riquezas, a ponto de dispor todos os demais bens que possui. Em ambas histórias predomina o sentido de transformação espiritual, pela aquisição de virtudes.

> Jesus aqui nos adverte de que a verdadeira finalidade de nossa vida terrena é obtermos a riqueza espiritual. Tão logo chegarmos a compreender que a real felicidade não consiste na posse transitória das coisas do mundo, de bom grado passaremos a trabalhar ativamente para entrarmos na posse dos bens espirituais. É assim como o homem que vendeu tudo o que tinha para comprar o campo e o negociante de pérolas que trocou tudo por uma pérola de alto preço, assim também nós, quando compreendermos o valor dos bens espirituais, tudo trocaremos por eles. Quaisquer sacrifícios serão pequenos para realizarmos o reino de Deus no íntimo de nossa alma.[2]

O processo de aquisição de bens espirituais é variável de indivíduo para indivíduo, entretanto, há um momento decisivo na vida de cada um, caracterizado pela transformação definitiva no bem, ou de conquista do "Reino dos céus".

> Na infância da Humanidade, o homem só aplica a inteligência à cata do alimento, dos meios de se preservar das intempéries e de se defender dos seus inimigos. Deus, porém, lhe deu, a mais do que outorgou ao animal, o *desejo incessante do melhor*, e é esse desejo que o impele à pesquisa dos meios de melhorar a sua posição [...].

Pelas suas pesquisas, a inteligência se lhe engrandece, o moral se lhe depura. Às necessidades do corpo sucedem as do espírito: depois do alimento material, precisa ele do alimento espiritual. É assim que o homem passa da selvageria à civilização.[1]

2. Interpretação do texto evangélico

» *Também o Reino dos céus é semelhante a um tesouro escondido num campo que um homem achou e escondeu; e, pelo gozo dele, vai, vende tudo quanto tem e compra aquele campo* (Mt 13:44).

A parábola do tesouro escondido, de extraordinária beleza e simplicidade, aplica-se aos Espíritos que já possuem desenvolvida a capacidade de discernimento relativa às suas reais necessidades para a edificação de uma vida feliz.

> Graças [...] aos ensinos espíritas, aos Espíritos do Senhor, hoje é muito fácil ao homem achar esse tesouro. Mais difícil lhe pode ser, "vender o que tem e comprar o campo", isto é, desembaraçar-se das suas velhas crenças, do egoísmo, do preconceito, do amor aos bens terrestres, para possuir os bens celestes. Materializado como está, o homem prefere sempre os bens aparentes e perecíveis, porque os considera positivos; os bens reais e imperecíveis ele os julga abstratos. A Parábola do Tesouro Escondido é significativa e digna de meditação: o homem terreno morre e fica sem seus bens; o homem espiritual permanece para a vida eterna e o tesouro do Céu, que ele adquiriu é de sua posse permanente.[3]

A expressão "Reino dos céus", citada no texto evangélico, não se refere a um lugar específico, situado no plano físico ou no espiritual. De acordo com o entendimento espírita, indica "estado de alma" ou de plenitude espiritual.

> Afirma Jesus que o Reino de Deus não vem com aparência exterior. É sempre ruinosa a preocupação por demonstrar pompas e números vaidosamente, nos grupos da fé. Expressões transitórias de poder humano não atestam o Reino de Deus. A realização divina começará do íntimo das criaturas, constituindo gloriosa luz do templo interno. Não surge à comum apreciação, porque a maioria dos homens transitam semicegos, através do túnel da carne, sepultando os erros do passado culposo.[6]

A parábola informa que o tesouro que o homem encontrou no campo causou-lhe imensa felicidade, tão pura e verdadeira que ele correu e vendeu tudo que o possuía, a fim de adquirir aquele campo.

Percebe-se, claramente, o sentido simbólico deste ensinamento de Jesus: o tesouro encontrado representa o ápice do esforço humano de transformação para o bem. Trata-se de um marco de grande significância, que faz o Espírito ascender de um patamar evolutivo para outro. É por este motivo que ele abre mão de todos as suas posses, passando a viver a vida do Espírito.

O "campo", local onde o tesouro foi encontrado, indica o plano onde são desenvolvidas as experiências do aprendizado humano: na existência física, durante as reencarnações; no além-túmulo, nos estágios realizados nos diferentes planos vibracionais.

Neste contexto, é importante não deixar passar as oportunidades de crescimento espiritual que nos alcançam a existência, em geral manifestadas sob a forma de provas. É preciso exercitarmos a faculdade de "ver" e "ouvir", segundo o Espírito.

> O egoísta fala de seu tesouro, exaltando as posses precárias; o avarento refere-se a mesquinhas preocupações; o gozador demonstra apetites insaciáveis; o fanático repete pedidos loucos. Cada qual apresenta seu capricho ferido como a dor maior. Cristo ouve-lhes as solicitações e espera a oportunidade de dar-lhes a conhecer o tesouro imperecível.[5]

» *Outrossim, o Reino dos céus é semelhante ao homem negociante que busca boas pérolas; e, encontrando uma pérola de grande valor, foi, vendeu tudo quanto tinha e comprou-a* (Mt 13:45-46).

As pérolas verdadeiras costumam ser muito caras, em razão das dificuldades para capturá-las e pelo tempo consumido em sua produção por um certo tipo de animal marinho: o molusco. As pérolas crescem no interior das conchas desses moluscos que vivem nas águas profundas dos mares, sendo constituídas de secreções solidificadas e opacas, expelidas do corpo deste animal marinho, quando ele é seriamente ferido. A beleza e o brilho da pérola só se revelam quando expostos à luz do Sol.

Nada mais justo, pois, Jesus comparar o Reino dos Céus a uma pérola de grande valor que, ao ser encontrada pelo negociante, vendeu tudo o que tinha para tê-la consigo.

À semelhança da produção da pérola, o homem que alcança o Reino dos céus passou por muitas provações e dores; foi "ferido" em diferentes oportunidades, durante o seu processo de ascensão. Superados, porém, tais desafios, ele sai da "concha" e resplandece a sua luz espiritual, à vista de todos. Somente assim, após ter passado pela forja das dores e das lágrimas, consegue revelar a beleza e o brilho do cabedal de virtudes que conquistou.

> O homem vale mais que o mundo com as suas jazidas, os seus diamantes, e toda a sorte de pedras preciosas. Não obstante, o homem, esquecido de seu valor intrínseco, cujo preço é inestimável, consome-se e esgota-se na conquista do que é perecível, daquilo cujo valor é muito discutível, visto como só vale mediante certa convenção estabelecida pelos caprichos e veleidades do mesmo homem. [...] Mas o verdadeiro valor está interior do homem: está no seu caráter, nos seus sentimentos, na sua inteligência [...]: é o Espírito, é a alma, o eu imortal, sede das faculdades e poderes cuja origem é divina.[4]

Referências

1. KARDEC, Allan. *O evangelho segundo o espiritismo*. Tradução de Guillon Ribeiro. 127. ed. Rio de Janeiro: FEB, 2006. Cap. 25, item 2, p. 406.
2. RIGONATTI, Eliseu. *O evangelho dos humildes*. 15. ed. São Paulo: Pensamento, 2003. Cap. XIII (A parábola do semeador), item: parábolas do tesouro escondido, da pérola, da rede, p. 137-138.
3. SCHUTEL, Cairbar. *Parábolas e ensinos de Jesus*. 20. ed. Matão: O Clarim, 2004. Item: Parábola do tesouro escondido, p. 41-42.
4. VINÍCIUS (Pedro de Camargo). *O mestre na educação*. 8. ed. 2005. Cap. 19 (Valor imperecível), p. 87-88.
5. XAVIER, Francisco Cândido. *Caminho, verdade e vida*. Pelo Espírito Emmanuel. 28. ed. Rio de Janeiro: FEB, 2007. Cap. 64 (O tesouro maior), p. 143-144.
6. _____._____. Cap. 107 (Vinda do reino), p. 229-230.

Orientações ao monitor

Realizar uma exposição dialogada com a turma, contemplando as ideias desenvolvidas neste Roteiro. Em sequência, pedir aos participantes que se organizem em pequenos grupos, tendo como incumbência a elaboração de um plano que retrate procedimentos, ações ou atividades que possam auxiliar alguém a descobrir o tesouro do Reino dos céus no campo da existência humana. Utilizar os subsídios deste Roteiro como referência. Solicitar a apresentação das linhas gerais do plano, em plenária, opinando a respeito.

EADE – LIVRO III | MÓDULO III

ENSINOS POR PARÁBOLAS

Roteiro 8

A PARÁBOLA DO RICO E DE LÁZARO

Objetivos

» Interpretar a Parábola do homem rico e do pobre Lázaro, à luz do entendimento espírita.

Ideias principais

» *Vemos representados nesta parábola os dois extremos: opulência e miséria. Ricos e pobres são Espíritos em provação. A indigência é uma prova dura. A riqueza é uma prova perigosa. [...]* Vinícius (Pedro de Camargo): *Nas pegadas do mestre.* Cap. Lázaro e o rico.

» *Se a riqueza houvesse de constituir obstáculo absoluto à salvação dos que a possuem, conforme se poderia inferir de certas palavras de Jesus, interpretadas segundo a letra e não segundo o espírito, Deus, que a concede, teria posto nas mãos de alguns um instrumento de perdição, sem apelação nenhuma, ideia que repugna à razão. [...]* Allan Kardec: *O evangelho segundo o espiritismo.* Cap. 16, item 7.

Subsídios

1. Texto evangélico

Ora, havia um homem rico, e vestia-se de púrpura e de linho finíssimo, e vivia todos os dias regalada e esplendidamente. Havia também um certo mendigo, chamado Lázaro, que jazia cheio de chagas à porta daquele. E desejava alimentar-se com as migalhas que caíam da mesa do rico; e os próprios cães vinham lamber-lhe as chagas. E aconteceu que o mendigo morreu e foi levado pelos anjos para o seio de Abraão; e morreu também o rico e foi sepultado. E, no Hades, ergueu os olhos, estando em tormentos, e viu ao longe Abraão e Lázaro, no seu seio. E, clamando, disse: Abraão, meu pai, tem misericórdia de mim e manda a Lázaro que molhe na água a ponta do seu dedo e me refresque a língua, porque estou atormentado nesta chama. Disse, porém, Abraão: Filho, lembra-te de que recebeste os teus bens em tua vida, e Lázaro, somente males; e, agora, este é consolado, e tu, atormentado. E, além disso, está posto um grande abismo entre nós e vós, de sorte que os que quisessem passar daqui para vós não poderiam, nem tampouco os de lá, passar para cá. E disse ele: Rogo-te, pois, ó pai, que o mandes à casa de meu pai, pois tenho cinco irmãos, para que lhes dê testemunho, a fim de que não venham também para este lugar de tormento. Disse-lhe Abraão: Eles têm Moisés e os Profetas; ouçam-nos. E disse ele: Não, Abraão, meu pai; mas, se algum dos mortos fosse ter com eles, arrepender-se-iam. Porém Abraão lhe disse: Se não ouvem a Moisés e aos Profetas, tampouco acreditarão, ainda que algum dos mortos ressuscite. (LUCAS, 16:19-31.)

Esta parábola analisa algumas questões fundamentais relativas à riqueza: utilidade, emprego e provas; desigualdades socioeconômicas; apego aos bens materiais. Proclama, também, a importância da prática da caridade e revela as consequências do egoísmo, do orgulho e da humildade, assim como do desprendimento das coisas materiais.

A utilidade e benefício providencial da riqueza é o controle da pobreza, não um obstáculo à melhoria de quem a possui. É um instrumento de progresso espiritual como tantos outros disponibilizados por Deus.

Sem dúvida, pelos arrastamentos a que dá causa, pelas tentações que gera e pela fascinação que exerce, a riqueza constitui uma prova muito arriscada, mais perigosa do que a miséria. É o supremo excitante do orgulho, do egoísmo e da vida sensual. É o laço mais forte que prende o homem à Terra e lhe desvia do céu os pensamentos. Produz tal vertigem que, muitas vezes, aquele que passa da miséria à riqueza esquece de pronto a sua primeira condição, os que com ele a partilharam, os que o ajudaram, e faz-se insensível, egoísta e vão. Mas, do fato de a riqueza tornar difícil a jornada, não se segue que a torne impossível e não possa vir a ser um meio de salvação para o que dela sabe servir-se [...].[1]

O emprego correto da riqueza impulsiona o progresso por meio dos trabalhos desenvolvidos pelos homens.

Com efeito, o homem tem por missão trabalhar pela melhoria material do planeta. Cabe-lhe desobstruí-lo, saneá-lo, dispô-lo para receber um dia toda a população que a sua extensão comporta. A atividade que esses mesmos trabalhos impõem lhe amplia e desenvolve a inteligência, e essa inteligência que ele concentra, primeiro, na satisfação das necessidades materiais, o ajudará mais tarde a compreender as grandes verdades morais. Sendo a riqueza o meio primordial de execução, sem ela não mais grandes trabalhos, nem atividade, nem estimulante, nem pesquisas. Com razão, pois, é a riqueza considerada elemento de progresso.[2]

2. Interpretação do texto evangélico

» *Ora, havia um homem rico, e vestia-se de púrpura e de linho finíssimo, e vivia todos os dias regalada e esplendidamente. Havia também um certo mendigo, chamado Lázaro, que jazia cheio de chagas à porta daquele. E desejava alimentar-se com as migalhas que caíam da mesa do rico; e os próprios cães vinham lamber-lhe as chagas* (Lc 16:19-21).

O rico e Lázaro personificam os extremos de duas classes socio-econômicas existentes na Humanidade: uma possuidora de recursos e facilidades concedidas pela riqueza: bens ("homem rico"); vestimentas ("vestia-se de púrpura e linho finíssimo"), alimentação e confortos ("vivia todos os dias regalada e esplendidamente"). A outra pobre e portadora de dificuldades decorrentes da privação ou escassez de bens materiais: extrema pobreza ou miséria ("certo mendigo, chamado Lázaro"), enfermidades ("que jazia cheio de chagas"), fome ("e desejava alimentar-se com migalhas"), ausência de cuidados básicos de saúde ("os próprios cães vinham lamber-lhe as chagas").

> Este rico que vestia de púrpura e que todos os dias se regalava esplendidamente, é o símbolo daqueles que querem tratar da vida do corpo e esquecem-se da vida da alma. São os que buscam a felicidade no comer, no beber e no vestir; são os que se entregam a todos os gozos da matéria, são os egoístas que vivem unicamente para si, os orgulhosos que, entronados nos altares das paixões vis, da vaidade, da soberba, não veem senão o que pode saciar a sede de prazeres, não cultivam senão a luxúria, que mata os sentimentos afetivos e anula os dotes do coração.[4]

A riqueza é um meio concedido por Deus para avaliar a sabedoria e a bondade do ser humano. É forma de testar-lhe a capacidade moral. "[...] Dando-lhe o livre-arbítrio, quis Ele que o homem chegasse, por experiência própria, a distinguir o bem do mal [...]. Cada um tem de possuí-la, para se exercitar em utilizá-la e demonstrar que uso fazer dela."[3]

> Representa [...] os excluídos da sociedade terrena, aqueles que, quando muito, pode chegar ao portão dos grandes templos, aqueles que não podem atravessar os umbrais dos palácios dourados, aqueles que essa sociedade corrompida do mundo despreza, amaldiçoa, cobre de labéus [desonra], crava de setas venenosas que lhes chagam o corpo todo.[5]

Os lázaros da parábola simbolizam todos os que, a despeito da difícil situação em que vivem, sofrem com resignação, por compreenderem que os bens do mundo são passageiros. São Espíritos que confiam em Deus, em sua bondade e misericórdia. Ainda que submetidos às dolorosas provações, determinadas pela lei de causa e efeito, não se revoltam, mas mantêm-se pacientes, guiando-se pela esperança em dias melhores, no futuro, após o ressarcimento de suas faltas.

Outro ponto relevante da parábola diz respeito ao que é necessário e ao que é supérfluo na vida, temas estudados nas questões 704 a 710 de *O livro dos espíritos* em *O evangelho segundo o espiritismo*, capítulos IX e XVI, itens 5 e 14, respectivamente. É preciso refletir sobre as implicações morais dos desperdícios, considerando o estado de fome e miséria existente no mundo.

> A sobra em todas as situações é o agente aferidor do nosso ajustamento à Lei eterna que estatui sejam os recursos do Criador divididos justificadamente por todas as criaturas, a começar pela bênção vivificante do Sol. É assim que o leite a desperdiçar-Se, na mesa, é a migalha de

alimento que sonegas à criancinha órfã de pão, tanto quanto a roupa a emalar-se, desnecessária, no recanto doméstico, é o agasalho que deves à nudez que a noite fria vergasta. [...] Não olvides, assim, que toda sobra desaproveitada nos bens que desfrutas, por efeito de empréstimo da Providência maior, se converte em cadeia de retaguarda, situando-te pensamentos e aspirações na cidadela da sombra. E, repartindo com o próximo as vantagens que te enriquecem os dias, seguirás, desde a Terra, pelos investimentos do amor puro e incessante, em direitura à Plenitude celestial.[11]

» *E aconteceu que o mendigo morreu e foi levado pelos anjos para o seio de Abraão; e morreu também o rico e foi sepultado. E, no Hades, ergueu os olhos, estando em tormentos, e viu ao longe Abraão e Lázaro, no seu seio. E, clamando, disse: Abraão, meu pai, tem misericórdia de mim e manda a Lázaro que molhe na água a ponta do seu dedo e me refresque a língua, porque estou atormentado nesta chama. Disse, porém, Abraão: Filho, lembra-te de que recebeste os teus bens em tua vida, e Lázaro, somente males; e, agora, este é consolado, e tu, atormentado. E, além disso, está posto um grande abismo entre nós e vós, de sorte que os que quisessem passar daqui para vós não poderiam, nem tampouco os de lá, passar para cá* (Lc 16:19-21).

Os efeitos de nosso proceder durante a existência atual vão refletir-se na outra vida. O rico banqueteava-se, ria, folgava. Lázaro gemia, chorava resignadamente. Vem a morte e a ambos arrebata, porque a morte é inexorável. O corpo para o túmulo, a alma para o Juízo. A consciência é a faculdade que o Espírito possui de refleti sobre si mesmo a luz da divina justiça. Cada um traz consigo o seu juiz. Por isso o rico se viu envolvido nas chamas devoradoras do remorso, enquanto Lázaro fruía o repouso do justo.[8]

Cairbar Schutel compara a situação do rico e a de Lázaro, no além-túmulo, com os dois lados de uma moeda, ou medalha, esclarecendo sobre as dificuldades de compreender o que cada face simboliza, efetivamente.

O [...] mendigo vai para a abundância, e o rico é que passa a mendigar! É o reverso da medalha. Vós tendes visto muitas medalhas? Figuremo-las numa libra esterlina: de um lado traz a figura do rei [ou rainha], mas, do outro o seu valor real. [...] Cada um de nós é uma medalha; e como medalha, a libra de ouro vale segundo o câmbio corrente, assim também nós valemos de acordo com o câmbio espiritual, que taxa o valor das nossas almas. Aqueles que olham só a efígie, não conhecem o valor do dinheiro [...]. Assim também os que olham o homem só pelas aparências, pelo exterior, não conhecem o homem, porque o exterior do homem é a efígie da vaidade, do egoísmo e do orgulho. O que vale na moeda é o reverso; o que vale no homem é o interior, ou seja, o Espírito. O rico trazia no verso o característico do rei, mas, depois que morreu, mas, depois que morreu, apurou-se o valor da medalha gravado no reverso, e esse valor não permitiu o rico senão uma "entrada" no Hades [submundo, "inferno"].[6]

A situação de Lázaro, no plano espiritual, é de alguém vitorioso que, ao vencer a prova da pobreza, desenvolveu também a paciência, a humildade e a fé. Esta é a razão de sua felicidade, compartilhada junto a Abraão, o grande patriarca do povo hebreu. O rico por sua vez, falhou na prova, uma vez que a riqueza lhe obliterou os sentimentos de amor ao próximo, desenvolveu-lhe o egoísmo, acirrou-lhe o orgulho, "[...] tornando-o homem licencioso, amigo de bebedices e deleites".[7]

Merece comentário o significado da palavra "abismo" existente nestes versículos: "E, além disso, está posto um grande abismo entre nós e vós, de sorte que os que quisessem passar daqui para vós não poderiam, nem tampouco os de lá, passar para cá". "Abismo" indica a distância evolutiva que há entre um e outro Espírito. Nesta situação, Lázaro não pode retroceder à posição anteriormente ocupada porque, pelas provações sabiamente suportadas, ascendeu na escala espiritual. Por outro lado, o rico não possuía, ainda, qualidades que o colocasse em um nível mais adiantado. Por este motivo esclarece Abraão: "de sorte que os que quisessem passar daqui para vós não poderiam, nem tampouco os de lá, passar para cá".

O sofrimento e o remorso, vivenciados pelo rico, e as benesses desfrutadas por Lázaro, no plano espiritual, são representativas da palavra "abismo."

Abismo de ordem moral, visto que como Abraão e o rico se viam e conversava. Para o Espírito culpado ou falido se reabilitar não basta o arrependimento, que é o primeiro passo a dar; é necessária a reparação. Portanto o rico não podia ser atendido em seu pedido. Cumpria-lhe voltar à Terra, e reparar o mal.[9]

A súplica do rico ("Abraão, meu pai, tem misericórdia de mim e manda a Lázaro que molhe na água a ponta do seu dedo e me refresque a língua, porque estou atormentado nesta chama") revela que ele não só reconheceu as dificuldades em que se encontrava, como soube curvar a cabeça e pedir auxílio. Não era, pois, um rico tão orgulhoso; talvez tenha sido mais negligente ou indiferente ao sofrimento do próximo do que propriamente mau.

» *E disse ele: Rogo-te, pois, ó pai, que o mandes à casa de meu pai, pois tenho cinco irmãos, para que lhes dê testemunho, a fim de que não venham também para este lugar de tormento. Disse-lhe Abraão: Eles têm Moisés e os Profetas; ouçam-nos. E disse ele: Não, Abraão, meu pai; mas, se algum dos mortos fosse ter com eles, arrepender-se-iam. Porém Abraão lhe disse: Se não ouvem a Moisés e aos Profetas, tampouco acreditarão, ainda que algum dos mortos ressuscite* (Lc 16:22-31).

É admirável a persistência do rico em minorar, de alguma forma, as consequências do mau uso da riqueza: se não podia, naquele momento, reparar as ações cometidas, tentou beneficiar os seus familiares que ainda permaneciam reencarnados. Esta característica da sua personalidade indica que ele não era também pessoa excessivamente egoísta. Existiam aqueles que eram objeto de sua preocupação, ainda que restrita ao círculo familiar.

> Lázaro fortificou-se na dor: resistiu, venceu, subiu. O mesmo rico, apesar de sucumbir, tirou sérios proveitos da própria queda. Acordou para a realidade, arrependeu-se, humilhou-se e mostrou interesse pela sorte dos irmãos; numa palavra: as cordas de seus sentimentos despertaram. Ele viu Lázaro. Não viu os demais. Certamente Lázaro não era o único habitante da celestial mansão; mas, cumpria que o rico o visse, porque fora sobre ele que incidira a dureza do seu coração. O algoz deve ver e reconhecer sua vítima.[7]

A resposta de Abraão é sábia: o testemunho de um Espírito desencarnado não seria jamais considerado, tendo em vista que Espíritos de categoria superior, como Moisés e os profetas, não foram acreditados. Esta resposta nos faz refletir que temos o Evangelho e a Doutrina Espírita para nos guiar e nos garantir a felicidade eterna. Entretanto, agimos como crianças espirituais que muitas vezes desprezam as seguras orientações e se enveredam por caminhos que resultam em amargas provações. A propósito, esclarece Emmanuel:

A resposta de Abraão ao rico da parábola ainda é ensinamento de todos os dias, no caminho comum. Inúmeras pessoas se aproximam das fontes de revelação espiritual, entretanto, não conseguem a libertação dos laços egoísticos de modo que vejam e ouçam, qual lhes convém aos interesses essenciais. [...] Ninguém justifique a própria cegueira com a insatisfação do capricho pessoal. O mundo está repleto de mensagens e emissários, há milênios. O grande problema, no entanto, não está em requisitar-se a verdade para atender ao círculo exclusivista de cada criatura, mas na deliberação de cada homem, quanto a caminhar com o próprio valor, na direção das realidades eternas.[10]

Referências

1. KARDEC, Allan. *O evangelho segundo o espiritismo*. Tradução de Guillon Ribeiro. 127. ed. Rio de Janeiro: FEB, 2006. Cap. 16, item, 7, p. 289.

2. _____._____. p. 291.

3. _____._____. Item 8, p. 292.

4. SCHUTEL, Cairbar. *Parábolas e ensinos de Jesus*. 20. ed. Matão: O Clarim, 2004. Item:Parábola do rico e Lázaro, p. 133.

5. _____._____. p. 134.

6. _____._____. p. 135.

7. VINÍCIUS (Pedro de Camargo). *Nas pegadas do mestre*. 11. ed. 2007. Cap. Lázaro e rico, p. 156.

8. _____._____. p. 156-157.

9. _____._____. p. 157.

10. XAVIER, Francisco Cândido. *Pão nosso*. Pelo Espírito Emmanuel. 29. ed. Rio de Janeiro: FEB, 2007. Cap. 116 (Ouçam-nos), p. 247-248.

11. _____. *Religião dos espíritos*. Pelo Espírito Emmanuel. 20. ed. Rio de Janeiro: FEB, 2007. Cap. Sobras, p. 37-38.

Orientações ao monitor

Após uma rápida introdução do assunto, pedir a turma que se organize em grupos, cabendo a cada um a tarefa de ler, trocar ideias e apresentar, em plenária, a conclusão da atividade grupal. Como sugestão, caberia a cada grupo analisar uma parte do texto evangélico e os respectivos comentários espíritas, constantes da divisão proposta nos subsídios deste Roteiro.

ENSINOS POR PARÁBOLAS

Roteiro 9

O AMIGO IMPORTUNO

Objetivos

» Explicar, à luz da Doutrina Espírita, a parábola do amigo importuno.

Ideias principais

» A parábola do amigo importuno é um teste que define a verdadeira amizade.

» Revela que, [...] *aqui mesmo na Terra, se recorrermos a um amigo quando tenhamos necessidade de um favor, haveremos de o conseguir.* [...] Rodolfo Calligaris: *Parábolas evangélicas*. Cap. Parábola do amigo importuno.

» *Toda gente no mundo pode consolar a miséria e partilhar as aflições, mas raros aprendem a acentuar a alegria dos entes amados, multiplicando-a para eles, sem egoísmo e sem inveja no coração. O amigo verdadeiro, porém, sabe fazer isto.* Neio Lúcio. *Alvorada cristã*. Cap. 18.

» *"O amor sobrepuja a fé, a esperança, a beneficência, o profetismo e o sacrifício"* — preceitua o Apóstolo dos Gentios. *No amor se contém a Lei e os profetas* — rezam os Evangelhos. *"Fora do amor não há salvação"* — sentencia o Espiritismo. Vinícius (Pedro de Camargo): *Nas pegadas do mestre*. Cap. O verbo amar.

Subsídios

1. Texto evangélico

Disse-lhes também: Qual de vós terá um amigo e, se for procurá--lo à meia-noite, lhe disser: Amigo, empresta-me três pães, pois que um amigo meu chegou a minha casa, vindo de caminho, e não tenho o que apresentar-lhe; se ele, respondendo de dentro, disser: Não me importunes; já está a porta fechada, e os meus filhos estão comigo na cama; não posso levantar-me para tos dar. Digo-vos que, ainda que se não levante a dar-lhos por ser seu amigo, levantar-se-á, todavia, por causa da sua importunação e lhe dará tudo o que houver mister. (LUCAS, 11:5-8.)

Esta parábola nos faz refletir sobre o valor da amizade e da intercessão.

> Principia [a parábola] fazendo-nos compreender que, aqui mesmo na Terra, se recorrermos a um amigo quando tenhamos necessidade de um favor, haveremos de o conseguir. Pode esse amigo não nos valer imediatamente, de boa vontade, pode até relutar em atender à nossa solicitação, mas, se instarmos com ele, ainda que seja para ver-se livre de nossa importunação, acabará cedendo. Pois se desconhecidos, ou mesmo adversários, quando pedem com tato e insistência, muitas e muitas vezes são atendidos, como não o seriam aqueles que gozam da simpatia e amizade do solicitado?[1]

Jesus atesta que o verdadeiro amigo não se sente aborrecido pelas solicitações do amigo, que corre em acudi-lo.

2. Interpretação do texto evangélico

» *Disse-lhes também: Qual de vós terá um amigo e, se for procurá-lo à meia-noite, lhe disser: Amigo, empresta-me três pães, pois que um amigo meu chegou a minha casa, vindo de caminho, e não tenho o que apresentar-lhe; se ele, respondendo de dentro, disser: Não me importunes; já está a porta fechada, e os meus filhos estão comigo na cama; não posso levantar-me para tos dar* (Lc 11:5-7).

O registro de Lucas destaca implicações existentes nos relacionamentos entre amigos, os quais, vezes sem conta são submetidos a testes. No caso, o amigo é considerado importuno não só porque busca amparo em hora tardia, num momento de descanso, mas também para resolver problema de uma terceira pessoa que, por sua vez, lhe busca o concurso fraterno. Trata-se de uma situação em que, existindo laços de verdadeira amizade, os incômodos serão ignorados e o amigo será prontamente atendido. Na verdade, o momento mais propício para reconhecer uma amizade verdadeira é quando passamos por dificuldades.

> Muitos companheiros de luta exigem cooperadores esclarecidos para as tarefas que lhes dizem respeito, amigos valiosos que lhes entendam os propósitos e valorizem os trabalhos, esquecidos de que as afeições, quanto as plantas, reclamam cultivo adequado.
>
> Compreensão não se improvisa. É obra de tempo, colaboração, harmonia.
>
> [...]
>
> Existe uma ciência de cultivar a amizade e construir o entendimento. [...]
>
> Examina, pois, diariamente, a tua lavoura afetiva. Observa se está exigindo flores prematuras ou frutos antecipados. Não te esqueças da atenção, do adubo, do irrigador. Coloca-te na posição da planta em jardim alheio e, reparando os cuidados que exiges, não desdenhes resgatar as tuas dívidas de amor para com os outros.[4]

Nos círculos de amizade, contudo, é comum encontrarmos amigos importunos. A despeito das qualidades que possuem e dos vínculos fraternos existentes, não possuem o necessário discernimento que garantem as boas relações sociais. Incomodam. Aborrecem. Estabelecem constrangimentos. Dificultam a vida em comum: uma imposição aqui, uma provocação ali. Em dado momento são gentis e dedicados, noutro são ásperos e autoritários. Num instante se revelam afáveis, gratos, bondosos, noutra ocasião se deixam levar pela aspereza do trato, pela ingratidão, pela inflexibilidade. Trata-se de situações conflitantes que exigem dos envolvidos tato, paciência e tolerância.

> Surgem no cotidiano determinadas circunstâncias em que somos impelidos a reformular apreciações, em torno da conduta de muitos daqueles a quem mais amamos.
>
> [...]

> Nesses dias, em que o rosto dos entes amados se revela diferente, é natural que apreensões e perguntas imanifestas nos povoem o espírito. Abstenhamo-nos, porém, tanto de feri-los, através do comentário desairoso, quanto de interpretar-lhes as diretrizes inesperadas à conta de ingratidão. [...] Reflitamos que se a temporária falta deles nos trouxe sensações de pesar e carência afetiva, possivelmente o mesmo lhes acontece e, em vez de reprovar-lhes as atitudes — ainda mesmo afastados pela força das circunstâncias —, procuremos envolvê-los em pensamentos de simpatia e confiança, a fim de que nos reencontremos, mais tarde, em mais altos níveis de trabalho e alegria.[5]

Reconhecemos que há muitos amigos importunos na vida. Nós mesmos podemos ser assim qualificados, em diferentes oportunidades. Como criaturas situadas em processo de ascensão espiritual, nem sempre conseguimos administrar os reflexos das ações negativas perpetradas no passado, que ainda se mantêm entranhadas na nossa personalidade. Daí a ocorrência de comportamentos cíclicos, que oscilam entre pontos opostos. "Para isso, entesouremos serenidade. Serenidade que nos sustente e nos ajude a sustentar os outros."[6]

O amigo importuno deve ser amparado pelas nossas preces e tratado, vida afora, com carinho e afeto, jamais como um peso. Não lhe recusemos a presença em nossa vida: cedo ou tarde ele se ajustará perante a lei de amor, da mesma forma que nós também. Aceitemos, pois, os seus incômodos, suas aparentes imposições, agindo com retidão, sem desprezo, não lhes acatando, porém, exigências descabidas. Estejamos com ele. Oremos por ele, oferecendo-lhe o abrigo da compreensão e da amizade.

Um fato que não pode passar despercebido, na parábola, é a intercessão. O amigo importuno busca auxílio em benefício de outro por não possuir recursos próprios para auxiliar; dirige-se então a quem oferece condições para tal.

> A súplica da intercessão é dos mais belos atos de fraternidade e constitui a emissão de forças benéficas e iluminativas que, partindo do espírito sincero, vão ao objetivo visado por abençoada contribuição de conforto e energia. Isso não acontece, porém, a pretexto de obséquio, mas em conseqüência de leis justas. [...][2]

Quantas vezes a Boa-Nova registra a ação de Jesus em favor dos sofredores e desvalidos por intercessão de terceiros. Recordemos, como ilustração, a cura do paralítico de Cafarnaum (Lc 5:18-20) ou do cego de Betsaida (Mc 8:22-26) que são conduzidos à presença do Mestre pelo auxílio de terceiros. Sendo assim, devemos, sempre, atender os amigos, de acordo com as nossas possibilidades.

> Naturalmente, na pauta das possibilidades justas, ninguém deverá negar amparo ou assistência aos companheiros que acenam de longe com solicitações razoáveis
>
> [...].
>
> A lavoura alheia e as ocorrências futuras, para serem examinadas, exigem sempre grandes qualidades de ponderação.
>
> Além do mais, é imprescindível reconhecer que o problema difícil, ao nosso lado ou a distância de nós, tem a finalidade de enriquecer-nos a experiência própria, habilitando-nos à solução dos mais intrincados enigmas do caminho.
>
> [...]
>
> Atendamos aos imperativos do serviço divino que se localiza em nossa paisagem individual, não por meio de constrangimento, mas pela boa vontade espontânea, fugindo cada vez mais aos nossos interesses particularistas e de ânimo firme e pronto para servir ao bem, tanto quanto nos seja possível.[3]

» *Digo-vos, ainda que se não levante a dar-lhos por ser seu amigo, levantar-se-á, todavia, por causa da sua importunação e lhe dará tudo o que houver mister* (Lc 11:5-8).

A questão da amizade é da maior importância no texto. Estamos ligados aos amigos pelos vínculos da simpatia. Todavia, não podemos desconhecer que eles possuem concepções de vida, conquistas e processos evolutivos próprios, diferentes dos nossos. Se um amigo nos ofende, voluntária ou involuntariamente, não devemos nos conduzir por melindres, pelas suscetibilidades ou mágoas. Nas relações fraternas faz-se necessária a presença da compreensão e da tolerância. Devemos relevar as ofensas, por maiores que sejam.

O dom mais precioso que existe é a amizade. As paixões esfriam. As ilusões de cargos, de posições e de poder se desintegram como em um breve sonho. Da mesma forma, posses, dinheiro e bens desaparecem, assim como surgiram. Tudo é passageiro na existência, menos a amizade. Se bem cultivada, ela se perpetua, amplia e se fortalece ao longo do tempo.

Devemos atender as pessoas por amizade ou solidariedade, jamais para se ver livres delas. Esta é a atitude cristã e espírita.

Diante dessas considerações, podemos então fazer uma nova leitura da parábola: na verdade, o amigo importuno busca auxílio na hora mais propícia, quando surge a necessidade, e, também, por ser o momento em que será possível testar a capacidade de fraternidade de quem apresenta condições para socorrer. Colocada numa situação assim, a pessoa pode vacilar: atender o amigo, apesar do sono, do cansaço, da hora tardia etc., ou desculpar-se e não lhe prestar atendimento?

Trata-se, portanto, de um momento de suma importância na vida de qualquer pessoa. A verdadeira amizade, porém, não considera os sacrifícios, sabe que não deve delegar a outrem o que lhe cabe realizar. Inseridos nessas circunstâncias, ambos — o que apela por socorro e o que pode conceder auxílio —, são entrelaçados numa teia de acontecimentos, aparentemente fortuitos. É o instante em que a amizade passa pelo teste da validade.

Até a hora tardia, assinalada no texto evangélico, tem razão de ser. Meia-noite indica o fim de um ciclo diário e começo de outro. Pode ser aplicado, igualmente, no encadeamento do ciclo evolutivo do ser: de um lado o teste aferidor de uma etapa concluída, do outro o início de novo processo ascensional, caso tenha ocorrido aprovação no teste.

Assim, o amigo bate à porta na hora propícia, quando é possível testificar o nível de aprendizado moral de quem atende.

Os desafios da amizade são muitos e acontecem ao longo da existência. Importante meditar a respeito. Neste sentido, relata-nos o Espírito Hilário Silva que quando Jesus entrou vitorioso em Jerusalém, por ocasião do "domingo de ramos", vibravam no ar ecos de grande êxito, tendo em vista a atmosfera festiva, a alegria reinante, os cânticos, as algazarras e os perfumes no ar. "[...] Não longe, Simão Pedro, que negaria o Senhor. Judas, que o negociaria. Tomé, que o abandonaria. Tiago e João, que dormiriam descuidados, sem lhe perceberem a angústia. E toda uma legião de admiradores que, no dia seguinte, se transformariam em adversários."[7]

>Bartolomeu, feliz, observou a atmosfera festiva e disse, contente:
>— Oh! Mestre, quanta felicidade! Afinal! Afinal a glória, apesar dos perseguidores!
>Notando que Jesus continuava em grave silêncio, o aprendiz perguntou:

— Por que tristeza, Senhor, se estamos triunfando de tantos inimigos?

O Cristo, porém, meneou a cabeça e, fitando a turba próxima, falou sereno:

— Bartolomeu, Bartolomeu, vencer, mesmo tendo inimigos, é sempre fácil, porque os inimigos se colocam à distância, por si mesmos.

E profundamente desencantado:

— A batalha mais árdua é vencer com os amigos.[8]

Referências

1. CALLIGARIS, Rodolfo. *Parábolas evangélicas*. 9. ed. Rio de Janeiro: FEB, 2006. Cap. Parábola do amigo importuno, p. 68.

2. XAVIER, Francisco Cândido. *Pão nosso*. Pelo Espírito Emmanuel. 29. ed. Rio de Janeiro: FEB, 2007. Cap. 17 (Intercessão), p. 45-46.

3. _____._____. Cap. 26 (Trabalhos imediatos), p. 63-64.

4. _____. *Vinha de luz*. Pelo Espírito Emmanuel. 26. ed. Rio de Janeiro: FEB, 2007. Cap. 121 (Amizade e compreensão), p. 255-256.

5. XAVIER, Francisco Cândido; VIEIRA, Waldo. *Estude e viva*. Pelos Espíritos Emmanuel e André Luiz. 12. ed. Rio de Janeiro: FEB, 2006. Cap. Amigos modificados – mensagem de Emmanuel, p. 170-171.

6. _____._____. Cap. Provações de surpresa – mensagem de André Luiz, p. 172.

7. _____. *A vida escreve*. Pelo Espírito Hilário Silva. 10. ed. Rio de Janeiro: FEB, 2006. Cap. 25 (Amigos), p. 105.

8. _____._____. p. 105-106.

Orientações ao monitor

Pedir à turma que faça leitura silenciosa do texto evangélico (LUCAS, 11:5-8). Em seguida, fazer breve exposição dialogada sobre o conteúdo desenvolvido neste Roteiro. Concluída esta fase da reunião, dividir a turma em dois grupos, cabendo-lhes a leitura de um destes textos: "O verbo amar", de autoria de Vinícius, constante no livro *Nas pegadas do mestre*, edição FEB; e "A amizade real", de Neio Lúcio, psicografia de Francisco Candido Xavier, existente no livro *Alvorada cristã*, editado pela FEB. Ouvir os relatos das conclusões do trabalho em grupo, correlacionando-os com o texto evangélico estudado.

EADE – LIVRO III | MÓDULO III

ENSINOS POR PARÁBOLAS

Roteiro 10

O PODER DA FÉ

Objetivos

» Explicar a parábola do poder da fé, à luz da Doutrina Espírita.

Ideias principais

» A parábola analisa duas questões imprescindíveis à melhoria espiritual do ser humano: o valor da fé e o esforço para desenvolvê-la. *A fé necessita de uma base, base que é a inteligência perfeita daquilo que se deva crer. E, para crer, não basta ver: é preciso, sobretudo, compreender.* Allan Kardec: *O evangelho segundo o espiritismo.* Cap. XIX, item 7.

» *Para ser proveitosa, a fé tem de ser ativa: não deve entorpecer-se. Mãe de todas as virtudes que conduzem a Deus, cumpre-lhe velar atentamente pelo desenvolvimento dos filhos que gerou.* Allan Kardec: *O evangelho segundo o espiritismo.* Cap. 19, item 11.

» *A fé inoperante é problema credor da melhor atenção, em todos os tempos, a fim de que os discípulos do Evangelho compreendam, com clareza, que o ideal mais nobre, sem trabalho que o materialize, em benefício de todos, será sempre uma soberba paisagem improdutiva.* Emmanuel: *Fonte viva.* Cap. 39.

Subsídios

1. Texto evangélico

Disseram, então, os apóstolos ao Senhor: Acrescenta-nos a fé. E disse o Senhor: Se tivésseis fé como um grão de mostarda, diríeis a esta amoreira: Desarraiga-te daqui e planta-te no mar, e ela vos obedeceria. E qual de vós terá um servo a lavrar ou a apascentar gado, a quem, voltando ele do campo, diga: Chega-te e assenta-te à mesa? E não lhe diga antes: Prepara-me a ceia, e cinge-te, e serve-me, até que tenha comido e bebido, e depois comerás e beberás tu? Porventura, dá graças ao tal servo, porque fez o que lhe foi mandado? Creio que não. Assim também vós, quando fizerdes tudo o que vos for mandado, dizei: Somos servos inúteis, porque fizemos somente o que devíamos fazer. (LUCAS, 17:5-10.)

Por estes ensinamentos, Jesus esclarece que a fé possui um poder inimaginável, a ponto de "transportar montanhas", como consta no registro de Mateus (Mt 17:20), ainda que pequena como um grão de mostarda. Esclarece, igualmente, que a fé se desenvolve por meio do trabalho incessante no bem. Não é algo que se adquire de uma hora para outra. Exige esforço, dedicação, perseverança.

A pessoa que tem a fé desenvolvida confia em Deus, no seu amor e providência, mas também em si mesma, por conhecer os próprios limites e a própria capacidade de ação. Sabe que a verdadeira fé jamais é confundida com a presunção, mas que esta deve ser conjugada à humildade:

> Aquele que a possui deposita mais confiança em Deus do que em si próprio, por saber que, simples instrumento da vontade divina, nada pode sem Deus. Por essa razão é que os bons Espíritos lhe vêm em auxílio. A presunção é menos fé do que orgulho, e o orgulho é sempre castigado, cedo ou tarde, pela decepção e pelos malogros que lhe são infligidos.[3]

Por outro lado, a fé legítima "[...] dá uma espécie de lucidez que permite se veja, em pensamento, a meta que se quer alcançar e os meios de chegar lá, de sorte que aquele que a possui caminha, por assim dizer, com absoluta confiança".[2]

2. Interpretação do texto evangélico

» *Disseram, então, os apóstolos ao Senhor: Acrescenta-nos a fé. E disse o Senhor: Se tivésseis fé como um grão de mostarda, diríeis a esta amoreira: Desarraiga-te daqui e planta-te no mar, e ela vos obedeceria* (Lc 17:5-6).

O discípulo sincero reconhece, humilde, que perante as provações nem sempre é possível demonstrar a fé que gostaria. Da mesma forma, os apóstolos pedem ao Mestre que lhes conceda a fé, como se esta fosse um bem material que pode ser transferido de uma pessoa para outra, como doação ou herança.

"Ninguém pode, pois, em sã consciência, transferir, de modo integral, a vibração da fé ao Espírito alheio, porque, realmente, isso é tarefa que compete a cada um."[10]

> Diz-se vulgarmente que *a fé não se prescreve*, donde resulta alegar muita gente que não lhe cabe a culpa de não ter fé. Sem dúvida, a fé não se prescreve, *nem*, o que ainda é mais certo, *se impõe*. Não; ela se adquire e ninguém há que esteja impedido de possuí-la, mesmo entre os mais refratários. Falamos das verdades espirituais básicas e não de tal ou qual crença particular. Não é à fé que compete procurá-los; a eles é que cumpre ir-lhe ao encontro e, se a buscarem sinceramente, não deixarão de achá-la.[5]

Na verdade, o processo de aquisição da fé é trabalho cotidiano e persistente. As pessoas de caráter fraco ou que desanimam perante os obstáculos, demoram mais na construção do edifício da fé no íntimo do ser. Muitos iniciam essa aquisição através da religião, outros pelo controle mental, desenvolvido pela meditação e vontade disciplinada.

> Do ponto de vista religioso, a fé consiste na crença em dogmas especiais, que constituem as diferentes religiões. Todas elas têm seus artigos de fé. Sob esse aspecto, pode a fé ser *raciocinada* ou *cega*. Nada examinando, a fé cega aceita, sem verificação, assim o verdadeiro como o falso, e a cada passo se choca com a evidência e a razão. Levada ao excesso, produz o *fanatismo*. Em assentando no erro, cedo ou tarde desmorona; somente a fé que se baseia na verdade garante o futuro, porque nada tem a temer do progresso das luzes, dado que *o que é verdadeiro na obscuridade, também o é à luz meridiana.*[4]

É importante considerar que outras situações podem oferecer oportunidade de despertamento da fé. O seu desenvolvimento, porém, é outra história.

> Curiosidade ou sofrimento oferecem portas à fé, mas não representam o vaso divino destinado à sua manutenção.

Em todos os lugares, observamos pessoas que, em seguida a grandes calamidades da sorte, correm pressurosas aos templos ou aos oráculos novos, manifestando esperança no remédio das palavras.

O fenômeno, entretanto, muitas vezes, é apenas verbal. O que lhes vibra no coração é o capricho insatisfeito ou ferido pelos azorragues de experiências cruéis...

[...]

É imprescindível guardar a fé e a crença em sentimentos puros. Sem isso, o homem oscilará, na intranqüilidade, pela insegurança do mundo Intimo.

[...]

O divino mistério da fé viva é problema de consciência cristalina. Trabalhemos, portanto, por apresentarmos ao Pai a retidão e a pureza dos pensamentos.[11]

Para a Doutrina Espírita "[...] a fé necessita de uma base, base que é a inteligência perfeita daquilo em que se deve crer. [...] *Fé inabalável só o é a que pode encarar de frente a razão, em todas as épocas da Humanidade*".[6]

Por não ignorar que a aquisição da fé é, em muitos casos, obra dos séculos, foi que Jesus optou por exaltar-lhe o poder, em resposta ao pedido que lhe dirigiram os apóstolos. Entretanto, a fé não precisa ser grandiosa, algo fora do comum, basta que seja verdadeira. Ainda que seja do tamanho de um grão de mostarda, uma semente tão pequena, se ela for exercitada, plantada no terreno da vida, ela crescerá e será capaz de trazer grande providência, ou seja, de realizar coisas prodigiosas: deslocando montanhas (Mt 17:20) ou fazendo uma amoreira desenraizar-se e ser transportada até o mar (Lc 17:6).

A árvore da fé viva não cresce no coração, miraculosamente. Qual acontece na vida comum, o Criador dá tudo, mas não prescinde do esforço da criatura.

[...]

A maioria das pessoas admite que a fé constitua milagrosa auréola doada a alguns espíritos privilegiados pelo favor divino.

Isso, contudo, é um equívoco de lamentáveis consequências.

A sublime virtude é construção do mundo interior, em cujo desdobramento cada aprendiz funciona como orientador, engenheiro e operário de si mesmo.[9]

Transportar montanhas e árvores, por ação da fé, são simbolismos usualmente utilizados por Jesus com o intuito de fixar um ensinamento. Não devem, pois, serem considerados literalmente.

[...] As montanhas que a fé desloca são as dificuldades, as resistências, a má vontade, em suma, com que se depara da parte dos homens, ainda quando se trate das melhores coisas. Os preconceitos da rotina, o interesse material, o egoísmo, a cegueira do fanatismo e as paixões orgulhosas são outras tantas montanhas que barram o caminho a quem trabalha pelo progresso da Humanidade. A fé robusta dá a perseverança, a energia e os recursos que fazem se vençam os obstáculos, assim nas pequenas coisas, que nas grandes. Da fé vacilante resultam a incerteza e a hesitação de que se aproveitam os adversários que se têm de combater; essa fé não procura os meios de vencer, porque não acredita que possa vencer.[1]

» *E qual de vós terá um servo a lavrar ou a apascentar gado, a quem, voltando ele do campo, diga: Chega-te e assenta-te à mesa? E não lhe diga antes: Prepara-me a ceia, e cinge-te, e serve-me, até que tenha comido e bebido, e depois comerás e beberás tu? Porventura, dá graças ao tal servo, porque fez o que lhe foi mandado? Creio que não. Assim também vós, quando fizerdes tudo o que vos for mandado, dizei: Somos servos inúteis, porque fizemos somente o que devíamos fazer* (Lc 17:7-10).

A fé estacionária não é produtiva, e se abala às menores contrariedades ou provações. Está claramente representada na alegoria dos "servos inúteis", isto é, dos servidores que nada mais fazem do que a própria obrigação, que agem de forma mecânica ou rotineira. Depois de exaltar o poder da fé, Jesus faz os apóstolos compreenderem "[...] que, para ser fortalecida, a fé tem que se apoiar em atos de benemerência, em devotamento ao próximo, em renúncia pessoal em benefício dos semelhantes".[7]

Os bons obreiros, os servos úteis, sabem que é preciso cultivar a fé. Daí o apóstolo Tiago ter afirmado com convicção: "Mas dirá alguém: Tu tens a fé, e eu tenho as obras; mostra-me a tua fé sem as tuas obras, e eu te mostrarei a minha fé pelas minhas obras." (Tg 2:18)

Em todos os lugares, vemos o obreiro sem fé, espalhando inquietação e desânimo.

[...]

E transita de situação em situação, entre a lamúria e a indisciplina, com largo tempo para sentir-se perseguido e desconsiderado.

Em toda parte, é o trabalhador que não termina o serviço por que se responsabilizou ou o aluno que estuda continuadamente, sem jamais aprender a lição.

Não te concentres na fé sem obras, que constitui embriaguez perigosa da alma, todavia, não te consagres à ação, sem fé no Poder divino e em teu próprio esforço.

O servidor que confia na lei da vida reconhece que todos os patrimônios e glórias do Universo pertencem a Deus. Em vista disso, passa no mundo, sob a luz do entusiasmo e da ação no bem incessante, completando as pequenas e grandes tarefas que lhe competem, sem enamorar-se de si mesmo na vaidade e sem escravizar-se às criações de que terá sido venturoso instrumento.

Revelemos a nossa fé, por meio das nossas obras na felicidade comum e o Senhor conferirá à nossa vida o indefinível acréscimo de amor e sabedoria, de beleza e poder.[8]

Referências

1. KARDEC, Allan. *O evangelho segundo o espiritismo*. Tradução de Guillon Ribeiro. 127. ed. Rio de Janeiro: FEB, 2006. Cap. 19, item 2, p. 340.

2. _____._____. Item 3, p. 340.

3. _____._____. Item 4, p. 341.

4. _____._____. Item 6, p. 341-342.

5. _____._____. Item 7, p. 342.

6. _____._____. Item 7, p. 343.

7. CALLIGARIS, Rodolfo. *Parábolas evangélicas*. 9. ed. Rio de Janeiro: FEB, 2006. Cap. Parábola dos servos inúteis, p. 114.

8. XAVIER, Francisco Cândido. *Fonte viva*. Pelo Espírito Emmanuel. 36. ed. Rio de Janeiro: FEB, 2007. Cap. 26 (Obreiro sem fé), p. 69-70.

9. _____. *Vinha de luz*. Pelo Espírito Emmanuel. 26. ed. Rio de Janeiro: FEB, 2007. Cap. 40 (Fé), p. 99-100.

10. _____._____. p. 100.

11. _____._____. Cap. 131 (Consciência), p. 293-294.

Orientações ao monitor

Projetar o texto evangélico (LUCAS, 17:5-10), objeto do estudo deste Roteiro. Em seguida, analisar em conjunto com a turma, de forma dinâmica e objetiva, a explicação que a Doutrina Espírita dá sobre a importância da fé e de como desenvolver esta virtude. Terminada esta etapa, pedir aos participantes que leiam, silenciosamente, o texto A crente interessada, de autoria do Espírito Humberto de Campos (veja anexo). Após a leitura, promover um debate, correlacionando os assuntos estudados com as ideias desenvolvidas pelo autor do texto.

Anexo

A crente interessada*

Humberto de Campos

Dona Marcela Fonseca vivia os últimos instantes na Terra.

Não obstante a gravidade do seu estado orgânico, a agonizante mantinha singular lucidez e dirigia-se à família, com voz comovedora:

— A confiança em Deus não me abandonará... A celeste misericórdia nunca desatendeu minhas rogativas... O Mestre divino estará comigo na transição dolorosa...

Alguns parentes choravam, em tom discreto, buscando, em vão, reter as lágrimas, no amarguroso adeus.

— Não chorem, meus amigos — consolava-os dona Marcela — o Espírito de minha mãe, que tantas vezes há socorrido minha alma, há de estender-me os braços generosos!... Há mais de trinta dias, sofro neste leito pesado de tormentos físicos. Que representa a morte senão a desejada bênção para mim, que estou ansiosa de liberdade e de novos mundos?!... Se me for permitido, voltarei muito breve a confortá-los. Não esquecerei os companheiros em tarefas porvindouras. Creio que a morte não me oferecerá dilacerações, além da saudade natural, por motivo do afastamento... Sempre guardei minha crença em Deus, não só na qualidade de católica e protestante, como também no que se refere ao Espiritismo, que abracei tomada de sincera confiança... com o mesmo fervor de minha assistência às missas e cultos evangélicos, dei-me às nossas sessões esperando assim que nada me falte nos caminhos do Além... Devemos aguardar as esferas felizes, os mundos de repouso e redenção!...

Os familiares presentes choravam comovidíssimos.

Dona Marcela calou-se. Depois de longos minutos de meditação, pediu fossem recitadas súplicas à Providência divina,

---

* XAVIER, Francisco Cândido. *Reportagens de além-túmulo*. Pelo Espírito Humberto de Campos. 10. ed. Rio de Janeiro: FEB, 2004. Cap. 32, p. 225-231.

acompanhando-as em silêncio. Suor gelado banhava-lhe o corpo emagrecido e, pouco a pouco, perceberam os circunstantes que a agonizante exalava os últimos suspiros.

Qual sucede na maioria dos casos, portas adentro da sociedade comum, a câmara mortuária transformou-se imediatamente em zona de prantos angustiosos, onde os que não choravam se referiam em voz alta às virtudes da morta, e, em surdina, aos seus defeitos.

A desencarnada, contudo, não mais permanecia no ambiente de velhos desentendimentos e reiteradas dissimulações.

Sentira-se bafejada por sono caricioso e leve, após a crise orgânica destruidora. Branda sensação de repouso adormentara-lhe o coração. Sem poder, todavia, explicar quanto durara aquele estado de tranquilidade espiritual, dona Marcela despertou num leito muito limpo, mas extremamente desguarnecido de conforto. A seu lado, uma velhinha carinhosa abraçava-a, chorando de júbilo, a exclamar:

Até que enfim, querida filha! Marcela, minha adorada Marcela, que saudades do teu convívio!...

A filha correspondeu às manifestações afetivas, porém, depois de fixar detidamente a paisagem nova, não disfarçou o desapontamento que lhe dominava o Espírito voluntarioso. Já não era a mesma criatura, que revelava tamanha humildade na agonia corporal. Estava agora sem o influxo das dores. Experimentava plena liberdade para respirar e mover-se. Não mais o suor incômodo, nem a martirizante dispneia a lhe torturarem o organismo. Não mais a agonizante vencida, mas a dona Marcela da estrada comum, atrabiliária, exigente, insatisfeita. Embora o impulso natural de prosseguir beijando a carinhosa mãezinha, não sopitou o orgulho ferido e perguntou:

— Mamãe, explique-me. Por que permanece nesses trajes? Que significa esta choupana sem conforto? Que região de vida é esta, onde a vejo tão fortemente desamparada? Será crível que seja este o seu lugar? Não foi uma crente sincera, no curso das experiências terrestres?

A velhinha, com o olhar sereno de quem não mais teme a verdade, acentuou resignada:

— Estamos no mundo de nossas próprias criações mentais, minha filha. Segundo nossas reminiscências, fui católica fundamente arraigada aos meus velhos princípios; contudo, não podes negar minha antiga preocupação de descansar nos esforços alheios.

Recordas como torturava os servidores de nossa casa? Lembras minha tirania no lar, nos serviços de teu pai, nos atos da igreja? Quando acordei aqui, meus sofrimentos foram ilimitados, pois minhas criações individuais eram péssimas. As feras da inquietação, do remorso e do egoísmo observavam-me de todos os lados. Foi quando, então, roguei a Deus me permitisse destruir os trabalhos imperfeitos, para reconstruir conscientemente de novo. E aqui me tens. Tudo pobre, humilde, desvalioso, mas para mim que já desacertei demasiadamente, ferindo o próximo e desprezando as coisas sagradas, esta choupana paupérrima é a bênção do Pai, no recomeço de santas experiências.

A recém-desencarnada contemplou a escassez dos objetos de serviço, fixou a miserabilidade das peças expostas, arregalou os olhos e exclamou:

— Meu Deus! quantas situações estranhas! Mamãe, sempre a julguei nas esferas felizes!...

Esses planos começam em nós mesmos — retrucou a genitora, com a tranquilidade da experiência vivida.

Recordando as inúmeras manifestações religiosas a que emprestara o concurso de sua presença, a senhora Fonseca redarguiu:

— Não me conformo com a miséria a que a senhora parece andar presentemente habituada. E o meu lugar próprio? Visitei milhares de vezes os templos de fé, no mundo. É impossível que esteja esquecida de nossos guias e benfeitores. Onde estão Bernardino e Conrado, os amorosos diretores espirituais de nossas reuniões? Preciso interpelá--los relativamente à minha situação.

A velhinha bondosa sorriu e informou:

— Ambos prosseguem na abençoada faina de orientar, distribuindo benefícios; mas, as reuniões continuam na esfera do globo e nós nos achamos em círculo diferente. Que seria dos trabalhos terrestres, minha filha, se os servos de Deus abandonassem suas tarefas, apenas porque uma de nós fosse chamada a nova expressão de vida?

Marcela entendeu o profundo alcance daquelas palavras e observou:

— Qualquer outra autoridade espiritual pode servir-me. Necessito receber elucidações diretas, a respeito de minha atual posição.

A velhinha carinhosa fixou na filha o olhar afetuoso e compadecido, explicando-lhe prudentemente:

— Poderei conduzir-te à presença do generoso diretor da nossa comunidade espiritual. Da bondade dele, recebi permissão para buscar-te no mundo. Creio, pois, que a sabedoria de nosso benfeitor será bastante aos esclarecimentos desejáveis.

Com efeito, na primeira oportunidade, foi Marcela conduzida por sua mãe à presença do venerável amigo. Recebeu-as o sábio, com espontâneo carinho, o que a Srª. Fonseca interpretou como subalternidade, sentindo-se livre de manifestar as mais acerbas reclamações, a lhe explodirem da alma revoltada. Após minuciosa e irritante exposição, concluía lamentando:

— Como sabeis, minha crença foi invariável e sincera: Na igreja católica, no templo evangélico, como no grupo espiritual, fui assídua nas manifestações de fé e nunca alvitrei a devoção. Não me conformo, portanto, com este abandono a que me sinto votada.

O orientador solícito, que ouvira pacientemente a relação verbal da interlocutora, acentuou a essa altura:

— Não se encontra, porém, desamparada. Autorizei sua mãe a buscá-la nas zonas inferiores, com o máximo de carinho.

— Mas a própria situação de minha genitora, a meu ver, merece reparos especiais — clamou a Sra. Fonseca, intempestivamente.

Sorriu o bondoso mentor ao verificar-lhe o nervosismo e explicou em seguida:

— Já sei. Sente-se ferida no amor à personalidade. Entretanto, talvez esteja enganada.

E, chamando um auxiliar, recomendou:

— Traga as anotações de Marcela Fonseca.

Daí a instantes, o portador reaparecia, sobraçando um livro de proporções enormes. Curiosa e inquieta, a visitante leu o título: — *"Pensamentos, palavras e obras de Marcela Fonseca"*.

Quem escreveu esse volume? — perguntou aterrada.

— Não sabe que este livro é de sua autoria? — perguntou o mentor tranquilamente — é um trabalho de substância mental, que sua alma grafou, em cada dia e cada noite da existência terrena, pensando, falando e agindo.

A interessada não sabia disfarçar a surpresa; mas o orientador, abrindo as páginas, acrescentou:

— Não posso ler todo o livro em sua companhia. Vejamos, porém, o resumo de suas atividades religiosas. Fixando a mão em determinada folha, o sábio esclareceu:

— Conforme se vê, assistiu no mundo a 6.705 missas, a 2.500 cerimônias do culto protestante e a 7.012 sessões espiritistas. No entanto, é curioso notar que seu coração nunca foi a esses lugares para agradecer a Deus ou desenvolver serviços de iluminação interior, ou fora do seu círculo individual. Seu único objetivo foi sempre pedir ou reiterar solicitações, esquecendo que o Pai colocara inúmeras possibilidades e tesouros no seu caminho. Recitando fórmulas, cantando hinos ou concentrando-se na meditação, somente houve um propósito em sua fé — o pedido. Mudou rotulagens, mas não transformou seu íntimo.

Ante o assombro de Marcela, o sábio continuava, delicado:

— É justo pedir; entretanto, é preciso igualmente saber receber as dádivas e distribuí-las. A própria Natureza oferece as mais profundas lições neste sentido. Deus dá sempre. A fonte recebe as águas e espalha os regatos cristalinos. A árvore alcança o benefício da seiva e produz flores e frutos. O mar detém a corrente dos rios e faz a nuvem que fecunda a terra. As montanhas guardam as rochas e estabelecem a segurança dos vales. Somente os homens costumam receber sem dar coisa alguma.

Mas... — concluiu o sábio orientador — não disponho de tempo para prosseguir na leitura. Finda esta, restituirá o volume aos arquivos da casa.

A Sra. Fonseca iniciou o serviço de recapitulação das próprias reminiscências e só terminou daí a cinco meses.

Extremamente desapontada, restituiu o livro enorme e, após encorajadora advertência do magnânimo diretor espiritual, explicou-se humilhada:

— Sempre fui sincera em minha crença.

— Sim, minha filha, mas a crença fiel deve ser lição viva do espírito de serviço. Sua convicção é incontestável. Sua ficha, contudo, é a dos crentes interessados.

Com enorme tristeza a lhe transparecer dos olhos, a recém-desencarnada começou a chorar. O dedicado mentor abraçou-a e disse paternalmente:

— Renove suas esperanças. Seu pesar não é único. Existem coletividades numerosas nas suas condições. Além disso, há fichas muito piores que a sua, em matéria de fé religiosa, como, por exemplo, as dos simoníacos, mentirosos e investigadores sem consciência. Anime-se e continue confiando em Deus.

Reconhecendo a própria indigência, Marcela recebeu o acolhimento pobre de sua mãe, como verdadeira bênção celestial.

Todavia, a nota mais interessante foi a sua primeira visita ao círculo dos irmãos encarnados. Em plena sessão, contou a experiência comovedora e relacionou as surpresas que lhe haviam aguardado o coração no plano espiritual. Sua história era palpitante de realidade, mas todos os presentes lembraram a velha dona Marcela Fonseca e concordaram, entre si, que a manifestação era de um Espírito mistificador.

EADE LIVRO III | MÓDULO IV

APRENDENDO COM AS CURAS

APRENDENDO COM AS CURAS

Roteiro 1

A CURA DA MULHER QUE SANGRAVA

Objetivos

- » Explicar como se realizou a cura da mulher com hemorragia.
- » Analisar as finalidades da curas operadas por Jesus.

Ideias principais

- » As curas operadas por Jesus testemunham a grandiosidade do seu Espírito.
  [...] Queria Ele provar dessa forma que o verdadeiro poder é o daquele que faz o bem; que o seu objetivo era ser útil e não satisfazer à curiosidade dos indiferentes, por meio de coisas extraordinárias. Allan Kardec: *A gênese.* Cap. XV, item 27.
- » Na mulher que sangrava [...] *É de notar-se que o efeito não foi provocado por nenhum ato da vontade de Jesus; não houve magnetização, nem imposição das mãos. Bastou a irradiação fluídica normal para realizar a cura.* Allan Kardec: *A gênese.* Cap. XV, item 11.

Subsídios

1. Texto evangélico

E certa mulher, que havia doze anos tinha um fluxo de sangue, e que havia padecido muito com muitos médicos, e despendido tudo quanto tinha, nada lhe aproveitando isso, antes indo a pior, ouvindo falar de Jesus, veio por detrás, entre a multidão, e tocou na sua vestimenta. Porque dizia: Se tão somente tocar nas suas vestes, sararei. E logo se lhe secou a fonte do seu sangue, e sentiu no seu corpo estar já curada daquele mal. E logo Jesus, conhecendo que a virtude de si mesmo saíra, voltou-se para a multidão e disse: Quem tocou nas minhas vestes? E disseram-lhe os seus discípulos: Vês que a multidão te aperta, e dizes: Quem me tocou? E ele olhava em redor, para ver a que isso fizera. Então, a mulher, que sabia o que lhe tinha acontecido, temendo e tremendo, aproximou-se, e prostrou-se diante dele, e disse-lhe toda a verdade. E ele lhe disse: Filha, a tua fé te salvou; vai em paz e sê curada deste teu mal. (MARCOS, 5:25-34.)

O texto evangélico destaca a cura de uma enfermidade crônica que acometia a mulher durante doze anos. Uma doença debilitante, cuja cura partiu da iniciativa da própria enferma quando viu Jesus caminhar no meio da multidão. Movida de poderosa fé acreditou que, bastasse tocar a túnica do Mestre que ela se veria livre do mal que a atingia, como de fato, assim aconteceu.

> De todos os fatos que dão testemunho do poder de Jesus, os mais numerosos são, não há contestar, as curas. Queria Ele provar dessa forma que o verdadeiro poder é o daquele que faz o bem; que o seu objetivo era ser útil e não satisfazer à curiosidade dos indiferentes, por meio de coisas extraordinárias. Aliviando os sofrimentos, prendia a si as criaturas pelo coração e fazia prosélitos mais numerosos e sinceros, do que se apenas os maravilhasse com espetáculos para os olhos. Daquele modo, fazia-se amado, ao passo que se se limitasse a produzir surpreendentes fatos materiais, conforme os fariseus reclamavam, a maioria das pessoas não teria visto nele senão um feiticeiro, ou um mágico hábil, que *os desocupados iriam apreciar para se distraírem*.[4]

O Espiritismo explica de que forma o poder da fé pode produzir curas de doenças, geralmente classificadas como "milagrosas" por se desconhecer as leis que regem o fenômeno.

> O poder da fé se demonstra, de modo direto e especial, na ação magnética; por seu intermédio, o homem atua sobre o fluido, agente universal, modifica-lhe as qualidades e lhe dá uma impulsão por assim dizer irresistível. Daí decorre que aquele que a um grande poder fluídico normal junta ardente fé, pode, só pela força da sua vontade dirigida para o bem, operar esses singulares fenômenos de cura e outros, tidos

antigamente por prodígios, mas que não passam de efeito de uma lei natural. Tal o motivo por que Jesus disse a seus apóstolos: se não o curastes, foi porque não tínheis fé.[1]

2. Interpretação do texto evangélico

» *E certa mulher, que havia doze anos tinha um fluxo de sangue, e que havia padecido muito com muitos médicos, e despendido tudo quanto tinha, nada lhe aproveitando isso, antes indo a pior, ouvindo falar de Jesus, veio por detrás, entre a multidão, e tocou na sua vestimenta. Porque dizia: Se tão somente tocar nas suas vestes, sararei. E logo se lhe secou a fonte do seu sangue, e sentiu no seu corpo estar já curada daquele mal. E logo Jesus, conhecendo que a virtude de si mesmo saíra, voltou-se para a multidão e disse: Quem tocou nas minhas vestes?* (Mc 5:25-30).

Estas palavras: *conhecendo em si mesmo a virtude que dele saíra*, são significativas. Exprimem o movimento fluídico que se operara de Jesus para a doente; ambos experimentaram a ação que acabara de produzir-se. É de notar-se que o efeito não foi provocado por nenhum ato da vontade de Jesus; não houve magnetização, nem imposição das mãos. Bastou a irradiação fluídica normal para realizar a cura.[3]

Nunca é demais destacar o poder da fé, sobretudo nos mecanismos de cura de doenças. Há no Evangelho e na literatura espírita inúmeros relatos sobre os prodígios da fé. Em mensagem existente no Evangelho segundo o Espiritismo, recomenda José, Espírito protetor: "Crede e esperai sem desfalecimento: os milagres são obras da fé."[2]

Razão, pois, tinha Jesus para dizer: Tua fé te salvou. Compreende-se que a fé a que Ele se referia não é uma virtude mística, qual a entendem muitas pessoas, mas uma verdadeira força atrativa, de sorte que aquele que não a possui opõe à corrente fluídica uma força repulsiva, ou, pelo menos, uma força de inércia, que paralisa a ação. Assim sendo, também, se compreende que, apresentando-se ao curador dois doentes da mesma enfermidade, possa um ser curado e outro não. [3]

Não podemos desconhecer, todavia, que toda enfermidade tem raízes nas ações do Espírito. Possivelmente, a hemorragia citada no texto evangélico, estava associada a um processo de vampirização. Não se pode marginalizar o fato de que a situação tangia outros ângulos terapêuticos que, efetivamente, fugiam à ação dos médicos. Apesar do processo hemorrágico caracterizar um problema físico, havia uma ascendência de ordem espiritual.

> A doença sempre constitui fantasma temível no campo humano, qual se a carne fosse tocada de maldição; entretanto, podemos afiançar que o número de enfermidades, essencialmente orgânicas, sem interferências psíquicas, é positivamente diminuto. A maioria das moléstias procede da alma, das profundezas do ser. [...] Quantas enfermidades pomposamente batizadas pela ciência médica não passam de estados vibratórios da mente em desequilíbrio? Qualquer desarmonia interior atacará naturalmente o organismo em sua zona vulnerável. Um experimentar-lhe-á os efeitos no fígado, outro, nos rins e, ainda outro, no próprio sangue. Em tese, todas as manifestações mórbidas se reduzem a desequilíbrio, desequilíbrio esse cuja causa repousa no mundo mental. [...] A cura jamais chegará sem o reajustamento íntimo necessário, e quem deseje melhoras positivas, na senda de elevação, aplique o conselho de Tiago ["Confessai as vossas culpas uns aos outros e orai uns pelos outros para que sareis." TIAGO, 5:16]; nele, possuímos remédio salutar para que saremos na qualidade de enfermos encarnados ou desencarnados.[8]

O importante não é apenas a restauração da saúde do paciente, em termos físicos, o que muitos podem operar pelo magnetismo. O segredo das curas, conduzidas por Jesus, era o fim a que visavam: reestruturação moral da alma, fortificando-a e preparando-a para os embates da edificação espiritual, agora sob novas bases, com a estrutura orgânica sadia.

> Uma das maiores preocupações do Cristo foi alijar os fantasmas do medo das estradas dos discípulos. A aquisição da fé não constitui fenômeno comum nas sendas da vida. Traduz confiança plena. [...] Não temamos, pois, o que possamos vir a sofrer. Deus é o Pai magnânimo e justo. Um pai não distribui padecimentos. Dá corrigendas e toda corrigenda aperfeiçoa.[5]

Sendo assim, é imperioso assimilarmos as bênçãos recebidas do Cristo, esforçando para nos trasformar em pessoas de bem. "Não basta fazer do Cristo Jesus o benfeitor que cura e protege. É indispensável transformá-lo em padrão permanente da vida, por exemplo e modelo de cada dia."[7]

A cura da mulher com fluxo sanguíneo foi catalogada, por algumas interpretações cristãs, como milagrosa. No entanto, pelos ensinos espiritistas sabemos que nada mais houve do que uma emanação de fluidos terapêuticos de Jesus, com a consequente apropriação por parte daquela paciente.

> Mas, por que essa irradiação se dirigiu para aquela mulher e não para outras pessoas, uma vez que Jesus não pensava nela e tinha a cercá-lo a multidão? É bem simples a razão. Considerado como matéria terapêutica, o fluido tem que atingir a matéria orgânica, a fim de repará-la; pode então ser dirigido sobre o mal pela vontade do curador, ou atraído pelo desejo ardente, pela confiança, numa palavra: pela fé do doente. Com relação à corrente fluídica, o primeiro age como uma bomba calcante e o segundo como uma bomba aspirante. Algumas vezes, é necessária a simultaneidade das duas ações; doutras, basta uma só. O segundo caso foi o que ocorreu na circunstância de que tratamos.[3]

» *E logo Jesus, conhecendo que a virtude de si mesmo saíra, voltou-se para a multidão e disse: Quem tocou nas minhas vestes? E disseram-lhe os seus discípulos: Vês que a multidão te aperta, e dizes: Quem me tocou? E ele olhava em redor, para ver a que isso fizera. Então, a mulher, que sabia o que lhe tinha acontecido, temendo e tremendo, aproximou-se, e prostrou-se diante dele, e disse-lhe toda a verdade. E ele lhe disse: Filha, a tua fé te salvou; vai em paz e sê curada deste teu mal* (Mc 5:30-34).

Consideremos o seguinte trecho: "E disse Jesus: Quem tocou nas minhas vestes? E disseram-lhe os seus discípulos: Vês que a multidão te aperta, e dizes: Quem me tocou? E Ele olhava em redor, para ver a que isso fizera." Sabia Jesus que dele irradiara-se uma virtude. De igual modo, assim também acontece no movimento de auxílio ao próximo. São processos universais definidos pela Lei divina: os valores sublimados que circulam pelo Universo, na forma de bênçãos, são sempre recolhidos por alguém, em algum lugar e em momento específico.

Depois de Jesus localizar a mulher que fora beneficiada pela sua poderosa irradiação magnética, e ouvir a sua história, acrescenta, complementando o auxílio prestado: "Filha, a tua fé te salvou; vai em paz e sê curada deste teu mal." Emmanuel esclarece, com propriedade, a respeito desse procedimento de Jesus:

> É importante observar que o divino Mestre, após o benefício dispensado, sempre se reporta ao prodígio da fé, patrimônio sublime daqueles que o procuram. Diversas vezes, ouvimo-lo na expressiva afirmação: — "A tua fé te salvou." Doentes do corpo e da alma, depois do alívio

ou da cura, escutam a frase generosa. É que a vontade e a confiança do homem são poderosos fatores no desenvolvimento e iluminação da vida. O navegante sem rumo e que em nada confia, somente poderá atingir algum porto em virtude do jogo das forças sobre as quais se equilibra, desconhecendo, porém, de maneira absoluta, o que lhe possa ocorrer. O enfermo, descrente da ação de todos os remédios, é o primeiro a trabalhar contra a própria segurança. O homem que se mostra desalentado em todas as coisas, não deverá aguardar a cooperação útil de coisa alguma. As almas vazias embalde reclamam o quinhão de felicidade que o mundo lhes deve. As negações, em que perambulam, transformam-nas, perante a vida, em zonas de amortecimento, quais isoladores em eletricidade. Passa corrente vitalizante, mas permanecem insensíveis. Nos empreendimentos e necessidades de teu caminho, não te isoles nas posições negativas. Jesus pode tudo, teus amigos verdadeiros farão o possível por ti; contudo, nem o Mestre e nem os companheiros realizarão em sentido integral a felicidade que ambicionas, sem o concurso de tua fé, porque também tu és filho do mesmo Deus, com as mesmas possibilidades de elevação.[6]

A cura dos males espirituais traduz-se como grande desafio para todos nós. Ainda que abençoados pela cura de enfermidades que atingem a organização física, poderão ocorrer recidivas, se não existir ajustamento espiritual aos ditames das leis divinas que regem a vida.

No que se refere aos poderes curativos, temo-los em Jesus nas mais altas afirmações de grandeza. Cercam-no doentes de variada expressão. Paralíticos estendem-lhe membros mirrados, obtendo socorro. Cegos recuperam a visão. Ulcerados mostram-se limpos. Alienados mentais, notadamente obsidiados diversos, recobram equilíbrio. É importante considerar, porém, que o grande benfeitor a todos convida para a valorização das próprias energias. Reajustando as células enfermas da mulher hemorroíssa, diz-lhe, convincente: — "Filha, tem bom ânimo! A tua fé te curou." [...] Não salienta a confiança por simples ingredien-te de natureza mística, mas sim por recurso de ajustamento dos princípios mentais, na direção da cura. E encarecendo o imperativo do pensamento reto para a harmonia do binômio mente-corpo, por várias vezes o vemos impelir os sofredores aliviados à vida nobre, como no caso do paralítico de Betsaida, que, devidamente refeito, ao reencontrá-lo no templo, dele ouviu a advertência inesquecível: —"Eis que já estás são. Não peques mais, para que te não suceda coisa pior." [JOÃO, 5:14][9]

Referências

1. KARDEC, Allan. *O evangelho segundo o espiritismo*. Tradução de Guillon Ribeiro. 127. ed. Rio de Janeiro: FEB, 2006. Cap. 19, item 5, p. 341.

2. _____._____. Item 11, p. 347.

3. _____. *A gênese*.Tradução de Guillon Ribeiro. 52. ed. Rio de Janeiro: FEB, 2007. Cap. 15, item 11, p. 361-362.

4. _____._____. Item 27, p. 372-373.

5. XAVIER, Francisco Cândido. *Caminho, verdade e vida*. Pelo Espírito Emmanuel. 28. ed. Rio de Janeiro: FEB, 2007. Cap. 26 (Padecer), p. 67-68.

6. _____ *Pão nosso*. Pelo Espírito Emmanuel. 29. ed. Rio de Janeiro: FEB, 2007. Cap. 113 (Tua fé), p. 241-242.

7. _____. *Vinha de luz*. Pelo Espírito Emmanuel. 26. ed. Rio de Janeiro: FEB, 2007. Cap. 100 (Que fazemos do mestre?), p. 227.

8. _____._____. Cap. 157 (O remédio salutar), p. 351-352.

9. XAVIER, Francisco Cândido; VIEIRA, Waldo. *Mecanismos da mediunidade*. Pelo Espírito André Luiz. 26. ed. Rio de Janeiro: FEB, 2006. Cap. 26 (Jesus e mediunidade), item: Mediunidade curativa, p. 204-205.

Orientações ao monitor

Organizar os participantes em pequenos grupos para o estudo das ideias desenvolvidas neste Roteiro. Após ouvir os relatos dos grupos, realizar um roteiro direcionado para a cura espiritual, em conjunto com a turma. Ao final, projetar as orientações do Espírito André Luiz sobre o assunto (veja anexo), comparando-as com o roteiro realizado.

Anexo

Cura espiritual*

André Luiz

Comece orando.
A prece é luz na sombra em que a doença se instala.

Semeie alegria.
A esperança é medicamento no coração.

Fuja da impaciência.
Toda irritação é desastre magnético de consequências imprevisíveis.

Guarde confiança.
A dúvida deita raios de morte.

Não critique.
A censura é choque nos agentes da afinidade.

Conserve brandura.
A palavra agressiva prende o trabalho na estaca zero.

Não se escandalize.
O corpo de quem sofre é objeto sagrado.

Ajude espontaneamente para o bem.
Simpatia é cooperação.

Não cultive desafetos.
Aversão é calamidade vibratória.

Interprete o doente qual se fosse você mesmo.
Toda cura espiritual lança raízes sobre a força do amor.

---

* XAVIER, Francisco Cândido; VIEIRA, Waldo. *O espírito da verdade*. Por diversos Espíritos. 16. ed. Rio de Janeiro: FEB, 2006. Cap. 53, p. 129-130.

EADE – LIVRO III | MÓDULO IV

APRENDENDO COM AS CURAS

Roteiro 2

RESSURREIÇÃO DA FILHA DE JAIRO

Objetivos

» Explicar o significado espírita de ressurreição.

» Analisar a ressurreição da filha de Jairo, à luz do Espiritismo.

Ideias principais

» *[...] Racionalmente, pois, não se pode admitir a ressurreição da carne, senão como uma figura simbólica do fenômeno da reencarnação.[...]* Allan Kardec: *O livro dos espíritos*. Comentário das q. 1010 e 1011.

» A filha de Jairo não estava, efetivamente, desencarnada, pois Jesus não permitiu que os laços perispirituais se rompessem, por efeito da sua vontade e do seu magnetismo superiores. Considerando o [...] poder fluídico que Ele *possuía, nada de espantoso há em que esse fluido vivificante, acionado por uma vontade forte, haja reanimado os sentidos em torpor; que haja mesmo feito voltar ao corpo o Espírito, prestes a abandoná-lo, uma vez que o laço perispirítico ainda não se rompera definitivamente.[...]* Allan Kardec: *A gênese*. Cap. XV, item 39.

Subsídios

1. Texto evangélico

E eis que chegou um dos principais da sinagoga, por nome Jairo, e, vendo-o, prostrou-se aos seus pés e rogava-lhe muito, dizendo: Minha filha está moribunda; rogo-te que venhas e lhe imponhas as mãos para que sare e viva. E foi com ele, e seguia-o uma grande multidão, que o apertava. [...] Estando ele ainda falando, chegaram alguns do principal da sinagoga, a quem disseram: A tua filha está morta; para que enfadas mais o Mestre? E Jesus, tendo ouvido essas palavras, disse ao principal da sinagoga: Não temas, crê somente. E não permitiu que alguém o seguisse, a não ser Pedro, e Tiago, e João, irmão de Tiago. E, tendo chegado à casa do principal da sinagoga, viu o alvoroço e os que choravam muito e pranteavam. E, entrando, disse-lhes: Por que vos alvoroçais e chorais? A menina não está morta, mas dorme. E riam-se dele; porém ele, tendo-os feito sair, tomou consigo o pai e a mãe da menina e os que com ele estavam e entrou onde a menina estava deitada. E, tomando a mão da menina, disse-lhe: Talitá cumi, que, traduzido, é: Menina, a ti te digo: levanta-te. E logo a menina se levantou e andava, pois já tinha doze anos; e assombraram-se com grande espanto. (MARCOS, 5:22-24; 35-42.)

A história relatada no texto evangélico ilustra exemplos de ressurreição citados no Evangelho, como por exemplo, a de Lázaro (JOÃO, 11:30-44) e a do filho da viúva de Naim (LUCAS, 7:11-17). A palavra "ressurreição" significava, naquela época, reencarnação ou retorno do Espírito ao corpo físico sem que tivesse morrido.

> A reencarnação fazia parte dos dogmas dos judeus, sob o nome de *ressurreição*. [...] As ideias dos judeus sobre esse ponto, como sobre muitos outros, não eram claramente definidas, porque apenas tinham vagas e incompletas noções acerca da alma e da sua ligação com o corpo. Criam eles que um homem que vivera podia reviver, sem saberem precisamente de que maneira o fato poderia dar-se. Designavam pelo termo *ressurreição* o que o Espiritismo, mais judiciosamente, chama *reencarnação*. Com efeito, a *ressurreição* dá ideia de voltar à vida o corpo que já está morto, o que a Ciência demonstra ser materialmente impossível, sobretudo quando os elementos desse corpo já se acham desde muito tempo dispersos e absorvidos. A *reencarnação* é a volta da

alma ou Espírito à vida corpórea, mas em outro corpo especialmente formado para ele e que nada tem de comum com o antigo.[1]

O registro de Marcos não se refere, obviamente, à reencarnação. A filha de Jairo estava reencarnada há doze anos, mas por um motivo, não indicado no texto, entrou num estado de morte aparente. Por desconhecer esse estado, lamentáveis equívocos de sepultar pessoas ainda vivas aconteceram no passado. Em consequência, ao fazer a exumação, encontrava-se o cadáver em posição diferente da que foi sepultado. Felizmente, tal fato é raro nos dias atuais, considerando os progressos médicos de comprovação da morte.

A "ressurreição" da filha de Jairo pode ser catalogada como *fenômeno de quase-morte*, estado comatoso ou de catalepsia.

> A chamada experiência de quase morte é o estado de morte clínica experimentado durante alguns momentos, após os quais a pessoa retorna à vida do corpo físico. Os relatos do que se passou, feitos aos médicos e enfermeiras, por indivíduos de várias culturas e credos, coincidem com o que diz o Espiritismo e demais religiões reencarnacionistas.[3]

Tais pessoas relatam a ocorrência de acontecimentos semelhantes, vividos nos breves instantes entre uma parada cardíaca mais prolongada e a ressuscitação corporal, subsequente. Entre essas ocorrências, afirmam encontrar, após a travessia de um túnel ou de outras passagens, seres de luz que as acolhem carinhosamente. É frequente a recepção pelos parentes e amigos falecidos.[4]

No coma ocorre um estado de inconsciência, similar ao sono profundo, do qual não se consegue despertar o indivíduo. Infecções, traumatismos, distúrbios metabólicos são alguns exemplos de agentes indutores do coma.[5]

A catalepsia é uma condição na qual o doente entra numa espécie de transe. Não consegue reagir ou fornecer respostas aos estímulos externos, mas as conversas são ouvidas. A catalepsia pode ser induzida por substancias psicoativas ou por grave distúrbio psíquico.[6]

Por outro lado, a ressurreição pode ser compreendida como o símbolo de renovação espiritual, como esclarece Emmanuel:

> Ressurreição é ressurgimento. E o sentido de renovação não se compadece com a teoria das penas eternas. Nas sentenças sumárias e definitivas não há recurso salvador. Através da referência do Mestre,

contudo, observamos que a Providência divina é muito mais rica e magnânima que parece. Haverá ressurreição para todos, apenas com a diferença de que os bons tê-la-ão em vida nova e os maus em nova condenação, decorrente da criação reprovável deles mesmos.[12]

2. Interpretação do texto evangélico

» *E eis que chegou um dos principais da sinagoga, por nome Jairo, e, vendo-o, prostrou-se aos seus pés e rogava-lhe muito, dizendo: Minha filha está moribunda; rogo-te que venhas e lhe imponhas as mãos para que sare e viva. E foi com ele, e seguia-o uma grande multidão, que o apertava* (Mc 5:22-24).

O fato de um dos dirigentes da Sinagoga ter procurado Jesus para "ressuscitar" a sua filha não deve surpreender, uma vez que, ainda que os judeus não aceitassem os ensinamentos cristãos, se curvavam à superioridade moral e espiritual de Jesus. Dessa forma, o Mestre estava sempre rodeado de uma "grande multidão, que o apertava".

Outro ponto que chama atenção é que Jairo não via a filha como morta, mas como moribunda, daí a atitude humilde de prostrar-se aos pés de Jesus e suplicar-lhe auxílio, pedindo-lhe para impor as mãos sobre a filha e fazê-la retornar à vida.

A menina, realmente, não estava desencarnada, como se constatou mais tarde. Entretanto, as ligações perispirituais com o corpo físico deveriam estar muito enfraquecidas.

> Em certos estados patológicos, quando o Espírito há deixado o corpo e o perispírito só por alguns pontos se lhe acha aderido, apresenta ele, o corpo, todas as aparências da morte e enuncia-se uma verdade absoluta, dizendo que a vida aí está por um fio. Semelhante estado pode durar mais ou menos tempo; podem mesmo algumas partes do corpo entrar em decomposição, sem que, no entanto, a vida se ache definitivamente extinta. Enquanto não se haja rompido o último fio, pode o Espírito, quer por uma ação enérgica, da sua própria vontade, quer por *um influxo fluídico estranho*, igualmente forte, ser chamado a volver ao corpo. É como se explicam certos fatos de prolongamento da vida contra todas as probabilidades e algumas supostas ressurreições.[2]

Jairo devia desconhecer o mal que atingiu a filha, entretanto, sabia que o magnetismo poderoso do Cristo, associado ao imenso amor do Mestre, era a única forma de beneficiar a enferma querida. "Jesus impunha as mãos nos enfermos e transmitia-lhes os bens da saúde. Seu amoroso poder conhecia os menores desequilíbrios da Natureza e os recursos para restaurar a harmonia indispensável." [9]

» *Estando ele ainda falando, chegaram alguns do principal da sinagoga, a quem disseram: A tua filha está morta; para que enfadas mais o Mestre? E Jesus, tendo ouvido essas palavras, disse ao principal da sinagoga: Não temas, crê somente* (Mc 5:35-36).

Situação semelhante ainda se repete nos dias atuais: diante da aflição do próximo sempre há indivíduos que fazem julgamentos precipitados, que emitem opiniões taxativas, como se conhecessem todos detalhes do problema. São criaturas que dificultam, ou até impedem, o acesso do sofredor à fonte de auxílio. Nem sempre o fazem de forma deliberada, ou com espírito de maldade, mas por força do hábito. Todavia, trata-se de um comportamento antifraterno, antisolidário, que merece ser revisto, combatido mesmo porque, independentemente da situação, não se justifica abafar a esperança de alguém, ainda que a situação se revele desesperadora ou sem solução.

> Não te faças portador das mensagens de pessimismo. A Terra já possui legiões enormes para a força do mal. Sê a palavra que reconforte e auxilie. Ainda que te encontres diante daqueles que se mostram nas vascas da agonia, fala em esperança e não lhes vaticines o mergulho na morte, porque Deus é também misericórdia e a misericórdia de Deus poderá desmentir-te. Lázaro, enfaixado no túmulo, era alguém com atestado de óbito indiscutível, mas Jesus chamou-o a mais amplo aproveitamento das horas, e Lázaro reviveu.[13]

Devemos seguir o exemplo de Jesus perante o pai aflito que lhe buscava o concurso fraterno: "E Jesus, tendo ouvido essas palavras, disse ao principal da sinagoga: Não temas, crê somente." Esta é a segurança que o Mestre nos concede: com Ele, não há motivo para temores. Afinal, Ele é o Cristo, o amigo maior, orientador supremo e guia seguro.

Ao pronunciar as palavras "não temas" é como se Ele pedisse para não colocar obstáculos à manifestação da misericórdia celestial. "Crê somente", expressão pronunciada em seguida, indica a necessidade de o solicitante elevar o padrão de vibração mental, favorecido pela firme confiança ou fé.

» *E não permitiu que alguém o seguisse, a não ser Pedro, e Tiago, e João, irmão de Tiago. E, tendo chegado* à *casa do principal da sinagoga, viu*

> *o alvoroço e os que choravam muito e pranteavam. E, entrando, disse-lhes: Por que vos alvoroçais e chorais? A menina não está morta, mas dorme. E riam-se dele; porém ele, tendo-os feito sair, tomou consigo o pai e a mãe da menina e os que com ele estavam e entrou onde a menina estava deitada. E, tomando a mão da menina, disse-lhe: Talitá cumi, que, traduzido, é: Menina, a ti te digo: levanta-te. E logo a menina se levantou e andava, pois já tinha doze anos; e assombraram-se com grande espanto* (Mc 5:37-42).

> O Mestre, não há dúvida, [...] ressuscitou a filha de Jairo porque, se não chegasse a tempo, ela iria para a sepultura imediatamente e então morreria. [...] Mas como se deu a cura? Não é difícil explicar pelo Espiritismo. A morte é separação da alma do corpo, devido a deficiência do fluido vital. Assim, nos casos de síncope e catalepsia, há desequilíbrio do fluido vital. Jesus, conhecedor das leis dos fluidos e da natureza humana, pelo seu amplo poder magnético, preencheu a deficiência do fluido na menina, deficiência que proibia o Espírito de agir naturalmente sobre o corpo; equilibrando esse fluido por todo o organismo, restituiu a saúde à paciente; ela pôde tomar posse do seu corpo.[7]

Não podemos ignorar o ensinamento moral dessa cura. Jesus acalma e estimula fé nos aflitos. Não se aborrece com os incrédulos, ou pessimistas, quando estes zombam ao ouvi-lo afirmar que a garota não estava morta, mas que dormia. Afasta os presentes que alimentavam o clima desarmônico de alvoroço e de desgaste emocional pelo excesso de pranto. Junto com três apóstolos e os pais da enferma, adentra ao local onde a menina estava deitada e realiza a cura.

Trata-se de uma situação que merece maiores reflexões. O gesto de solidariedade é sempre bem-vindo. As lágrimas são, muitas vezes, manifestações de afeto ou de sentimento. Uma cartase natural. Entretanto, é preciso saber administrar as emoções para que estas não se transformem em processos de desequilíbrio. No momento da provação é importante buscar o conforto na oração, apoiar-se no amor de Jesus e do Pai celestial, a fim de que a dor não resulte em lamentações e queixas, sempre improdutivas e perturbadoras. É fundamental acreditar no supremo Bem.

> Jesus ressuscitando Lázaro, a filha de Jairo e o filho da viúva de Naim, teve em mira promover ressurreições de almas. Operava milagres como meio de atingir um fim: ressuscitar Espíritos mortos, sepultados em túmulos de carne. Tal é o que de fato o interessava.[8]

"Ressuscitar Espíritos mortos, sepultados em túmulos de carne", significa dizer que há muita gente doente perambulando pelo mundo. Em geral, não padecem de males físicos, mas enfermidades morais. De sorte que as curas realizadas por Jesus visavam, também, a cura espiritual, causa das enfermidades físicas.

Novos elementos emergem na continuidade do texto: "Mas Ele, pegando-lhe na mão, clamou, dizendo: Levanta-te, menina, e o seu Espírito voltou, e ela logo se levantou e andou". E todos ficaram maravilhados. Tais fatos evidenciam atitudes que envolvem, não apenas interesse do Mestre em operar no bem, mas, ainda, aspectos de consideração, de envolvimento afetivo e de respeito. A atitude de Jesus: "pegando-lhe na mão" indica muito mais que força e providência terapêuticas. Define aproximação e segurança à paciente. Tal gesto, o de "segurar a mão", não se restringe a mero contato físico, mas uma forma de garantir envolvimento, proteção, apoio.

Em seguida, vemos o comando de Jesus associado à sua autoridade, atitudes que lhe atestam a elevada hierarquia espiritual. A frase "levanta-te menina" é mais do que simples ordenação, mas um afirmação imperativa, necessária à postura positiva que o Espírito enfermo deveria tomar para livrar-se daquela situação. Os fatos tomam dimensões ampliadas, atingido o Espírito que se encontrava desdobrado, parcialmente desligado do corpo físico, fora do estado normal de consciência. E, como o corpo encontrava-se em condições de continuar servir ao Espírito, este foi reintegrado à vestimenta física, claramente expressa neste registro: "E logo a menina se levantou e andava, pois já tinha doze anos".

No sentido mais amplo, podemos afirmar que todos os que se encontram "mortos" para a realidade espiritual, podem, em determinado momento, por si mesmos ou por intercessão de um Espírito amigo, ouvir o chamamento do Cristo, despertando-se para a vida.

É também neste sentido que Paulo exclama: "Desperta, ó tu que dormes, e levanta-te dentre os mortos, e Cristo te esclarecerá" (EFÉSIOS, 5:14). Sendo assim, é necessário que a pessoa acorde para a vida. "A criatura necessita indagar de si mesma o que faz, o que deseja, a que propósitos atende e a que finalidades se destina."[11]

O episódio da cura da filha de Jairo encerra inestimável lição de despertamento espiritual, não só para as conquistas facultadas pela reencarnação, mas a respeito da conscientização moral, ambas necessárias ao progresso do Espírito imortal.

Há milhares de companheiros nossos que dormem, indefinidamente, enquanto se alonga debalde para eles o glorioso dia de experiência sobre a Terra. Percebem vagamente a produção incessante da Natureza, mas não se recordam da obrigação de algo fazer em benefício do progresso coletivo. Diante da árvore que se cobre de frutos ou da abelha que tece o favo de mel, não se lembram do comezinho dever de contribuir para a prosperidade comum. De maneira geral, assemelham-se a mortos preciosamente adornados. Chega, porém, um dia em que acordam e começam a louvar o Senhor, em êxtase admirável... Isso, no entanto, é insuficiente. Há muitos irmãos de olhos abertos, guardando, porém, a alma na posição horizontal da ociosidade. É preciso que os corações despertos se ergam para a vida, se levantem para trabalhar na sementeira e na seara do bem, a fim de que o Mestre os ilumine. Esforcemo-nos por alertar os nossos companheiros adormecidos, mas não olvidemos a necessidade de auxiliá-los no soerguimento.[10]

Referências

1. KARDEC, Allan. *O evangelho segundo o espiritismo*. Tradução de Guillon Ribeiro. 127. ed. Rio de Janeiro: FEB, 2006. Cap. 4, item 4, p. 90-91.

2. _____. *A gênese*.Tradução de Guillon Ribeiro. 52. ed. Rio de Janeiro: FEB, 2007. Cap. 14, item 30, p. 335.

3. ANDRADE, Hernani Guimarães. *Morte: uma luz no fim do túnel*. Prefácio de Carlos Eduardo Noronha Luz. São Paulo: FÉ, 1999. Prefácio, p. XVI.

4. _____._____. Item: Experiência de quase morte (EQM), p. 18.

5. DICIONÁRIO MÉDICO BLAKISTON. Organização de Arthur Osol, presidente do conselho editorial. 2. ed. São Paulo: Organização Andrei, 1987, p. 248.

6. DICIONÁRIO MÉDICO ENCICLOPÉDICO TABER. Tradução de Fernando Gomes Nascimento. 1. ed. São Paulo: Manole, p. 285.

7. SCHUTEL, Cairbar. *O espírito do cristianismo*. 8. ed. Matão: O Clarim, 2001. Cap. 58 (ressurreição da filha de Jairo), p. 303.

8. VINÍCIUS (Pedro de Camargo). *Nas pegadas do mestre*. 11. ed. Rio de Janeiro: FEB: 2007. Cap. Ressurreição, p. 186.

9. XAVIER, Francisco Cândido. *Caminho, verdade e vida*. Pelo Espírito Emmanuel. 28. ed. Rio de Janeiro: FEB, 2007. Cap. 153 (Passes), p. 321. 10.

10. _____. *Fonte viva*. Pelo Espírito Emmanuel. 36. ed. Rio de Janeiro: FEB, 2007. Cap. 66 (Acordar-se e erguer-se), p. 171-172.

11. _____. *Pão nosso*. Pelo Espírito Emmanuel. 29. ed. Rio de Janeiro: FEB, 2007. Cap. 68 (Necessário acordar), p. 152.

12. _____. Cap. 127 (Lei de retorno), p. 270.

13. _____. *Seara dos médiuns*. Pelo Espírito Emmanuel. 18. ed. Rio de Janeiro: FEB, 2006. Cap. Em ouvor da esperança, p. 214.

Orientações ao monitor

Pedir aos participantes que leiam, individual e silenciosamente, os subsídios deste Roteiro. Em seguida, solicitar-lhe resposta ao questionário inserido em anexo. Após a correção do questionário, fazer o fechamento do assunto, destacando os pontos fundamentais.

Anexo

Questionário para o trabalho em grupo

1. Quais são os diferentes significados para a palavra "ressurreição" indicados no texto?

2. Que tipo de problema poderia, como hipótese, justificar a enfermidade da filha de Jairo? Quase morte, catalepsia, coma? Justificar a resposta.

3. Por que razão Jesus não realizou a cura à distância?

4. Que comportamentos ou atitudes devemos adotar perante alguém que se encontra doente, sobretudo se for uma enfermidade grave? Justificar a resposta.

5. Como proceder perante uma pessoa que, sem perceber, emite opiniões negativas sobre o estado de saúde de alguém que se encontra passando por uma dificuldade deste tipo, à semelhança do que foi registrado por Marcos, neste versículo: "A tua filha está morta; para que enfadas mais o Mestre?"

6. Quais são os principais ensinamentos morais que o texto de Marcos, objeto do estudo, nos oferece?

7. Que parte do estudo você julgou mais interessante? Justificar a resposta.

8. Que parte da passagem evangélica mais lhe sensibilizou? Justificar a resposta.

APRENDENDO COM AS CURAS

Roteiro 3

OBSESSÕES ESPIRITUAIS

Objetivos

» Refletir a respeito do caráter epidêmico das obsessões.
» Citar diferentes tipos de obsessão que Jesus curou.

Ideias principais

» *Pululam em torno da Terra os maus Espíritos, em consequência da inferioridade moral de seus habitantes. A ação malfazeja desses Espíritos é parte integrante dos flagelos com que a Humanidade se vê a braços neste mundo. A obsessão que é um dos efeitos de semelhante ação, como as enfermidades e todas as atribulações da vida, deve, pois, ser considerada como provação ou expiação e aceita com esse caráter.* Allan Kardec: A gênese. Cap. XIV, item 45.

» Há no Evangelho diferentes relatos de cura de obsessões realizados por Jesus.

Por exemplo: a do homem mudo e subjugado (Mt 9:32-34); a do lunático (Mt 17:14-20); a do subjugado, cego e mudo (Mt 12:22-28); a do homem dominado por uma legião de Espíritos (Mc 5:1-15).

Subsídios

1. Texto evangélico

E estava na sinagoga deles um homem com um Espírito imundo, o qual exclamou, dizendo: Ah! Que temos contigo, Jesus Nazareno? Vieste destruirnos? Bem sei quem és: o Santo de Deus. E repreendeu-o Jesus, dizendo: cala-te e sai dele. Então, o Espírito imundo, agitando-o e clamando com grande voz, saiu dele. (MARCOS, 1:23-26.)

E, havendo-se eles retirado, trouxeram-lhe um homem mudo e endemoninhado. E, expulso o demônio, falou o mudo; e a multidão se maravilhou, dizendo: Nunca tal se viu em Israel. [...] Trouxeram-lhe, então, um endemoninhado cego e mudo; e, de tal modo o curou, que o cego e mudo falava e via. (MATEUS, 9:32-33; 12:22.)

E eis que um homem da multidão clamou, dizendo, Mestre, peço-te que olhes para meu filho, porque é o único que eu tenho. Eis que um Espírito o toma, e de repente clama, e o despedaça até espumar; e só o larga depois de o ter quebrantado. E roguei aos teus discípulos que o expulsassem, e não puderam. E Jesus, respondendo, disse: Ó, geração incrédula e perversa! Até quando estarei ainda convosco e vos sofrerei? Traze-me cá o teu filho. E, quando vinha chegando, o demônio o derribou e convulsionou; porém Jesus repreendeu o Espírito imundo, e curou o menino, e o entregou a seu pai. (LUCAS, 9:38-42.)

E chegaram à outra margem do mar, à província dos gadarenos. E, saindo ele do barco, lhe saiu logo ao seu encontro, dos sepulcros, um homem com Espírito imundo, o qual tinha a sua morada nos sepulcros, e nem ainda com cadeias o podia alguém prender. Porque, tendo sido muitas vezes preso com grilhões e cadeias, as cadeias foram por ele feitas em pedaços, e os grilhões, em migalhas, e ninguém o podia amansar. E andava sempre, de dia e de noite, clamando pelos montes e pelos sepulcros e ferindo-se com pedras. E, quando viu Jesus ao longe, correu e adorou-o. E, clamando com grande voz, disse: Que tenho eu contigo, Jesus, Filho do Deus Altíssimo? Conjuro-te por Deus que não me atormentes. (Porque lhe dizia: sai deste homem, Espírito imundo.) E perguntou-lhe: Qual é o teu nome? E lhe respondeu, dizendo: Legião é o meu nome, porque somos muitos. E rogava-lhe muito que não os enviasse para fora daquela província. E andava ali pastando no monte uma grande manada de porcos. E todos aqueles demônios lhe rogaram, dizendo: Manda-nos para aqueles porcos, para que entremos neles. E Jesus logo lho permitiu. E, saindo aqueles Espíritos imundos, entraram nos porcos; e a manada se precipitou por um despenhadeiro no mar (eram quase dois mil) e afogou-se no mar. E os que apascentavam os porcos fugiram e o anunciaram na cidade e nos campos; e saíram muitos a ver o que era aquilo que tinha acontecido. E foram ter com Jesus, e viram o endemoninhado, o que tivera a legião, assentado, vestido e em perfeito juízo, e temeram. (MARCOS, 5:1-15.)

A obsessão é um mal epidêmico que afeta a Humanidade desde os tempos imemoriais. Decorre da imperfeição moral do ser humano, da mesma forma que as doenças resultam de imperfeições físicas.[2] Allan Kardec classifica a obsessão em três níveis, conforme a gravidade ou intensidade do problema: *Obsessão simples, fascinação e subjugação*.[6]

> Chama-se obsessão à ação persistente que um Espírito mau exerce sobre um indivíduo. Apresenta caracteres muito diferentes, que vão desde a simples influência moral, sem perceptíveis sinais exteriores, até a perturbação completa do organismo e das faculdades mentais.[1]

A *obsessão simples* é de ocorrência comum e raras são as pessoas que, em algum momento da existência, não lhe tenham sofrido a ação. O obsessor se imiscui na vida da pessoa, alimenta-lhe ideias fixas que, se mantidas, afetam-lhe o equilíbrio emocional e psíquico. Surgem como efeito de inquietações, desconfianças, inseguranças, enfermidades que conduzem a pessoa ao leito.[11]

> A obsessão simples é parasitose comum em quase todas as criaturas, em se considerando o natural intercurso psíquico vigente em todas as partes do Universo. Tendo-se em vista a infinita variedade das posições vibratórias em que se demoram os homens, estes sofrem, quanto influem em tais faixas, sintonizando, por processo normal, com os outros comensais aí situados.[10]

A *fascinação* tem consequências mais graves que a obsessão simples. "É uma ilusão produzida pela ação direta do Espírito sobre o pensamento do médium [obsidiado] e que, de certa maneira, lhe paralisa o raciocínio."[7] Em geral, o fascinado não acredita que esteja sendo enganado: o Espírito tem a arte de lhe inspirar confiança cega, que o impede de ver o embuste, ainda quando esse absurdo salte aos olhos de toda gente.[7]

A *fascinação* ocorre por meio de persistente indução telepática, produzida pelo obsessor sobre a mente do obsidiado. Esta ação repercute no corpo físico que, paulatinamente, se revela debilitado e enfermo, em razão do vampirismo associado ao processo. À medida que o campo mental da vítima cede à influência obsessiva, assimila não apenas a indução telepática, mas também as atitudes e formas de ser do seu hóspede.

A *subjugação* é uma obsessão muito grave, daí ter sido chamada de "possessão" no passado, uma vez que há domínio mais severo do obsessor sobre o obsidiado. A subjugação "é uma constrição que paralisa a vontade daquele que a sofre e o faz agir a seu mau grado. Numa palavra: o paciente fica sob um verdadeiro *jugo*".[8]

> No painel das obsessões, à medida que se agrava o quadro da interferência, a vontade do *hospedeiro* perde os contatos de comando pessoal, na razão direta em que o invasor assume a governança. A [...] subjugação pode ser física, psíquica e simultaneamente fisiopsíquica. A primeira, não implica na perda da lucidez intelectual, porquanto a ação dá-se diretamente sobre os centros motores, obrigando o indivíduo, não obstante se negue à obediência, a ceder à violência que o oprime. [...] No segundo caso, o paciente vai [sendo] dominado mentalmente, tombando em estado de passividade, não raro sob tortura emocional, chegando a perder por completo a lucidez [...]. Por fim, assenhoreiase, simultaneamente, dos centros do comando motor e domina fisicamente a vítima, que lhe fica inerte, subjugada, cometendo atrocidades sem nome.[12]

Jesus curou muitos processos obsessivos, ilustrados neste Roteiro com exemplos, sendo duas de Mateus, duas de Marcos e uma de Lucas. Nos dias atuais, como à época de Jesus, a obsessão apresenta caráter epidêmico, em razão do elevado número de casos existentes. Nos textos evangélicos mencionados percebemos que a obsessão, entre outros fatores, pode ser provocada por um ou mais Espíritos e que traz danos à saúde, alguns sérios, altamente lesivos.

Importa considerar que o obsessor é usualmente denominado "demônio", ou "Espírito imundo" nos textos bíblicos, em decorrência dos danos provocados.

2. Interpretação do texto evangélico

» *E estava na sinagoga deles um homem com um Espírito imundo, o qual exclamou, dizendo: Ah! Que temos contigo, Jesus Nazareno? Vieste destruir-nos? Bem sei quem és: o Santo de Deus. E repreendeu-o Jesus, dizendo: cala-te e sai dele. Então, o Espírito imundo, agitando-o e clamando com grande voz, saiu dele* (Mc 1:23-26).

Temos, aqui, um exemplo de obsessão simples, caracterizada pela provocação de um Espírito perturbado que indaga o Cristo de forma irônica e com falsa lisonja. Jesus, porém, conhecendo-lhe as intenções, repreende-o de forma direta e incisiva, afastando-o do obsidiado.

Precisamos guardar vigilância contra as ações obsessivas, entretanto, o cuidado deve ser redobrado quando são originárias de Espíritos hipócritas, enganadores, acostumados a estimular "[...] a desconfiança e a animosidade contra os que lhes são antipáticos. Especialmente os que lhes podem desmascarar as imposturas são objeto da maior animadversão [desaprovação, advertência, censura, reprimenda] da parte deles".[9]

> Refere-se o evangelista a entidades perversas que se assenhoreavam do corpo da criatura. Entretanto, essas inteligências infernais prosseguem dominando vastos organismos do mundo.
>
> Na edificação da política, erguida para manter os princípios da ordem divina, surgem sob os nomes de discórdia e tirania; no comércio, formado para estabelecer a fraternidade, aparecem com os apelidos de ambição e egoísmo; nas religiões e nas ciências, organizações sagradas do progresso universal, acodem pelas denominações de orgulho, vaidade, dogmatismo e intolerância sectária.
>
> Não somente o corpo da criatura humana padece a obsessão de Espíritos perversos. Os agrupamentos e instituições dos homens sofrem muito mais.
>
> E quando Jesus se aproxima, com o Evangelho, pessoas e organizações indagam com pressa: "Que temos com o Cristo? que temos a ver com a vida espiritual?"
>
> É preciso, permenecer vigilante à frente de tais sutilezas, porquanto o adversário vai penetrando também os círculos do Espiritismo evangélico, vestido nas túnicas brilhantes da falsa ciência.[14]

» *E, havendo-se eles retirado, trouxeram-lhe um homem mudo e endemoninhado. E, expulso o demônio, falou o mudo; e a multidão se maravilhou, dizendo: Nunca tal se viu em Israel* (Mt 9:32-33). *Trouxeram-lhe, então um endemoninhado cego e mudo; e de tal modo o curou, que o cego e mudo falava e via* (Mt 12:22).

Estes dois registros de Mateus põem em evidência um processo obsessivo que produz mudez e cegueira, isto é, lesando de forma mais intensa o organismo. Afastado "[...] o hóspede estranho pela bondade do Senhor, o enfermo foi imediatamente reconduzido à fala. Temos aí a obsessão complexa, atingindo alma e corpo".[16] Ambas as obsessões podem ser categorizadas como fascinação.

Em geral, desconhecemos as motivações que fazem um Espírito atuar sobre um ou outro órgão do corpo físico do obsidiado. É possível que tal instrumento orgânico apresente alguma fragilidade na sua constituição, sendo mais acessível às influências, pois na "[...] obsessão, o Espírito atua exteriormente, com a ajuda do seu perispírito, que ele identifica com o do encarnado, ficando este afinal enlaçado por uma como teia e constrangido a proceder contra a sua vontade".[4]

> O homem, na estruturação fisiopsíquica, é uma grande bateria criando e acumulando cargas elétricas, com que influencia e é influenciado. Todo sentimento é energia estática. Todo pensamento é criação dinâmica. Toda ação é arremesso, com todos os seus efeitos. Cada individualidade, assim, conforme os sentimentos que nutre na estrutura espiritual e segundo os pensamentos que entretém na mente, atrai ou repele, constrói ou destrói, através das forças que emite nas obras, nas palavras, nas atitudes, com que se evidencia pela instrumentação mental que lhe é própria.[15]

» *E eis que um homem da multidão clamou, dizendo, Mestre, peço-te que olhes para meu filho, porque é o único que eu tenho. Eis que um Espírito o toma, e de repente clama, e o despedaça até espumar; e só o larga depois de o ter quebrantado. E roguei aos teus discípulos que o expulsassem, e não puderam. E Jesus, respondendo, disse: Ó geração incrédula e perversa! Até quando estarei ainda convosco e vos sofrerei? Traze-me cá o teu filho. E, quando vinha chegando, o demônio o derribou e convulsionou; porém Jesus repreendeu o Espírito imundo, e curou o menino, e o entregou a seu pai* (Lc 9:38-42).

Este texto evangélico evidencia um processo obsessivo mais grave, do tipo subjugação. O enfermo é portador de uma afecção mental, semelhante à epilepsia, em razão do domínio do Espírito, que o subjuga e o atormenta. Este caso, também narrado por Mateus e Marcos, é peculiar porque os discípulos de Jesus não conseguiram curar o enfermo, libertando-o do obsessor. Indagado a respeito, Jesus faz duas colocações de suma importância, relatadas por um ou outro evangelista: a) os discípulos não curaram o epilético, subjugado por um Espírito malévolo, "por causa da pouca fé" (Mt 17:20); b) neste tipo de obsessão, o Espírito perseguidor só é afastado "por oração e jejum" (Mt 17:21 e Mc 9:29).

Os Espíritos endurecidos são perseguidores implacáveis, vingadores que não se compadecem de suas vítimas, daí não serem convencidos com facilidade. O trato com eles exige paciência e perseverança, uma vez que o senso moral lhes é reduzido. Em geral, "[...] não atendem às exortações, não aceitam conselhos, não obedecem a razões e não há sentimento, por mais generoso que seja que os comova."[13] As subjugações espirituais vinculam-se a ações passadas, desta ou de outras existências, cuja mágoa e ódio mantêm ligados obsessor e obsidiado.

> Quase sempre a obsessão exprime vingança tomada por um Espírito e cuja origem frequentemente se encontra nas relações que o obsidiado manteve com o obsessor, em precedente existência. Nos casos de obsessão grave, o obsidiado fica como que envolto e impregnado de um fluido pernicioso, que neutraliza a ação dos fluidos salutares e os repele. É daquele fluido que importa desembaraçá-lo. Ora, um fluido mau não pode ser eliminado por outro igualmente mau. Por meio de ação idêntica à do médium curador, nos casos de enfermidade, *preciso se faz expelir um fluido mau com o auxílio de um fluido melhor.* Nem sempre, porém, basta esta ação mecânica; cumpre, sobretudo, atuar sobre o ser inteligente, ao qual é preciso se possua o direito de falar com autoridade, que, entretanto, falece a quem não tenha superioridade moral. Quanto maior esta for, tanto maior também será aquela. Mas, ainda não é tudo: para assegurar a libertação da vítima, indispensável se torna que o Espírito perverso seja levado a renunciar aos seus maus desígnios [...].[3]

» *E chegaram à outra margem do mar, à província dos gadarenos. E, saindo ele do barco, lhe saiu logo ao seu encontro, dos sepulcros, um homem com Espírito imundo, o qual tinha a sua morada nos sepulcros, e nem ainda com cadeias o podia alguém prender. Porque, tendo sido muitas vezes preso com grilhões e cadeias, as cadeias foram por ele feitas em pedaços, e os grilhões, em migalhas, e ninguém o podia amansar. E andava sempre, de dia e de noite, clamando pelos montes e pelos sepulcros e ferindo-se com pedras. E, quando viu Jesus ao longe, correu e adorou-o. E, clamando com grande voz, disse: Que tenho eu contigo, Jesus, Filho do Deus Altíssimo? Conjuro-te por Deus que não me atormentes. (Porque lhe dizia: sai deste homem, Espírito imundo.) E perguntou-lhe: Qual é o teu nome? E lhe respondeu, dizendo: Legião é o meu nome, porque somos muitos. E rogava-lhe muito que não os enviasse para fora daquela província. E andava ali pastando no monte uma grande manada de porcos. E todos aqueles demônios lhe rogaram, dizendo: Manda-nos para aqueles porcos, para que entremos neles. E Jesus logo lho permitiu. E, saindo aqueles espíritos imundos, entraram nos porcos; e a manada se precipitou por um despenhadeiro no mar (eram quase dois mil) e afogou-se no mar. E os que apascentavam os porcos fugiram e o anunciaram na cidade e nos campos; e saíram muitos a ver o que era aquilo que tinha acontecido. E foram ter com Jesus, e viram o endemoninhado, o que tivera a legião, assentado, vestido e em perfeito juízo, e temeram* (Mc 5:1-15).

Esta passagem evangélica, além de ilustrar o processo obsessivo por subjugação, demonstra que um mesmo obsidiado pode ser dominado por vários Espíritos. Nesta situação, a criatura não é mais dona da própria vontade, ficando à mercê das imposições dos perseguidores espirituais. A mente do encarnado, nestas condições, vive mergulhada em graves perturbações, tendo as energias físicas espoliadas, ao longo do tempo, pelo vampirismo degradante dos subjugadores, tão desarmonizados quanto ele próprio. O obsidiado, comumente classificado como portador de loucura, vive imensos suplícios, totalmente alienado. Somente o Cristo para libertar o "[...] pobre gadareno, tão intimamente manobrado por entidades cruéis, e que mais se assemelhava a um animal feroz, refugiado nos sepulcros".[16]

É necessário interpretar corretamente estes versículos de Marcos, não os analisando de forma literal: "E andava ali pastando no monte uma grande manada de porcos. E todos aqueles demônios lhe rogaram, dizendo: Mandanos para aqueles porcos, para que entremos neles. E Jesus logo lho permitiu. E, saindo aqueles Espíritos imundos, entraram nos porcos; e a manada se precipitou por um despenhadeiro no mar (eram quase dois mil) e afogou-se no mar."

Obviamente, nos parece fora de propósito supor que o Cristo iria permitir a morte dos animais. Ele jamais eliminaria um mal com outro mal.

Uma possibilidade é que, existindo de fato uma vara de porcos no local, os obsessores ficaram tão enraivecidos porque Jesus libertou o ser que eles subjugavam, que direcionaram a sua fúria contra os irracionais, tal como acontece com pessoas iradas que quebram objetos, esmurram paredes ou móveis e maltratam animais que cruzam o seu caminho, quando se encontram ensandecidos pela raiva. Allan Kardec nos fornece estas explicações:

> O fato de serem alguns maus Espíritos mandados meter-se em corpos de porcos é o que pode haver de menos provável. Aliás, seria difícil explicar a existência de tão numeroso rebanho de porcos num país onde esse animal era tido em horror e nenhuma utilidade oferecia para a alimentação. Um Espírito, porque mau, não deixa de ser um Espírito humano, embora tão imperfeito que continue a fazer mal, depois de desencarnar, como o fazia antes, e é contra todas as leis da Natureza que lhe seja possível fazer morada no corpo de um animal. No fato, pois, a que nos referimos, temos que reconhecer a existência de uma dessas ampliações tão comuns nos tempos de ignorância e de superstição; ou, então, será uma alegoria destinada a caracterizar os pendores imundos de certos Espíritos.[5]

Como fechamento deste estudo inserimos estes sábios esclarecimentos de Emmanuel:

> Que a obsessão é moléstia da alma, não há negar. A criatura desvalida de conhecimento superior rende-se, inerme, à influência aviltante, como a planta sem defesa se deixa invadir pela praga destruidora, e surgem os dolorosos enigmas orgânicos que, muitas vezes, culminam com a morte. Dispomos, contudo, na Doutrina Espírita, à luz dos ensinamentos do Cristo, de verdadeira ciência curativa da alma, com recursos próprios à solução de cada processo morboso da mente, removendo o obsessor do obsidiado, como o agente químico ou a intervenção operatória suprimem a enfermidade no enfermo, desde que os interessados se submetam aos impositivos do tratamento. Se conduzes o problema da obsessão com lucidez bastante para compreender as próprias necessidades, não desconheces que a renovação da companhia espiritual inferior, a que te ajustas, depende de tua própria renovação. Ouvirás preleções nobres, situando-te os rumos. Recolherás, daqui e dali, conselhos justos e precisos. Encontrarás, em suma, nos princípios espíritas, apontamento certo e exata orientação. Entretanto, como no caso da receita formulada por médico abnegado e culto, em teu favor, a lição do Evangelho consola e esclarece, encoraja e honra aqueles que a recebem, mas, se não for usada, não adianta.[17]

Referências

1. KARDEC, Allan. *A gênese*. Tradução de Guillon Ribeiro. 52. ed. Rio de Janeiro: FEB, 2007. Cap. 14, item 45, p. 347.

2. _____._____. Item 46, p. 347.

3. _____._____. Item 46, p. 348.

4. _____._____. Item 47, p. 349.

5. _____._____. Cap. 15, item 34, p. 376-377.

6. _____. *O livro dos médiuns*. Tradução de Guillon Ribeiro. 80. ed. Rio de Janeiro: FEB, 2007. Cap. 23, itens 237, 238, 239, 240, p. 317-320.

7. _____._____. Item 239, p. 318.

8. _____._____. Item 240, p. 320.

9. _____._____. Item 267, questão 20.ª, p. 348-349.

10. FRANCO, Divaldo P. *Nas fronteiras da loucura*. Pelo Espírito Manoel Philomeno de Miranda. Salvador [BA]: Alvorada, 1982. Item: Análise das obsessões, p. 11.

11. _____._____. p. 12.

12. _____._____. p. 15-16.

13. SCHUTEL, Cairbar. *O espírito do cristianismo*. 8. ed. Matão: 2001. Cap. 60 (A cura de um epilético), p. 311.

14. XAVIER, Francisco Cândido. *Caminho, verdade e vida*. Pelo Espírito Emmanuel. 28. ed. Rio de Janeiro: FEB, 2007. Cap. 144 (Que temos com o Cristo?), p. 303-304.

15. _____. *Falando à terra*. Por diversos Espíritos. 6. ed. Rio de Janeiro: FEB, 2002. Cap. mentalismo – mensagem do Espírito Miguel Couto, p. 212.

16. _____. *Seara dos médiuns*. Pelo Espírito Emmanuel. 18. ed. Rio de Janeiro: FEB, 2006. Cap. Obsessão e evangelho, p. 182.

17. _____._____. Cap. Obsessão e cura, p. 195-196.

Orientações ao monitor

Identificar nos pontos principais da Doutrina Espírita a chave de entendimento do Evangelho.

EADE – LIVRO III | MÓDULO IV

APRENDENDO COM AS CURAS

Roteiro 4

CURA DE CEGUEIRA

Objetivos

- » Explicar, à luz do Espiritismo, como Jesus realizou a cura do cego de nascença e a cura do cego de Jericó.
- » Identificar as lições que essas curas transmitem.

Ideias principais

- » A cura do cego de nascença, quanto a do cego de Jericó, se [...] *não era uma expiação do passado, era uma provação apropriada ao progresso daquele Espírito* [...]. Allan Kardec: *A gênese*. Cap. XV, item 25.
- » *O mais importante da narrativa é que os cegos curados, cheios de reconhecimento pelo benefício que acabaram de receber, seguiram a Jesus. [...] A ação do Mestre não lhes afetou superficialmente o cérebro: gravou-se-lhes no coração e ficou inscrita em seus Espíritos com letras indeléveis.* Cairbar Schutel: *O espírito do cristianismo*. Cap. 61, Os cegos – Bartimeu e os de Jericó.

Subsídios

1. Texto evangélico

E, passando Jesus, viu um homem cego de nascença. E os seus discípulos lhe perguntaram, dizendo: Rabi, quem pecou, este ou seus pais, para que nascesse cego? Jesus respondeu: Nem ele pecou, nem seus pais; mas foi assim para que se manifestem nele as obras de Deus. Convém que eu faça as obras daquele que me enviou, enquanto é dia; a noite vem, quando ninguém pode trabalhar. Enquanto estou no mundo, sou a luz do mundo. Tendo dito isso, cuspiu na terra, e, com a saliva, fez lodo, e untou com o lodo os olhos do cego. E disse-lhe: Vai, lava-te no tanque de Siloé (que significa o Enviado). Foi, pois, e lavou-se, e voltou vendo.[...] Levaram, pois, aos fariseus o que dantes era cego. E era sábado quando Jesus fez o lodo e lhe abriu os olhos. Tornaram, pois, também os fariseus a perguntar-lhe como vira, e ele lhes disse: Pôs-me lodo sobre os olhos, lavei-me e vejo. Então, alguns dos fariseus diziam: Este homem não é de Deus, pois não guarda o sábado. Diziam outros: Como pode um homem pecador fazer tais sinais? E havia dissensão entre eles. (JOÃO, 9:1-7; 13-16.)

E aconteceu que, chegando ele perto de Jericó, estava um cego assentado junto do caminho, mendigando. E, ouvindo passar a multidão, perguntou que era aquilo. E disseram-lhe que Jesus, o Nazareno, passava. Então, clamou, dizendo: Jesus, Filho de Davi, tem misericórdia de mim! E os que iam passando repreendiam-no para que se calasse; mas ele clamava ainda mais: Filho de Davi, tem misericórdia de mim! Então, Jesus, parando, mandou que lho trouxessem; e, chegando ele, perguntou-lhe, dizendo: Que queres que te faça? E ele disse: Senhor, que eu veja. E Jesus lhe disse: Vê; a tua fé te salvou. (LUCAS, 18:35-42.)

As curas realizadas por Jesus indicam o extraordinário poder terapêutico do Mestre. Afirmou, porém, que tempo viria em que os seus discípulos, do passado e do presente, poderiam realizar as mesmas coisas. O Mestre movimentava expressivos elementos de ordem espiritual nas curas, claramente explicadas pelo Espiritismo que as despojam do caráter místico ou miraculoso.

Com Jesus, as curas apresentam finalidades de ordem superior: curar não apenas o corpo, mas também o Espírito.

> Realmente Jesus curou muitos enfermos e recomendou-os, de modo especial, aos discípulos. Todavia, o Médico celestial não se esqueceu de requisitar ao Reino divino quantos se restauram nas deficiências humanas.
>
> Não nos interessa apenas a regeneração do veículo em que nos expressamos, mas, acima de tudo, o corretivo espiritual.

Que o homem comum se liberte da enfermidade, mas é imprescindível que entenda o valor da saúde. Existe, porém, tanta dificuldade para compreendermos a lição oculta da moléstia no corpo, quanta se verifica em assimilarmos o apelo ao trabalho santificante que nos é endereçado pelo equilíbrio orgânico.

Permitiria o Senhor a constituição da harmonia celular apenas para que a vontade viciada viesse golpeá-la e quebrá-la em detrimento do Espírito?

[...] É

sempre útil curar os enfermos, quando haja permissão de ordem superior para isto, contudo, em face de semelhante concessão do Altíssimo, é razoável que o interessado na bênção reconsidere as questões que lhe dizem respeito, compreendendo que raiou para seu Espírito um novo dia no caminho redentor.⁹

As enfermidades originam-se de diferentes causas: ações cometidas pelo doente em existências anteriores, relação com processos obsessivos e, igualmente, testemunhos que fazem parte das provações previstas no planejamento reencarnatório do Espírito. O caso do cego de nascença está inserido nesta última possibilidade.

A pergunta dos discípulos: Foi algum pecado deste homem que deu causa a que ele *nascesse* cego? revela que eles tinham a intuição de uma existência anterior, pois, do contrário, ela careceria de sentido, visto que um pecado somente pode ser causa de uma enfermidade de *nascença*, se cometido antes do nascimento, portanto, numa existência anterior. Se Jesus considerasse falsa semelhante ideia, ter-lhes-ia dito: "Como houvera este homem podido pecar antes de ter nascido?" Em vez disso, porém, diz que aquele homem estava cego, não por ter pecado, mas para que nele se patenteasse o poder de Deus, isto é, para que servisse de instrumento a uma manifestação do poder de Deus. Se não era uma expiação do passado, era uma provação apropriada ao progresso daquele Espírito, porquanto Deus, que é justo, não lhe imporia um sofrimento sem utilidade.¹

A doença do cego de Jericó parece indicar equívocos que o Espírito cometeu em existências precedentes, que alcançam o presente na forma de lesão física. Por outro lado, é possível que esse tipo de cegueira estivesse associado, também, à influência obsessiva.

A cegueira é uma enfermidade curável em certos casos, mas qual o médico que já restabeleceu a vista a um cego, unicamente com a virtude da palavra? Poderia também a cegueira ter por causa a ação de um Espírito maléfico que, para se vingar de Bartimeu [...], dirigisse fluidos deprimentes sobre o nervo óptico [...]. Conhecida hoje a ação dos fluidos, e as obsessões que se verificam a todos os momentos produzindo moléstias que enganam os mais perspicazes facultativos, não há [como] negar a probabilidade de tais afecções terem por causa um mal psíquico.[5]

2. Interpretação do texto evangélico

E, passando Jesus, viu um homem cego de nascença. E os seus discípulos lhe perguntaram, dizendo: Rabi, quem pecou, este ou seus pais, para que nascesse cego? Jesus respondeu: Nem ele pecou, nem seus pais; mas foi assim para que se manifestem nele as obras de Deus (Jo 9:1-3).

A pergunta dos discípulos sobre os motivos da cegueira daquele homem não foi descabida. No entanto, o caso não era de expiação para o padecente, nem de provação para seus pais. Tratava-se de modesta, porém significativa missão. O Espírito encarnado no moço cego assumira, no Além, o compromisso de nascer privado da vista a fim de dar testemunho público de que Jesus é a luz do mundo, o Messias prometido.[6]

A missão do cego como programação definida no plano espiritual está claramente evidenciada nestas palavras de Jesus, registradas por João: "Nem ele pecou, nem seus pais; mas foi assim para que se manifestem nele as obras de Deus."

O cego de nascença exemplifica os diferentes tipos de cooperadores que o Cristo requisitou para auxiliá-lo na execução de sua divina missão. De acordo com as possibilidades de cada Espírito, alguns abraçam tarefas de vulto e os sacrifícios inerentes ao compromisso assumido, outros executam tarefas menores, porém, não menos importantes.

Onde estivermos, atendamos ao impositivo de nossas tarefas, convencidos de que nossas mãos substituem as do celeste Trabalhador, embora em condição precária. O Senhor age em nós, a favor de nós. É indiscutível que Jesus pode tudo, mas, para fazer tudo, não prescinde da colaboração do homem que lhe procura as determinações. Os cooperadores fiéis do Evangelho são o corpo de trabalho em sua obra redentora. Haja, pois, entre o servo e o orientador legítimo entendimento. Jesus reclama instrumentos e companheiros. Quem puder satisfazer ao imperativo sublime, recorde que deve comparecer diante dele, demonstrando harmonia de vistas e objetivos, em primeiro lugar.[14]

» *Convém que eu faça as obras daquele que me enviou, enquanto é dia; a noite vem, quando ninguém pode trabalhar. Enquanto estou no mundo, sou a luz do mundo. Tendo dito isso, cuspiu na terra, e, com a saliva, fez lodo, e untou com o lodo os olhos do cego. E disse-lhe: Vai, lava-te no tanque de Siloé (que significa o Enviado). Foi, pois, e lavou-se, e voltou vendo. [...] Levaram, pois, aos fariseus o que dantes era cego. E era sábado quando Jesus fez o lodo e lhe abriu os olhos. Tornaram, pois, também os fariseus a perguntar-lhe como vira, e ele lhes disse: Pôs-me lodo sobre os olhos, lavei-me e vejo. Então, alguns dos fariseus diziam: Este homem não é de Deus, pois não guarda o sábado. Diziam outros: Como pode um homem pecador fazer tais sinais? E havia dissensão entre eles.* (Jo 9:4-7; 13-16).

Jesus, por sua vez, tinha um trabalho a executar, "enquanto é dia", segundo suas palavras; isto é, quando surge o momento certo, às claras, sob a bênção da paz e da alegria que o encontro do discípulo com o seu Mestre favorece. Mais tarde viria a noite, símbolo das limitações espirituais dos fariseus que questionaram a cura e o fato desta ter sido realizada no sábado.

> Por que teria o Senhor usado aquela original terapêutica? Não poderia operar a cura independente do processo empregado? Ele agiu assim para completar o testemunho que o moço havia de dar, por isso que a denominação *Siloé* quer dizer Enviado. Se os homens daquele tempo, e de todos os tempos, dispondo, embora, de vista física, tivessem "olhos de ver", por certo se convenceriam de que Jesus, de fato, é o filho de Deus. Sendo, porém, cegos de espírito, nenhuma conclusão tiraram outrora, nem tiram na atualidade, dos prodígios e das maravilhas por Ele levadas a efeito.[7]

O Espiritismo esclarece o mecanismo da cura realizada. Em primeiro lugar destaca-se o amor inestimável do Cristo pela Humanidade, oferecendose como fonte de alívio aos cansados e oprimidos (Mt 11:28). Em segundo mobiliza poderosos recursos magnéticos de si mesmo para curar e amenizar o sofrimento do próximo. Em qualquer lugar, dia e hora, estende "[...] a mão e cegos veem, e paralíticos se levantam, e feridentos se alimpam e obsidiados se recuperam."[12]

> Do ponto de vista físico, é plenamente explicável que Jesus, conhecedor das leis físicoespirituais que nos governam, tenha, através de sua saliva, depositado na terra elementos que a tornaram medicamentosa e puderam, desta forma, fazer com que aquele homem visse a luz pela primeira vez.[4]

O Espiritismo esclarece como a energia magnética opera modificação nas propriedades das substâncias materiais, "[...] donde o efeito curativo da ação magnética, convenientemente dirigida."[2]

> Sabe-se que papel capital desempenha a vontade em todos os fenômenos do magnetismo. Porém, como se há de explicar a ação material de tão sutil agente? [...] A vontade é atributo essencial do Espírito, isto é, do ser pensante. Com o auxílio dessa alavanca, ele atua sobre a matéria elementar e, por uma ação consecutiva, reage sobre seus compostos, cujas propriedades íntimas vêm assim a ficar transformadas.[2]

A cura foi realizada em duas etapas: na primeira Jesus desobstruiu as estruturas biológicas responsáveis pela visão que se encontravam adormecidas, parcialmente paralisadas, em razão do período de tempo sem uso. Fato semelhante aconteceu com Paulo, o apóstolo dos gentios, que ficou temporariamente cego porque "escamas" lhe bloquearam a visão. (ATOS DOS APÓSTOLOS, 9:18). Jesus aplicou, então, uma ação magnética mais intensa (saliva e terra), nos olhos do cego para desbloquear-lhe a visão. O Mestre elaborou, na verdade, uma espécie de cataplasma com terra e saliva, denominado "lodo", no texto evangélico, de forma que os elementos curativos penetrassem lentamente nos olhos, sem traumas.

A etapa seguinte foi retirar o tampão ocular nas águas límpidas do poço de Siloé, uma das principais fontes de suprimento líquido de Jerusalém. O poço estava situado na direção leste-sudeste da cidade e era alimentado por um canal (chamado "enviado" ou "enviador") de águas subterrâneas, vindas do lençol freático. Nos tempos do Novo Testamento, esse poço era usado para abrigar pessoas enfermas nas suas cercanias.[3]

É possível que a procura dos doentes pelo poço estivesse relacionada às propriedades medicinais de suas águas, da mesma forma que procuramos benefícios nas estâncias hidrotermais ou hidrominerais.

É oportuno lembrar que a cura só se efetiva no corpo físico se a intervenção magnética atuar no perispírito. O Espírito André Luiz elucida: "Atuando nos centros do perispírito, por vezes efetuamos alterações profundas na saúde dos pacientes, alterações essas que se fixam no corpo somático, de maneira gradativa."[8]

» *E aconteceu que, chegando ele perto de Jericó, estava um cego assentado junto do caminho, mendigando. E, ouvindo passar a multidão, perguntou que era aquilo. E disseram-lhe que Jesus, o Nazareno, passava* (Lc 18:35-37).

Quem segue a cartilha dos valores espirituais sabe que a vida é, acima de tudo, movimento incessante, onde Jesus, na categoria de guia e modelo da Humanidade, desempenha ação ininterrupta. Assim, o "cego assentado junto ao caminho" simboliza os indivíduos que observam o desenrolar dos acontecimentos da vida, mas de forma passiva, sem delas participarem efetivamente. Encontram-se à margem. Na verdade, são criaturas estacionárias em termos de progresso espiritual, cuja cegueira as mantêm à distância do processo evolutivo, por preguiça, medo ou indiferença. Neste sentido, esclarece Emmanuel:

> Má vontade gera sombra.
>
> A sombra favorece a estagnação.
>
> A estagnação conserva o mal.
>
> O mal entroniza a ociosidade.
>
> A ociosidade cria a discórdia.
>
> A discórdia desperta o orgulho.
>
> O orgulho acorda a vaidade.
>
> A vaidade atiça a paixão inferior.
>
> A paixão inferior provoca a indisciplina.
>
> A indisciplina mantém a dureza de coração.
>
> A dureza de coração impõe a cegueira espiritual.
>
> A cegueira espiritual conduz ao abismo.
>
> Entregue às obras infrutuosas da incompreensão, pela simples má vontade pode o homem rolar indefinidamente ao precipício das trevas.[10]

Entretanto, ainda que mergulhado no estado de inércia em que se encontrava, o enfermo foi despertado pelo ruído da multidão, indagando "que era aquilo". Ouviu, então, a resposta de que "Jesus, o Nazareno, passava". Este foi o momento decisivo para aquele enfermo, em que ele despertou para a realidade pujante da vida, deixando para trás a sua desinteressante existência.

Retiramos também desse episódio convicta constatação: o Cristo não passa por acaso em nossa vida e, quando passa, deixa a sua marca de amor e compaixão, nos estimulando à renovação espiritual. Sendo assim, rendamos graças.

Roguemos à Providência celeste suficiente luz para que nossos olhos identifiquem o celeiro da graça em que nos encontramos.

É a cegueira íntima que nos faz tropeçar em obstáculos, onde só existe o favor divino.

[...]

Rendamos graças, pois, por todas as experiências do caminho evolutivo, na santificante procura da Vontade divina, em Jesus Cristo, nosso Senhor.[11]

» *Então, clamou, dizendo: Jesus, Filho de Davi, tem misericórdia de mim! E os que iam passando repreendiam-no para que se calasse; mas ele clamava ainda mais: Filho de Davi tem misericórdia de mim! Então, Jesus, parando, mandou que lho trouxessem; e, chegando ele, perguntou-lhe, dizendo: Que queres que te faça? E ele disse: Senhor, que eu veja. E Jesus lhe disse: Vê; a tua fé te salvou* (Lc 18:38-42).

Ao reconhecer Jesus como a fonte de todo o bem, a luz do mundo, o cego fez o que qualquer um faria: suplicou por misericórdia, e, ainda que lhe pedissem para silenciar, continuou clamando por misericórdia, pedindo ao Senhor que o libertasse da cegueira em que se encontrava prisioneiro.

O enfermo só começa, efetivamente, o processo de cura quando admite a própria doença e identifica as causas geradoras. Nesta situação, a criatura aprende a andar sobre os próprios passos e, humilde, rever as ações cometidas, reconhecendo que nelas se encontram as raízes de sua doença.

Daí o pedido do cego por misericórdia, que implicava piedade, compaixão e solidariedade por parte de Jesus, a fim de que ele pudesse "exorcizar os próprios demônios" e não fizesse, a sós, a árdua caminhada de reconhecimento de faltas.

O clamor emitido traduz-se como um grito que partiu do íntimo do ser, saturado de profundo sentimento. Mas o cego não ficou apenas na manifestação desse sentimento. Modificado pela presença do Mestre, identificou nele o Salvador e, por isso, suplicou-lhe a assistência espiritual de que carecia para progredir.

Por outro lado, a multidão que seguia Jesus não se apercebia da transformação e das necessidades operadas no cego, por isso "os que iam passando repreendiam-no para que se calasse". Quão desavisada é, às vezes, a criatura ao interpor obstáculos nos processos de auxílio, dificultando ou criando empecilhos à melhoria de alguém necessitado!

Jesus, porém, por conhecer as imperfeições de todos nós, ignora as dificuldades impostas e volta-se para o enfermo, "dizendo: que queres que te faça?" O cego, por sua vez, consciente do mal que o afligia, responde-lhe: "Senhor, que eu veja". Este pedido pode, evidentemente, ser interpretado, de forma literal, como alguém que sendo cego, do ponto de vista físico, deseja enxergar. Todavia, não podemos esquecer que os ensinamentos do Evangelho destinam-se, eminentemente à melhoria do Espírito. Assim, o pedido expresso: "Senhor, que eu veja", pode significar auxílio para dilatar a visão espiritual, adquirindo a capacidade de ter "olhos para ver".

> A maioria das moléstias procede da alma, das profundezas do ser. [...] Quantas enfermidades pomposamente batizadas pela ciência médica não passam de estados vibratórios da mente em desequilíbrio?
>
> [...]
>
> Em tese, todas as manifestações mórbidas se reduzem a desequilíbrio, desequilíbrio esse cuja causa repousa no mundo mental.[15]

"E Jesus lhe disse: Vê; a tua fé te salvou". São palavras que confirmam a cura realizada, e que transmitem valiosa lição: a partir daquele ponto, o Espírito teria condições para discernir, enxergando com mais lucidez, e, consequentemente, fazer escolhas mais acertadas. A propósito, esclarece Emmanuel, com sabedoria:

> A atitude do cego de Jericó representa padrão elevado a todo discípulo sincero do Evangelho.
>
> O enfermo de boa vontade procura primeiramente o Mestre, diante da multidão. Em seguida à cura, acompanha Jesus, glorificando a Deus. E todo o povo, observando o benefício, a gratidão e a fidelidade reunidos, volta-se para a confiança no divino Poder.
>
> [...]
>
> É óbvio que o mundo inteiro reclama visão com o Cristo, mas não basta ver simplesmente; os que se circunscrevem ao ato de enxergar podem ser bons narradores, excelentes estatísticos, entretanto, para ver e glorificar o Senhor é indispensável marchar nas pegadas do Cristo, escalando, com Ele, a montanha do trabalho e do testemunho.[13]

Referências

1. KARDEC, Allan. *A gênese*. Tradução de Guillon Ribeiro. 52. ed. Rio de Janeiro: FEB, 2007. Cap. 15, item 25, p. 371-372.

2. _____. *O livro dos médiuns*. Tradução de Guillon Ribeiro. 80. ed. Rio de Janeiro: FEB, 2007. Segunda parte, cap. 8, item 131, p. 180.

3. DOUGLAS, J. D. BRUCE, F. F [et cols]. *O novo dicionário da bíblia*. Tradução de João Bentes. 3. ed. rev. São Paulo: Vida Nova, 2006, p. 1266.

4. FAJARDO, Cláudio. *Jesus terapeuta*. Vol. II. Belo Horizonte: AME-BH, 2003. Cap. 4 (Cura dum cego de nascença), p. 43.

5. SCHUTEL, Cairbar. *O espírito do cristianismo*. 8. ed. Matão: O clarim, 2001. Cap. 61 (Os cegos – Bartimeu e os de Jericó), p. 316.

6. VINÍCIUS (Pedro de Camargo). *Na seara do mestre*. 9. ed. Rio de Janeiro: FEB, 2000. Cap. O cego de nascença, p. 108.

7. _____._____. p. 109.

8. XAVIER, Francisco Cândido. *Entre a terra e o céu*. Pelo Espírito André Luiz. 24. ed. Rio de Janeiro: FEB, 2007. Cap. 5 (Valiosos apontamentos), p. 39.

9. _____. *Pão nosso*. Pelo Espírito Emmanuel. 29. ed. Rio de Janeiro: FEB, 2007. Cap. 44 (Curas), p. 103-104.

10. _____._____. Cap. 67 (Má vontade), p. 149-150.

11. _____._____. Cap. 100 (Rendamos graças), p. 216.

12. _____. *Religião dos espíritos*. Pelo Espírito Emmanuel. 20. ed. Rio de Janeiro: FEB, 2007. Cap. Fenômeno magnético, p. 158.

13. _____. *Vinha de luz*. Pelo Espírito Emmanuel. 26. ed. Rio de Janeiro: FEB, 2007. Cap. 34 (Não basta ver), p. 87-88.

14. _____. Cap. 148 (Membros divinos), p. 332.

15. _____. Cap. 157 (O remédio salutar), p. 351-352.

Orientações ao monitor

Analisar o assunto em discussão circular, discutindo de forma aprofundada os dois tipos de cura estudados nos *subsídios*. Terminada a análise, fazer uma exposição que caracterize as principais ideias debatidas.

APRENDENDO COM AS CURAS

Roteiro 5

CURA DE HANSENÍASE

Objetivos

» Explicar, à luz do Espiritismo, a cura dos enfermos que possuíam hanseníase.

» Identificar as lições transmitidas por esta cura.

Ideias principais

» A cura de leprosos, ou portadores de hanseníase, e de tantas outras doenças, realizadas por Jesus, teve como base a fé do enfermo. *O poder da fé se demonstra, de modo direto e especial, na ação magnética; por seu intermédio o homem atua sobre o fluido, agente universal, modifica-lhe as qualidades e lhe dá impulsão por assim dizer irresistível. Daí decorre que aquele que a um grande poder fluídico normal junta ardente fé, pode, só pela força da sua vontade dirigida para o bem, operar esses singulares fenômenos de cura e outros, tidos antigamente por prodígios, mas que não passam de efeito de uma lei natural. [...]* Allan Kardec: O evangelho segundo o espiritismo. Cap. XIX, item 5.

» *[..] Curando indistintamente os judeus e os samaritanos, dava Jesus, ao mesmo tempo, uma lição e um exemplo de tolerância.[...]* A gênese. Cap. XV, item 17.

Subsídios

1. Texto evangélico

E aproximou-se dele um leproso, que, rogando-lhe e pondo-se de joelhos diante dele, lhe dizia: Se queres, bem podes limpar-me. E Jesus, movido de grande compaixão, estendeu a mão, e tocou-o, e disse-lhe: Quero, sê limpo! E, tendo ele dito isso, logo a lepra desapareceu, e ficou limpo. (MARCOS, 1:40-42.)

E aconteceu que, indo ele a Jerusalém, passou pelo meio de Samaria e da Galileia; e, entrando numa certa aldeia, saíram-lhe ao encontro dez homens leprosos, os quais pararam de longe. E levantaram a voz, dizendo: Jesus, Mestre, tem misericórdia de nós! E ele, vendo-os, disse-lhes: Ide e mostrai-vos aos sacerdotes. E aconteceu que, indo eles, ficaram limpos. E um deles, vendo que estava são, voltou glorificando a Deus em alta voz. E caiu aos seus pés, com o rosto em terra, dando-lhe graças; e este era samaritano. E, respondendo Jesus, disse: Não foram dez os limpos? E onde estão os nove? Não houve quem voltasse para dar glória a Deus, senão este estrangeiro? E disse-lhe: Levanta-te e vai; a tua fé te salvou. (LUCAS, 17:11-19.)

Ao concluir o estudo de algumas curas realizadas por Jesus, trazemos à análise uma das doenças mais antigas existentes no mundo: *Hanseníase* ou *Mal de Hansen*, também denominada *lepra*, no passado.

> A enfermidade *tsar'at*, traduzida por *lepra*, é descrita com detalhes em Lv 13 [Levítico, livro do Velho Testamento], mas a descrição podia, e provavelmente incluía mesmo, outras doenças de pele. [...] O próprio termo também é aplicado às vestes e às casas (Lv 14:55) e parece ter sido geralmente empregado para escrever algo que era cerimonialmente impuro. Quando um leproso era "purificado" e assim pronunciado pelo sacerdote, é provável que a condição era autolimitadora, e não aquilo que atualmente chamaríamos de *lepra*, isto é, uma enfermidade causada por uma bactéria específica.[3]

Em 1873, o médico norueguês Gerhard Henrick Armauer Hansen (1841 – 1912), identificou a bactéria *Mycobacterium leprae* como o agente causador da *lepra*. Tempos depois, a palavra *lepra* passou a ser substituída por *hanseníase* ou *mal de Hansen*, em razão do caráter discriminatório, estigmatizante e preconceituoso que o nome lepra produzia. Nos últimos cem anos ocorreram significativos avanços científicos relativos ao diagnóstico, tratamento e controle da doença. Há, porém, um caminho a ser percorrido para a cura definitiva do tipo mais grave da enfermidade, a virchowiana, conhecido como forma "L", de "lepromatosa".

A hanseníase é enfermidade infecciosa crônica que pode ocorrer sob várias formas clínicas, sendo algumas benígnas. As principais manifestações clínicas são a forma *lepromatosa* (HL) — possivelmente a que é citada nos textos evangélicos — e a forma *tuberculoide* (HT). O primeiro tipo (HL) é mais grave, produz lesões cutâneas e envolvimento dos nervos periféricos. É comum a presença de mutilações, sobretudo na pele e trato respiratório superior. Nesta forma de manifestação clínica, a imunidade é muito reduzida, e a bactéria se multiplica excessivamente, levando a um quadro mais grave, com anestesia dos pés e mãos que favorece os traumatismos e feridas que podem causar deformidades, atrofia muscular, inchaço das pernas e surgimento de lesões elevadas na pele (nódulos). Órgãos internos também são acometidos pela doença.

O segundo tipo (HT) é, usualmente, benigno. As lesões são poucas (ou única), de limites bem definidos e um pouco elevados e com ausência de sensibilidade (dormência). Ocorrem alterações nos nervos próximos à lesão, podendo causar dor, fraqueza e atrofia muscular.

Entre essas duas formas principais, existem: a) *hanseníase limiar* (HLim) — uma espécie de combinação das formas HL e HT—, também denominada de *borderline* ou *dimorfa*: o número de lesões é maior, formando manchas que podem atingir grandes áreas da pele, envolvendo partes da pele sadia. O acometimento dos nervos é mais extenso; b) *hanseníase indeterminada*, caracterizada pelo menor número de lesões. É a fase inicial da doença que, ou evolui espontaneamente para a cura, na maioria dos casos, ou para as outras formas da doença, em cerca de 25% dos casos. Geralmente, encontra-se apenas uma lesão, de cor mais clara que a pele normal, com diminuição da sensibilidade. É mais comum em crianças.

A hanseníase é doença expiatória que atinge mais de 11 milhões de pessoas em todo o mundo. Surgem, em cada ano, cerca de 700.000 casos novos da doença, no mundo. No entanto, em países desenvolvidos é quase inexistente, por exemplo, a França conta com apenas 250 casos declarados.

2. Interpretação do texto evangélico

2.1 Análise do texto de Marcos: a cura de um leproso (hanseniano)

> *E aproximou-se dele um leproso, que, rogando-lhe e pondo-se de joelhos diante dele, lhe dizia: Se queres, bem podes limpar-me. E Jesus, movido de grande compaixão, estendeu a mão, e tocou-o, e disse-lhe: Quero, sê limpo! E, tendo ele dito isso, logo a lepra desapareceu, e ficou limpo* (Mc 1:40-42).

A expressão "limpar-me" não sugere, exatamente, um processo de cura, ainda que o desaparecimento das lesões tenha sido imediato, após o toque magnético de Jesus.

> A *limpeza* não é cura, mas é condição essencial para que ela se dê. No plano físico, muitos casos, o médico exige primeiro a assepsia daquele envolvido no tratamento, para só depois iniciar o processo terapêutico propriamente dito. Jesus pôde *limpar* o leproso das chagas existentes em seu corpo físico, como forma auxiliá-lo na cura, cura essa que, tratando-se do Espírito, só ele mesmo, o enfermo, poderia fazer através do tempo pela vivência no bem.[4]

Neste sentido, informa o Espírito Amélia Rodrigues a origem da hanseníase, cuja história deste doente é relatada por Marcos, no texto que é objeto de estudo, mas também por MATEUS, 8:1-4 e por LUCAS, 5:12-16.

> O leproso de hoje contaminou-se espiritualmente em pretérito próximo. Ontem, soberbo e egoísta, banhou-se nas lágrimas dos oprimidos, abusando do corpo como os ventos bravios nas tamareiras solitárias. Retornou aos caminhos de tormento em si mesmo atormentado, para ressarcir penosamente. O legado que hoje recebeu é de responsabilidade antes que de merecimento. O pai misericordioso não deseja a punição do filho rebelde e ingrato, mas a sua renovação...[5]

Amélia Rodrigues esclarece, também, que o enfermo não soube, efetivamente, aproveitar do benefício da cura, esclarecendo: "A cura mais importante não a experimentou: é aquela que não se restringe à forma, e sim, ao Espírito."[5]

2.2 Análise do texto de Lucas: a cura de dez leprosos (hansenianos)

E aconteceu que, indo ele a Jerusalém, passou pelo meio de Samaria e da Galileia; e, entrando numa certa aldeia, saíram-lhe ao encontro dez homens leprosos, os quais pararam de longe. E levantaram a voz, dizendo: Jesus, Mestre, tem misericórdia de nós! E ele, vendo-os, disse-lhes: Ide e mostrai-vos aos sacerdotes. E aconteceu que, indo eles, ficaram limpos. E um deles, vendo que estava são, voltou glorificando a Deus em alta voz. E caiu aos seus pés, com o rosto em terra, dando-lhe graças; e este era samaritano. E, respondendo Jesus, disse: Não foram dez os limpos? E onde estão os nove? Não houve quem voltasse para dar glória a Deus, senão este estrangeiro? E disse-lhe: Levanta-te e vai; a tua fé te salvou (Lc 17:11-19).

Há três pontos diferentes entre este relato e o de Marcos, anteriormente estudado: a) o número de leprosos atendidos é maior, dez em vez de um; b) a "limpeza" das lesões não foi por contato magnético direto, mas por irradiação natural das energias superiores do Cristo; c) Jesus deu a instrução de informar a cura aos sacerdotes, que é fato incomum.

Por que razão Jesus instrui os doentes para relatar o acontecimento aos sacerdotes?

A resposta a esta pergunta encontra-se nos versículos dezesseis e dezessete, indicando que um dos doentes era samaritano, por sinal o único que agradeceu a Jesus o benefício recebido: "E um deles, vendo que estava são, voltou glorificando a Deus em alta voz. E caiu aos seus pés, com o rosto em terra, dando-lhe graças; e este era samaritano". Este, pela fé que possuía foi, efetivamente, o único curado. Os demais receberam a oportunidade de merecer a cura definitivamente.

Chama atenção de ser, justamente, o samaritano revelar gratidão e ser efetivamente curado em razão da fé que possuía, conforme se deduz destas palavras de Jesus: "Não foram dez os limpos? E onde estão os nove? Não houve quem voltasse para dar glória a Deus, senão este estrangeiro? E disse-lhe: Levanta-te e vai; a tua fé te salvou".

Os judeus desprezavam os samaritanos, em razão das divergências políticas e religiosas, considerando-os hereges.

> Após o cisma das dez tribos, Samaria se constituiu a capital do reino dissidente de Israel. Destruída e reconstruída várias vezes, tornou-se, sob os romanos, a cabeça da Samaria, uma das quatro divisões da Palestina. [...]Os samaritanos estiveram quase constantemente em guerra com os reis de Judá. Aversão profunda, datando da época da separação, perpetuou-se entre os dois povos, que evitavam todas as relações recíprocas. Aqueles, para tornarem maior a cisão e não terem de vir a Jerusalém pela celebração das festas religiosas, construíram

para si um templo particular e adotaram algumas reformas. Somente admitiam o Pentateuco, que continha a lei de Moisés, e rejeitavam todos os outros livros que a esse foram posteriormente anexados. Seus livros sagrados eram escritos em caracteres hebraicos da mais alta antiguidade. Para os judeus ortodoxos, eles eram heréticos e, portanto, desprezados, anatematizados e perseguidos.[1]

Fica demonstrado, assim, que a valorização das práticas exteriores afasta o homem dos propósitos superiores que toda religião ensina.

Como se explica o fato de a cura destes leprosos ter despertado precisamente no samaritano, tido como herege, um avivamento íntimo que não se produziu nos demais? Por que não ficaram os nove judeus possuídos do mesmo entusiasmo, do mesmo ardor sagrado, que invadiu o coração do samaritano? Por que não vieram, como ele, transbordantes de júbilo, render graças ao seu benfeitor? Não receberam, acaso, o mesmo benefício? Por que não experimentaram, como era natural, necessidade de expandirem em demonstrações positivas de gratidão, sentimento este, tão nobre e tão belo? [...] Encontramos a reposta na qualidade da fé alimentada pelos leprosos. A dos nove judeus era a fé falseada em sua natureza, adstrita aos dogmas e às ordenanças de uma igreja sectária.[6]

A cura realizada por Jesus atendeu, pois, a objetivos maiores, que chegam até nós, após a sucessão dos séculos, como lições inestimáveis.

Curando indistintamente os judeus e os samaritanos, dava Jesus, ao mesmo tempo, uma lição e um exemplo de tolerância; e fazendo ressaltar que só o samaritano voltara a glorificar a Deus, mostrava que havia nele maior soma de verdadeira fé e de reconhecimento, do que nos que se diziam ortodoxos. Acrescentando: "Tua fé te salvou", fez ver que Deus considera o que há no âmago do coração e não a forma exterior da adoração. Entretanto, também os outros tinham sido curados. Fora mister que tal se verificasse, para que ele pudesse dar a lição que tinha em vista e tornar-lhes evidente a ingratidão. Quem sabe, porém, o que daí lhes haja resultado; quem sabe se eles terão se beneficiado da graça que lhes foi concedida? Dizendo ao samaritano: "Tua fé te salvou", dá Jesus a entender que o mesmo não aconteceu aos outros.[2]

Devemos considerar que, independentemente dos benefícios que recebemos ao longo da jornada evolutiva, a gratidão é uma virtude que deve ser cultivada. Neste aspecto, o apóstolo Paulo, já destacava a necessidade de sermos agradecidos (COLOSSENSES, 3:5):

> Entre os discípulos sinceros, não se justifica o velho hábito de manifestar reconhecimento em frases bombásticas e laudatórias. Na comunidade dos trabalhadores fiéis a Jesus, agradecer significa aplicar proveitosamente as dádivas recebidas, tanto ao próximo, quanto a si mesmo.
>
> Para os pais amorosos, o melhor agradecimento dos filhos consiste na elevada compreensão do trabalho e da vida, de que oferecem testemunho.
>
> Manifestando gratidão ao Cristo, os apóstolos lhe foram leais até ao último sacrifício; Paulo de Tarso recebe o apelo do Mestre e, em sinal de alegria e de amor, serve à Causa divina, por meio de sofrimentos inomináveis, por mais de trinta anos sucessivos.
>
> Agradecer não será tão somente problema de palavras brilhantes; é sentir a grandeza dos gestos, a luz dos benefícios, a generosidade da confiança e corresponder, espontaneamente, estendendo aos outros os tesouros da vida.[8]

A gratidão e a fé do samaritano doente são sentimentos admiráveis, que devem ser estimulados em todos os círculos do ralacionamento humano.

> Diante da lição eloquente deste soberbo episódio, cumpre imitarmos o leproso samaritano. Cultivemos, portanto, a fé, e não *uma fé*. Identifiquemo-nos com a religião, e não com *uma religião*. Pertençamos à igreja, e não a uma igreja. Seja o nosso culto, o da verdade, o da justiça, o do amor. É tal o que Jesus ensina e exemplifica em seu santo *Evangelho*.[7]

Referências

1. KARDEC, Allan. *O evangelho segundo o espiritismo*. Tradução de Guillon Ribeiro. 127. ed. Rio de Janeiro: FEB, 2006. Introdução, item: Samaritanos, p. 41.
2. _____. *A gênese*. Tradução de Guillon Ribeiro. 52. ed. Rio de Janeiro: FEB, 2007. Cap. 15, item 17, p. 364.
3. DOUGLAS, J. D. *O novo dicionário da Bíblia*. Tradução de João Bentes. 3. ed. São Paulo: Vida Nova, 2006, p. 360.

4. FAJARDO, Cláudio. *Jesus terapeuta*. Vol. I. Belo Horizonte: AME-BH, 2003.Cap. 1 (O leproso purificado), p. 33.

5. FRANCO, Divaldo Pereira. *Primícias do reino*. Pelo Espírito Amélia Rodrigues. 4. ed. Salvador: LEAL, 1987. Cap. 13 (Sê limpo), p. 149.

6. VINÍCIUS (Pedro de Camargo). *Nas pegadas do mestre*. 11. ed. Rio de Janeiro: FEB, 2007. Cap. O leproso samaritano, p. 49.

7. _____._____. p. 51.

8. XAVIER, Francisco Cândido. *Pão nosso*. Pelo Espírito Emmanuel. 29. ed. Rio de Janeiro: FEB, 2007. Cap. 163 (Agradecer), p. 342.

Orientações ao monitor

Dividir a turma em dois grandes grupos, cabendo, a cada um, o estudo de um dos textos evangélicos desenvolvido neste Roteiro, apoiando-se mas citações bibliográficas indicadas. Em seguida, cada grupo indica um relator que deverá se deslocar para o outro grupo, com a incumbência de apresentar: a) relato do assunto analisado; b) síntese das conclusões do estudo. Ao final, o monitor indaga os participantes a respeito de ideias-chave relacionadas às citações evangélicas, de Marcos e de Lucas, conferindo se ocorreu bom entendimento do assunto.

EADE LIVRO III | MÓDULO V

APRENDENDO COM FATOS COTIDIANOS

EADE – LIVRO III | MÓDULO V

APRENDENDO COM FATOS COTIDIANOS

Roteiro 1

MARTA, MARIA E MARIA DE MAGDALA

Objetivos

» Esclarecer a importância de Maria de Magdala e das irmãs Marta e Maria no Evangelho de Jesus.

Ideias principais

» A visita de Jesus desencadeou diferentes comportamentos em seus amigos de Betânia: Lázaro, atento, ouve as narrações do Mestre sobre os últimos acontecimentos; Maria, embevecida, prostra-se aos seus pés, quando este começa ensinar; Marta, afatigada, preocupa-se com os afazeres da casa. Diante deste quadro, Jesus afirma: *Marta, Marta, estás ansiosa e afatigada com muitas coisas, mas uma só é necessária; e Maria escolheu a boa parte, a qual não lhe será tirada.* (Lucas, 10:41-42.)

» Jesus apareceu primeiro a Maria Madalena, na ressurreição: *Foi então, quando, na manhã do terceiro dia, a ex-pecadora de Magdala se acercou do sepulcro com perfumes e flores. Queria, ainda uma vez, aromatizar aquelas mãos inertes e frias [...]. Estupefata, por não encontrar o corpo, já se retirava entristecida, para dar ciência do que verificara aos companheiros, quando uma voz carinhosa e meiga exclamou brandamente aos seus ouvidos: — Maria!... [...]. Instintivamente, Madalena se ajoelhou e recebeu o olhar do Mestre, num transbordamento de lágrimas de inexcedível ventura.* Humberto de Campos: *Boa nova.* Cap.22.

Subsídios

1. Texto evangélico

E aconteceu que, indo eles de caminho, entrou numa aldeia; e certa mulher, por nome Marta, o recebeu em sua casa. E tinha esta uma irmã, chamada Maria, a qual, assentando-se também aos pés de Jesus, ouvia a sua palavra. Marta, porém, andava distraída em muitos serviços e, aproximando-se, disse: Senhor, não te importas que minha irmã me deixe servir só? Dize-lhe, pois, que me ajude. E, respondendo Jesus, disse-lhe: Marta, Marta, estás ansiosa e afadigada com muitas coisas, mas uma só é necessária; e Maria escolheu a boa parte, a qual não lhe será tirada. (LUCAS, 10:38-42.)

Foi, pois, Jesus seis dias antes da Páscoa a Betânia, onde estava Lázaro, o que falecera e a quem ressuscitara dos mortos. Fizeram-lhe, pois, ali uma ceia, e Marta servia, e Lázaro era um dos que estavam à mesa com ele. Então, Maria, tomando uma libra de unguento de nardo puro, de muito preço, ungiu os pés de Jesus e enxugou-lhe os pés com os seus cabelos; e encheu-se a casa do cheiro do unguento. (JOÃO, 12:1-3.)

E, no primeiro dia da semana, Maria Madalena foi ao sepulcro de madrugada, sendo ainda escuro, e viu a pedra tirada do sepulcro. Correu, pois, e foi a Simão Pedro e ao outro discípulo a quem Jesus amava e disse-lhes: Levaram o Senhor do sepulcro, e não sabemos onde o puseram. [...] E Maria estava chorando fora, junto ao sepulcro. Estando ela, pois, chorando, abaixou-se para o sepulcro. [...] E disseram-lhe eles: Mulher, por que choras? Ela lhes disse: Porque levaram o meu Senhor, e não sei onde o puseram. E, tendo dito isso, voltou-se para trás e viu Jesus em pé, mas não sabia que era Jesus. Disse-lhe Jesus: Mulher, por que choras? Quem buscas? Ela, cuidando que era o hortelão, disse-lhe: Senhor, se tu o levaste, dize-me onde o puseste, e eu o levarei. Disse-lhe Jesus: Maria! Ela, voltando-se, disse-lhe: Raboni (que quer dizer Mestre)! (JOÃO, 20:1-2; 11; 13-16.)

A tradição judaica mantinha a liberdade feminina semelhante à dos homens, nos tempos antigos. "Israel vivia num mundo patriarcal, mas sua sociedade era sempre conformada por uma fé que dava igualdade às mulheres aos olhos de Deus."[4] Antes do exílio babilônico (587–586 a.C.), encontram-se mulheres profetisas, juízas, rainhas, sem jamais serem excluídas do culto de Deus.

> São, por vezes, veneradas como modelo de sabedoria. A honra das mães é equivalente à dos pais na lei básica de Israel, os Dez Mandamentos. Os direitos de família de viúvas e mães são protegidos por lei. A mulher que se envolve em empreendimentos comerciais lucrativos, que ensina com sabedoria, e que serve à comunidade mediante atos de caridade é reverenciada como ideal. [...] Quando Israel foi levada para o exílio babilônio, seus sacerdotes no exílio determinaram que iriam traçar um plano para a vida de Israel que asseguraria que ela [a nação judia] jamais seria de novo julgada por Deus. Assim, coletaram e escreveram uma legislação sacerdotal que iria assegurar o ritual e a pureza social de Israel. Ao mesmo tempo, enfatizaram a importância da circuncisão como sinal de aliança. Essa ênfase levou a sexualidade para o domínio do culto e relacionou as mulheres à comunidade da aliança apenas através de seus homens.[5]

As ordenações religiosas foram, aos poucos, limitando a ação da mulher. Por exemplo: ao eliminar a prática de derramamento de sangue na sinagoga, pelo sacrifício de animais, as mulheres foram excluídas do culto no período de parto ou de menstruação; o marido podia anular os votos a Deus pronunciados por sua esposa; não podiam aprender ou ensinar a Torá etc. As ações de Jesus em relação às mulheres foram consideradas revolucionárias, também neste sentido.

> Ele não hesitou em envolver até mulheres estrangeiras impuras em conversação pública. Ignorou todas as restrições de impureza ritual. Ele próprio ensinou mulheres, deu-lhes uma posição igual às dos homens [...] e conferiu-lhes o mais elevado respeito como pessoas.[5]

Estas medidas foram mantidas pelos apóstolos e discípulos nos tempos do Cristianismo primitivo: as mulheres podiam, entre outras atividades, ser batizadas; praticar a caridade; ser ministras da Igreja; pregar no culto; profetizar e ensinar.[6]

> Marta era irmã de Maria que ungiu nosso Senhor pouco antes de sua morte [Mt 26:7; Mc 14:3; Jo: 12:3] [...]; e de Lázaro, a quem Jesus ressuscitou dos mortos (Jo:11), que era irmão de ambas. Segundo Jo

11:1 a família veio de Betânia, uma vila provavelmente cerca de 3 km distante de Jerusalém, na estrada de Jericó.²

O nome Maria Madalena, outra importante personagem do Evangelho, sugere que ela veio da aldeia galileia de Magdala.

Em Lucas, 8:2 [...] lemos que entre as mulheres curadas de possessão demoníaca [isto é, subjugação], e que passaram a acompanhar o Senhor e seus discípulos durante o ministério de evangelização dos mesmos, estava também "Maria, chamada Madalena, da qual saíram sete demônios" [sete obsessores] (cf. Mc 16:9; na terminação mais longa).¹

2. Interpretação do texto evangélico

2.1 Análise do texto de Lucas: Marta e Maria

» *E aconteceu que, indo eles de caminho, entrou numa aldeia; e certa mulher, por nome Marta, o recebeu em sua casa. E tinha esta uma irmã, chamada Maria, a qual, assentando-se também aos pés de Jesus, ouvia a sua palavra. Marta, porém, andava distraída em muitos serviços e, aproximando-se, disse: Senhor, não te importas que minha irmã me deixe servir só? Dize-lhe, pois, que me ajude. E, respondendo Jesus, disse-lhe: Marta, Marta, estás ansiosa e afadigada com muitas coisas, mas uma só é necessária; e Maria escolheu a boa parte, a qual não lhe será tirada* (Lc 10:38-42).

As irmãs, Marta e Maria, recebem a bênção da visita de Jesus na intimidade do lar, oportunidade em que manifestam entusiasmo pela presença do Mestre, na forma que lhes é própria, consoante o temperamento, necessidades e entendimento espirituais.

Maria, cujo nome aparece citado em Lucas, 10:38-42 e em João, 11:2; 2832 e 12:3, prostra-se aos pés de Jesus, ouvindo, embevecida, suas narrações e ensinamentos. Naquele momento, nada mais lhe era importante, tudo se tornou secundário, a não ser acomodar-se e escutar o Mestre. Reconhece-se nesta ação de Maria uma espontânea demonstração de devoção ao Salvador.

Marta, porém, interpreta equivocadamente o comportamento da irmã, pedindo auxílio ao Mestre: "Senhor, não te importas que minha irmã me deixe servir só? Dize-lhe, pois, que me ajude". O Senhor, porém, faz-lhe suave advertência, esclarecendo-lhe para não valorizar em demasia as coisas materiais, ainda que importantes, como a alimentação e o conforto da hospedagem, por serem bens passageiros. Por isto, afirma: "Marta, Marta, estás ansiosa e afadigada com muitas coisas, mas uma só é necessária; e Maria escolheu a boa parte, a qual não lhe será tirada".

"Ela não era menos devotada a Jesus do que Maria, mas não percebeu o caminho certo para recebê-lo, aquele que mais o agradaria."² A lição é inestimável, e deve nos conduzir a reflexões mais aprofundadas. O mundo moderno, com as suas contínuas requisições, pode colocar o ser humano à deriva, se ele não tomar cuidado. É importante, à semelhança da atitude de Maria, fazer uma pausa e não deixar passar uma feliz oportunidade de melhoria espiritual, por excesso de zelo ou apego às ações cotidianas.

Envolvidos pelas atividades comuns da vida no plano físico, nem sempre agimos com bom senso. É comum as pessoas alegarem falta de tempo, por se encontrarem assoberbadas pelas requisições do dever profissional, familiar, social ou religioso.

Neste sentido, surpreendem-se certos comportamentos e atitudes radicais de alguns companheiros de estrada evolutiva que se atrelam a cronogramas rígidos, imutáveis, sem oferecerem espaço para improvisações ou mínimas alterações: não há tempo para contato fraterno, telefonema, carta, e-mail ou visita. As atividades são conduzidas, dia após dia, num ritmo frenético, metódico, tiranizante.

Nos tempos atuais há, em geral, uma doentia subjugação a horários, rotinas e processos que mantêm as criaturas distantes, cada vez mais afastadas. Devemos analisar melhor esta questão. É bom investir na qualidade de vida. Ponderar que é possível reestruturar a existência, "escolher a boa parte", como fez Maria, sair dessa "camisa de força", mantendo, ainda, a responsabilidade, ordem e disciplina, exigidas pela existência.

Maria escolheu a boa parte porque concedeu o valor preciso às necessidades de hospedagem e alimentação. A maior parte do seu tempo, os esforços e energias foram canalizados para o essencial. O Cristo encontrava-se presente em sua casa, por algumas horas. Talvez, não mais o visse naquela reencarnação. Assim, por que perder esses instantes, tão especiais, para se dedicar mais tempo às coisas materiais, ainda que estas fossem importantes?

"Busquemos o lado melhor das situações, dos acontecimentos e das pessoas. "Maria escolheu a boa parte, que não lhe será tirada"

— disse-nos o Senhor. Assimilemos a essência da divina lição. Quem procura a "boa parte" e nela se detém, recolhe no campo da vida o tesouro espiritual que jamais lhe será roubado."[13]

"Uma só coisa é necessária", asseverou o Mestre, em sua lição a Marta, cooperadora dedicada e ativa. Jesus desejava dizer que, acima de tudo, compete-nos guardar, dentro de nós mesmos, uma atitude adequada, ante os desígnios do Todo-Poderoso, avançando, segundo o roteiro que nos traçou a divina Lei. Realizado esse "necessário", cada acontecimento, cada pessoa e cada coisa se ajustarão, a nossos olhos, no lugar que lhes é próprio. Sem essa posição espiritual de sintonia com o celeste instrutor, é muito difícil agir alguém com proveito.[14]

2.2 Análise do texto de João: a unção dos pés de Jesus

» *Foi, pois, Jesus seis dias antes da Páscoa a Betânia, onde estava Lázaro, o que falecera e a quem ressuscitara dos mortos. Fizeram-lhe, pois, ali uma ceia, e Marta servia, e Lázaro era um dos que estavam à mesa com ele. Então, Maria, tomando uma libra de unguento de nardo puro, de muito preço, ungiu os pés de Jesus e enxugou-lhe os pés com os seus cabelos; e encheu-se a casa do cheiro do unguento* (Jo 12:1-3).

Vemos, neste texto, situação semelhante à analisada no anterior: Marta que serve a ceia, Maria que unge os pés de Jesus com um bálsamo. Ela está sempre aos pés do Senhor, revelando atitude humilde e devotada. Marta encontra-se ao lado de Jesus, atende-o com afeto e dedicação, mas não se desliga dos demais. O quadro reflete duas modalidades de servidores: um que se abstrai de tudo para estar com o Mestre, fervorosamente. Outro que é fiel e dedicado, também, mas que faz uma ponte entre Jesus e os demais seres humanos.

Os dois comportamentos estão corretos e são necessários. Em determinado contexto, a atitude de Maria é a mais indicada, noutro é a de Marta. O desafio é fazer o que é certo. "Fazer algo em Cristo é fazer sempre o melhor para todos: sem expectativa de remuneração. Sem exigências. Sem mostrar-se. Sem exibir superioridade. Sem tributos de reconhecimento. Sem perturbações."[12]

Entre saber e fazer existe singular diferença. Quase todos sabem, poucos fazem. Todas as seitas religiosas, de modo geral, somente ensinam o que constitui o bem. Todas possuem serventuários, crentes e propagandistas, mas os apóstolos de cada uma escasseiam cada vez mais. Há sempre vozes habilitadas a indicar os caminhos. É a palavra dos que sabem. Raras criaturas penetram valorosamente a vereda, muita vez em silêncio, abandonadas e incompreendidas. É o esforço supremo dos que fazem.[11]

Há outro ponto a considerar, útil na análise do comportamento das duas irmãs: a liderança de Marta se justifica, no sentido de fornecer condições de boa hospedagem, por indicar, segundo a tradição judaica, que ela era a dona da casa — casada com certo Simão, o leproso — e a irmã mais velha, a quem cabia as iniciativas de dirigir as atividades diárias, no lar.[2]

Em relação às unções a Jesus, o Evangelho relata que ocorreram duas: uma administrada por uma pecadora penitente, na Galileia (Lc 7:37-38), outra pela piedosa Maria de Betânia, indicada neste Roteiro. Em ambas as situações, o sentido é o mesmo: devoção, atenção, cuidados, reverência ao Senhor. A ação de ungir apresentava caráter sagrado para os judeus. Tratava-se de uma prática considerada santa. Além disso, a unção simbolizava o "derramamento" do Espírito de Deus sobre a criatura ungida. Assim, era comum ungir os doentes com azeite (Tg 5:14) para que este recebesse benefícios de Deus, o doador da vida.[3]

2.3 Análise do segundo texto de João: Maria de Magdala

» *E, no primeiro dia da semana, Maria Madalena foi ao sepulcro de madrugada, sendo ainda escuro, e viu a pedra tirada do sepulcro. Correu, pois, e foi a Simão Pedro e ao outro discípulo a quem Jesus amava e disse-lhes: Levaram o Senhor do sepulcro, e não sabemos onde o puseram. [...] E Maria estava chorando fora, junto ao sepulcro. Estando ela, pois, chorando, abaixou-se para o sepulcro. [...] E disseram-lhe eles: Mulher, por que choras? Ela lhes disse: Porque levaram o meu Senhor, e não sei onde o puseram. E, tendo dito isso, voltou-se para trás e viu Jesus em pé, mas não sabia que era Jesus. Disse-lhe Jesus: Mulher, por que choras? Quem buscas? Ela, cuidando que era o hortelão, disse-lhe: Senhor, se tu o levaste, dize-me onde o puseste, e eu o levarei. Disse-lhe Jesus: Maria! Ela, voltando-se, disse-lhe: Raboni (que quer dizer Mestre)!* (Jo, 20:1-2; 11; 13-16).

Maria de Magdala representa o exemplo dos que cometem equívocos graves em sua marcha evolutiva, mas que conseguem, ao toque do amor do Cristo, reajustar-se perante a Lei de Deus e voltar-se, definitivamente, para o bem. Seguiu Jesus em muitas de suas peregrinações, estando presente nos momentos dolorosos da crucificação, em companhia de outras mulheres, e também no sublime instante da ressurreição do Senhor.

Humberto de Campos nos transmite oportunas informações sobre esse valoroso Espírito:

> Maria de Magdala ouvira as pregações do Evangelho do Reino, não longe da vila principesca onde vivia entregue a prazeres, em companhia de patrícios romanos, e tomara-se de admiração profunda pelo Messias. Que novo amor era aquele apregoado aos pescadores singelos por lábios tão divinos? Até ali, caminhara ela sobre as rosas rubras do desejo, embriagando-se com o vinho de condenáveis alegrias. No entanto, seu coração estava sequioso e em desalento. Jovem e formosa, emancipara-se dos preconceitos férreos de sua raça; sua beleza lhe escravizara aos caprichos de mulher os mais ardentes admiradores; mas seu Espírito tinha fome de amor. O profeta nazareno havia plantado em sua alma novos pensamentos. Depois que lhe ouvira a palavra, observou que as facilidades da vida lhe traziam agora um tédio mortal ao Espírito sensível. As músicas voluptuosas não encontravam eco em seu íntimo, os enfeites romanos de sua habitação se tornaram áridos e tristes. Maria chorou longamente, embora não compreendesse ainda o que pleiteava o profeta desconhecido. Entretanto, seu convite amoroso parecia ressoar-lhe nas fibras mais sensíveis de mulher. Jesus chamava os homens para uma vida nova.[7]

Procurou, decidida, o Mestre, a quem abriu o coração: "— Senhor, ouvi a vossa palavra consoladora e venho ao vosso encontro!... [...] Sou uma filha do pecado. Todos me condenam. Entretanto, Mestre, observai como tenho sede do verdadeiro amor!...Minha existência, como todos os prazeres, tem sido estéril e amargurada ..."[8]

Jesus escutou-lhe atencioso o desabafo sincero e falou-lhe, então, sobre a Boa-Nova, o reino dos céus, a bondade e misericórdia do Pai celestial. Mostrou-lhe os sacrifícios que marcam a vida dos que buscam o amor verdadeiro. Não lhe criticou os desvios, nem as faltas cometidas, mas abraçou-a como irmã querida, oferecendo o seu apoio inestimável. Sabe-se que, a partir desse instante, Maria Madalena se transformou, dedicando-se com fervor e humildade em servir Jesus, irrestritamente, pelo amor ao próximo. Renunciou a todos os prazeres que o mundo lhe oferecia, acolhendo como filhas as irmãs que sofriam, os infortunados do caminho, os aleijados e os leprosos. Passou a viver junto a eles, em permanente dedicação.[9]

Submeteu-se a todo tipo de infortúnio, exemplificando-se como fiel servidora do Cristo, sem jamais desfalecer ou reclamar de algo. Vivendo junto aos leprosos (hansenianos), cuidando deles, foi contaminada pelo agente infeccioso, responsável pela doença. A morte do corpo a alcançou num momento em que a enfermidade se espalhava, inflexível, por todo o seu organismo, cobrindo-o de pústulas e lesões deformantes. Entretanto, o seu Espírito estava em paz, ela conseguira passar pela porta estreita e alcançara a glória da felicidade verdadeira.[10]

Referências

1. DOUGLAS, J. D. *O novo dicionário da Bíblia*. Tradução de João Bentes. 3. ed. São Paulo: Vida Nova, 2006, p. 840.

2. _____._____. p. 841.

3. _____._____. p. 1362.

4. METZER, Bruce M. COOGAN, Michael D. *Diccionario da Bíblia*. Vol. 1: As pessoas e os lugares. Tradução de Maria Luiza X. de A. Borges. Rio de Janeiro: Jorge Zahar, 2002. Item: Mulheres – texto de Elisabeth Achtemeier, p. 206.

5. _____._____. p. 207.

6. _____._____. p. 207-208.

7. XAVIER, Francisco Cândido. *Boa nova*. Pelo Espírito Humberto de Campos. 35. ed. Rio de Janeiro: FEB, 2006. Cap. 20 (Maria de Magdala), p. 131.

8. _____._____. p. 132-133.

9. _____._____. p. 135-137.

10. _____._____. p. 137-140.

11. _____. *Caminho, verdade e vida*. Pelo Espírito Emmanuel. 28. ed. Rio de Janeiro: FEB, 2007. Cap. 49 (Saber e fazer), p. 113.

12. _____. *Fonte viva*. Pelo Espírito Emmanuel. 36. ed. Rio de Janeiro: FEB, 2007. Cap. 2 (Modo de fazer), p. 19-20.

13. _____._____. Cap. 32 (A boa parte), p. 82.

14. _____. *Vinha de luz*. Pelo Espírito Emmanuel. 26. ed. Rio de Janeiro: FEB, 2007. Cap. 3 (O necessário), p. 23-24.

Orientações ao monitor

Dividir a turma em três grupos, numerando-os de 1 a 3. Cada grupo deve estudar um dos textos evangélicos e as respectivas análises espíritas, indicadas neste Roteiro e, em seguida, elaborar breve síntese.

Concluída esta tarefa, os participantes indicam os respectivos relatores que, na forma de rodízio, se deslocam para os demais grupos, assim:

a) 1 vai para 2; 2 vai para 3; 3 vai para 1; b) após o deslocamento, os relatores apresentam a síntese que foi elaborada pela sua equipe; c) faz-se novo rodízio até que os relatores retornem ao seu grupo inicial. O monitor realiza, então, o fechamento do assunto, apresentando ideias-chave relacionadas aos registros de Lucas e de João, conferindo se ocorreu bom entendimento do assunto.

APRENDENDO COM FATOS COTIDIANOS

Roteiro 2

A MULHER SIROFENÍCIA

Objetivos

» Elucidar, à luz dos ensinamentos espíritas, as ideias desenvolvidas durante o diálogo ocorrido entre a mulher sirofenícia e Jesus, desencadeado após pedido de auxílio que ela dirigiu ao Mestre.

Ideias principais

» A mulher sirofenícia, ou cananeia, embora fosse politeísta e de formação cultural diferente dos judeus, revelou poderosa fé em Jesus quando lhe rogou auxílio.

» *A mulher cananeia simboliza todas as nações da Terra que um dia acorrerão a abraçar o Evangelho.* Eliseu Rigonatti: O evangelho dos humildes. Cap. XV, item: A mulher cananeia.

Subsídios

1. Texto evangélico

E, partindo Jesus dali, foi para as partes de Tiro e de Sidom. E eis que uma mulher cananeia, que saíra daquelas cercanias, clamou, dizendo: Senhor, Filho de Davi, tem misericórdia de mim, que minha filha está miseravelmente endemoninhada. Mas ele não lhe respondeu palavra. E os seus discípulos, chegando ao pé dele, rogaram-lhe, dizendo: Despede-a, que vem gritando atrás de nós. E ele, respondendo, disse: Eu não fui enviado senão às ovelhas perdidas da casa de Israel. Então, chegou ela e adorou-o, dizendo: Senhor, socorre-me. Ele, porém, respondendo, disse: Não é bom pegar o pão dos filhos e deitá-lo aos cachorrinhos. E ela disse: Sim, Senhor, mas também os cachorrinhos comem das migalhas que caem da mesa dos seus senhores. Então, respondeu Jesus e disse-lhe: Ó mulher, grande é a tua fé. Seja isso feito para contigo, como tu desejas. E, desde aquela hora, a sua filha ficou sã. (MATEUS, 15:21-28.)

A atitude de Jesus perante a mulher que lhe roga auxílio se revela, à primeira vista, surpreendente. O acontecimento em estudo envolve aspectos valiosos para quantos têm buscado na Boa-Nova o sentido de compreender, não somente os valores de ordem educacional, mas, também aspectos da maior transcendência no que se reporta ao mecanismo da própria evolução. Retirando, porém, o espírito da letra, compreende-se porque Jesus agiu daquela forma. Algumas informações históricas são importantes para a contextualização da história.

A palavra *cananeu* tem origem em *Canaã*, filho de Cam (ou Cão), neto de Noé, cujos descendentes falavam a língua semítica. Há três referências históricas relacionadas ao vocábulo, assim especificadas:[1]

» Habitantes que viviam restritos na região sirofenícia, propriamente dita, em especial, a Fenícia: os arqueus, os sineus e os zemareus.

» Povos existentes nas regiões conhecidas como sirofenícia e siro-palestina (vale do Sidom a Gaza; mar Morto; cidades de Sodoma e Gomorra e região de Lasa, ao Norte): heteus, jebuseus, amorreus, heveus, girgaseus, além dos arqueus, sineus e zemareus, citados no item anterior.

» Qualquer mercador ou comerciante, visto que o comércio era a atividade que mais caracterizava os cananeus. Os sirofenícios eram famosos pela produção de artigos de luxo, artesões que trabalhavam, admiravelmente, o mármore e outras pedras lavradas.

Quanto à religião, os cananeus eram politeístas, adoradores de vários deuses, sendo os mais conhecidos Baal, Hadade e Dagom, assim como as deusas Aserá, Astarte e Anate.[1]

Retornando ao texto evangélico, registrado por Mateus, percebemos que a fama de Jesus não se limitava à Palestina, estendendo-se além-fronteiras. A cada instante, os registros evangélicos apontam a capacidade polarizadora do Mestre. Sua autoridade faz-se presente como um sol a irradiar vida abundante. Não necessitava fazer-se anunciar. Bastava sua presença, sua movimentação e, às vezes, ligeiras informações durante a sua passagem ou chegada a algum lugar, para que dele se aproximassem os trôpegos e os carentes de toda ordem, criaturas ávidas de orientação e arrimo.

A proposta orientadora de Jesus é dirigida, preferencialmente, aos deserdados, aos caídos, como era a situação da mulher sirofenícia. Por considerar a origem étnico-cultural da mulher cananeia, e para evitar dar "aos cães as coisas santas", ou deitar-se "aos porcos as vossas pérolas" (MATEUS, 7:6), segundo a linguagem evangélica, Jesus agiu com cautela, a fim de não imprimir ação coercitiva, capaz de violentar a personalidade da irmã que, aliás, soube receber o auxílio com lucidez, porque sabia, realmente, o que necessitava.

2. Interpretação do texto evangélico

E, partindo Jesus dali, foi para as partes de Tiro e de Sidom. E eis que uma mulher cananeia, que saíra daquelas cercanias, clamou, dizendo: Senhor, Filho de Davi, tem misericórdia de mim, que minha filha está miseravelmente endemoninhada. Mas ele não lhe respondeu palavra. E os seus discípulos, chegando ao pé dele, rogaram-lhe, dizendo: Despede-a, que vem gritando atrás de nós. E ele, respondendo, disse: Eu não fui enviado senão às ovelhas perdidas da casa de Israel (Mt 15:21-24).

> A mulher cananeia simboliza todas as nações da Terra que um dia acorrerão a abraçar o Evangelho. Jesus pregou o Evangelho aos israelitas e assim mesmo a uma diminuta parte deles. Ele veio plantar a semente do Evangelho; outros se encarregariam de cuidar dela, até que se tornasse uma árvore generosa, a cuja sombra descansaria a Humanidade. Por isso é que Ele diz que foi enviado somente às ovelhas perdidas da casa de Israel.[2]

A ida para "as partes de Tiro e de Sidom" sugere atendimento circunstancial, realizado pelo Mestre e que passaria à História como exemplo. Parece que não havia intenção, por parte de Jesus, em pregar naquela região específica, constituída por povos de tradições culturais e religiosas tão diversas, que ainda não possuíam consciência da ideia de Deus único. Daí Ele responder aos discípulos que lhe pediram para dispensar a solicitante: "Eu não fui enviado senão às ovelhas perdidas da casa de Israel".

O aprendiz do Evangelho, entretanto, deve estar suficientemente esclarecido, mantendo-se atento aos acontecimentos que surgem, espontaneamente, em sua caminhada evolutiva. Deve considerar que, independentemente dos planejamentos, das diferenças religiosas, do nível de entendimento espiritual, assim como das circunstâncias, pessoas e locais, a necessidade de auxiliar o próximo se revela como prioridade maior da existência. Em geral, é exatamente nesses acontecimentos que se manifesta a vontade do Pai.

> À primeira vista, parece que Jesus não tinha se apiedado da mulher cananeia, cuja filha estava obsidiada. Tal não era, porém, o pensamento do Mestre, cujo coração pulsava em uníssono com os corações dos sofredores que o chamavam. Com sua palavra, que parece envolver uma recusa, quis Jesus provar se aquela mulher tinha fé suficiente para merecer a graça que pedia. [2]

Importante atentar-se para a forma como o fato é narrado: "eis que uma mulher cananeia, que saíra daquelas cercanias, clamou, dizendo". Está claro que se tratava de um Espírito portador de cultura espiritual pouco abrangente, ainda preso aos campos da evolução natural. Saindo daquelas "cercanias" indica a sua origem. O verbo "sair", presente na frase, sugere que, nada obstante seus parcos conhecimentos espirituais, ela já revelava possuir alguma informação, não se mantendo presa às orientações da prática politeísta.

A mulher cananeia foi atraída por uma fonte vibracional diferente, plena de amor e de energias positivas, consubstanciada na figura de Jesus que, eventualmente, por ali se movimentava.

> Jesus, em sua passagem pelo Planeta, foi a sublimação individualizada do magnetismo pessoal, em sua expressão substancialmente divina. As criaturas disputavam-lhe o encanto da presença, as multidões seguiam-lhe os passos, tocadas de singular admiração. Quase toda gente buscava tocar-lhe a vestidura. Dele emanavam irradiações de amor que neutralizavam moléstias recalcitrantes. Produzia o Mestre, espontaneamente, o clima de paz que alcançava quantos lhe gozavam a companhia.[5]

Por outro lado, o pedido da mulher extrapolava as meras necessidades de ordem física, revelando o desejo sincero de libertar do sofrimento um ente querido, ainda que a súplica pedisse misericórdia para si mesma: "Senhor, Filho de Davi, tem misericórdia de mim, que minha filha está miseravelmente endemoninhada". O pedido de socorro, na verdade, era para um ser amado, preso ao doloroso processo obsessivo da subjugação. Nessas condições, as circunstâncias são alteradas pela força do amor, cujo poder é inestimável.

Só o amor consegue totalizar a glória da vida. Quem vive respira. Quem trabalha progride. Quem sabe percebe. Quem ama respira, progride, percebe, compreende, serve e sublima, espalhando a felicidade.[6]

Informa, contudo, o versículo 23 de MATEUS que: "Mas ele não lhe respondeu palavra. E os seus discípulos, chegando ao pé dele, rogaram-lhe, dizendo: Despede-a, que vem gritando atrás de nós". Trata-se de uma situação especial em que o silêncio é a melhor resposta, a forma mais prudente de agir, diante de pessoas que demonstram pouco entendimento da realidade dos fatos, ou que se encontram sob o impacto de forte emoção. É medida de bom senso silenciar e aguardar o trabalho do tempo.

Por outro lado, é possível que os discípulos tenham interpretado equivocadamente o silêncio de Jesus, por isto disseram ao Senhor: "Despede-a, que vem gritando atrás de nós". Esta colocação provocou a manifestação de Jesus por meio destas palavras, constantes do versículo 24: "Eu não fui enviado senão às ovelhas perdidas da casa de Israel". Quer isto dizer que, a despeito de sua mensagem ser destinada a todos os povos do planeta, do passado, presente e futuro, naquele momento específico recordava que, primordialmente, era preciso semeá-la, com proveito, no meio em que oferecia melhores condições: os judeus, os quais possuíam base monoteísta firme, a despeito dos desvios religiosos e dos equívocos existentes.

Os povos gentílicos seriam objeto de atendimento especial, posteriormente.

Era preciso, antes de conhecer o Evangelho, ter noção de Deus único. De acordo com as orientações espíritas, as "ovelhas perdidas da casa de Israel" referem-se a um grupo de Espíritos, vindos de Capela, cujo aproveitamento dos ensinamentos superiores foi praticamente nulificado, a despeito da crença monoteísta que possuíam. Renasceram na Terra para reparar erros cometidos contra a Lei de Deus. Degredados no nosso orbe, assumiram o compromisso de cooperarem no progresso da humanidade terrestre, transmitindo-lhe a ideia de Deus único. Ao mesmo tempo, reajustavam-se perante a Lei divina.

Emmanuel esclarece a respeito desses degredados no nosso mundo:

> Foi assim que Jesus recebeu, à luz do seu reino de amor e de justiça, aquela turba de seres sofredores e infelizes. Com a sua palavra sábia e compassiva, exortou essas almas desventuradas à edificação da consciência pelo cumprimento dos deveres de solidariedade e de amor, no

esforço regenerador de si mesmas. Mostrou-lhes os campos imensos de lutas que se desdobravam na Terra, envolvendo-as no halo bendito da sua misericórdia e da sua caridade sem limites. Abençoou-lhes as lágrimas santificadoras, fazendo-lhes sentir os sagrados triunfos do futuro e prometendo-lhes a sua colaboração cotidiana e a sua vinda no porvir. [4]

» *Então, chegou ela e adorou-o, dizendo: Senhor, socorre-me. Ele, porém, respondendo, disse: Não é bom pegar o pão dos filhos e deitá-lo aos cachorrinhos. E ela disse: Sim, Senhor, mas também os cachorrinhos comem das migalhas que caem da mesa dos seus senhores. Então, respondeu Jesus e disse-lhe: Ó mulher, grande é a tua fé. Seja isso feito para contigo, como tu desejas. E, desde aquela hora, a sua filha ficou sã* (Mt 15:25-28).

A mulher sirofenícia não se deixa abater pelo silêncio de Jesus nem com as palavras dos discípulos. Persiste no seu propósito de receber o auxílio, implorando e argumentando com o Senhor. Alimentada pela força do amor que devotava à filha e pela confiança em Jesus, o mensageiro celestial, multiplicou as foças íntimas, prostrando-se junto ao Mestre, dizendo com mais convicção: "Senhor, socorre-me".

Há algo mais na postura dessa mulher: ela depositou toda a sua esperança, alimentada pela fé inarredável na pessoa do Senhor. Os verbos: "chegou" e "adorou-o" definem o alto grau de segurança e de humildade dessa criatura. Fica evidente também que ela realmente possuía muito mais informações sobre os poderes de Jesus, do que usualmente um sirofenício teria. Mesmo assim, em nenhum momento agrediu, revoltou-se ou insurgiu-se de qualquer maneira. Simplesmente, disse: "Senhor, socorre-me". Temos, assim, o valor da humildade associado à fé.

O acontecimento ficou preso no tempo, mas o ensinamento permanece e se irradia pelos séculos. Jesus não pronunciou qualquer palavra, no primeiro momento. Entretanto, um diálogo inarticulado foi instaurado, que culminou com o pedido de socorro daquela mulher confiante e esperançosa, que soube submeter-se ao amparo da misericórdia do Senhor.

O Mestre, entretanto, ao ouvir o segundo apelo, lhe responde: "Não é bom pegar o pão dos filhos e deitá-lo aos cachorrinhos". A interpretação literal deste versículo 26 é totalmente imprópria. Aliás, esta afirmativa costuma escandalizar alguns aprendizes mais desavisados. A expressão é direta, mas acentuadamente afetiva, respeitosa, considerando o sentido didático da lição que o Mestre estava produzindo.

Existiu uma razão para Jesus pronunciar aquelas palavras: era preciso que ela, a mulher sirofenícia, recordasse a sua origem de "ovelha perdida da casa de Israel", renascida, naquela existência, no seio de um povo politeísta. Ela é o símbolo de alguém que renega a sua origem divina (tal como aconteceu ao filho pródigo) para entregar-se às sensações e aos prazeres da vida material. Preferiu Mamon a Deus. Entretanto, os reflexos da sua escolha infeliz se faziam presentes. Por isso ela buscou Jesus com tanta veemência.

Por outro lado, importa considerar que o Mestre testou a fé que ela, aparentemente, revelava possuir, a fim de que a lição ficasse clara para o aprendiz do Evangelho: "Seria ela uma ovelha perdida que desejava voltar ao redil?" ou "Seria alguém que, por ser informada dos prodígios operados por Jesus, desejava se ver livre de um problema que lhe atormentava a existência?"

Apesar da incipiente base de conhecimento espiritual que ela recebeu naquela existência expiatória, o Mestre a reconheceu ("ovelha perdida da casa de Israel"), de imediato, de forma que o diálogo que se seguiu, foi para revelar quem ela era e de onde ela vinha. Condição que ficou plenamente demonstrada não só porque a cananeia busca e adora Jesus, reconhecendo-o como o benfeitor maior, mas, também, pela lucidez do diálogo que com Ele estabelece.

Quando Jesus responde-lhe que "não é bom pegar no pão dos filhos e deitá-lo aos cachorrinhos" não a estava humilhando, comparando-a com os filhotes de cães. A palavra "cachorrinhos" tem o sentido de "criancinhas" que, no texto, simbolizava o pouco conhecimento espiritual dos sirofenícios que, por serem politeístas, ainda se encontravam no estágio inicial dos processos que levam à compreensão de Deus único. Os "filhos" simbolizavam os judeus, monoteístas por natureza, isto é, Espíritos que se encontravam um passo à frente, em termos de entendimento espiritual, a despeito das distorções religiosas existentes.

Dessa forma, o alimento espiritual destinado aos seres humanos, simbolizados como "filhos", deveria ser diferente do que era fornecido aos "cachorrinhos" — animais fiéis, muito próximos dos homens — ou "filhotes" que, por representarem crianças espirituais, requisitavam uma alimentação menos consistente, apropriada à idade infantil.

Cairbar Schutel complementa a lição com estas explicações:

A mulher sirofenícia, embora não fosse da "casa de Israel", era uma dessas ovelhas. A sua intuição de procurar a Jesus, o seu gesto de prostrar-se a seus pés, o seu modo decisivo e claro de falar-lhe, a sua insistência na rogativa dirigida ao Mestre, mostra bem claramente que se tratava de uma pessoa que não podia deixar de ter afinidade espiritual com Jesus. Para afirmar mais ainda a sua fé, e certamente porque aquela mulher havia cometido a grande falta do "desgarramento" do seu rebanho em anterior encarnação, Jesus propositadamente tratou-a com severidade, pois assim despertaria nela fundas intuições de haver abandonado o Mestre e ela se firmaria ainda mais no dever de reparar a falta [...]. Já não era somente a cura de sua filha que ela desejava; queria também, embora "como um cachorrinho", comer uma migalha daquele pão da Vida que Jesus estava distribuindo tão fartamente e com tanto amor, para os deserdados da sorte. Aberto o Espírito para as coisas divinas e publicamente proclamada a fé e a crença resoluta que ela mantinha, Jesus não se fez mais rogado, e, satisfazendo-lhe o desejo, frisou bem: "Por esta palavra vai-te, faça-se contigo como queres. Mulher, grande é a tua fé!" E daquela hora em diante a sua filha ficou sã.[3]

Referências

1. DOUGLAS, J. D. *O novo dicionário da Bíblia*. Tradução de João Bentes. 3. ed. São Paulo: Vida Nova, 2006, p. 190-191.
2. RIGONATTI, Eliseu. *O evangelho dos humildes*. 15. ed. São Paulo: Pensamento, 2003. Cap. 15 (A tradição dos antigos), item: A mulher cananeia, p. 151.
3. SCHUTEL, Cairbar. *O espírito do cristianismo*. 8. ed. Matão: O Clarim, 2001. Cap. 63 (A cura da filha da mulher sirofenícia), p. 323.
4. XAVIER, Francisco Cândido. *A caminho da luz*. Pelo Espírito Emmanuel. 36. ed. Rio de Janeiro: FEB, 2007. Cap. 3 (As raças adâmicas), item: Espíritos exilados na Terra, p. 35.
5. _____. *Pão nosso*. Pelo Espírito Emmanuel. 29. ed. Rio de Janeiro: FEB, 2007. Cap. 110 (Magnetismo pessoal), p. 235-236.
6. XAVIER, Francisco Cândido; VIEIRA, Waldo. *O espírito da verdade*. Por diversos Espíritos. 16. ed. Rio de Janeiro: FEB, 2006. Cap. 78 (Na exaltação do amor – texto de André Luiz), p. 178-179.

Orientações ao monitor

Analisar o assunto desenvolvido no Roteiro por meio da técnica de discussão circular. Concluída a análise, fazer uma exposição final como fechamento das principais ideias estudadas.

EADE – LIVRO III | MÓDULO V

APRENDENDO COM FATOS COTIDIANOS

Roteiro 3

A VINDA DO REINO

Objetivos

- Explicar o que é Reino dos céus, segundo a Doutrina Espírita.
- Citar as principais condições para o estabelecimento do Reino de Deus na Terra.
- Analisar que tipos de desafios podem ser encontrados pelo discípulo que deseja alcançar o Reino dos céus.

Ideias principais

- O Reino dos céus é [...] *trabalho perseverante pelo bem real da Humanidade inteira.* Humberto de Campos: *Boa nova.* Cap. 4.
- *O Reino do Céu no coração deve ser o tema central de nossa vida. Tudo mais é acessório.* Humberto de Campos: *Boa nova.* Cap. 12.
- *[...] é indispensável procuremos o Reino de Deus e sua justiça, que expressam felicidade com merecimento.*
- *Façamos o melhor, sentindo, pensando e falando o melhor que pudermos.*
- *Honrando o Reino de Deus e sua justiça, o nosso divino Mestre passou na Terra em permanente doação de si mesmo...*

> *Eis o padrão que nos deve inspirar as atividades, porque não nos bastará crer acertadamente e ensinar com brilho, mas, acima de tudo, viver as lições.*

> *O Reino de Deus inclui todos os bens materiais e morais, capazes de serem incorporados ao nosso Espírito, seja onde for, no entanto, importa merecê-lo por justiça e não apenas desejá-lo pela fé.* Álvaro Reis: *Instruções psicofônicas*. Cap. 3.

Subsídios

1. Texto evangélico

O povo que estava assentado em trevas viu uma grande luz; e aos que estavam assentados na região e sombra da morte a luz raiou. Desde então, começou Jesus a pregar e a dizer: Arrependei-vos, porque é chegado o Reino dos céus. (MATEUS, 4:16-17.)

Por este registro de Mateus — também citado por MARCOS,1:14-15 e LUCAS, 4:43 — Jesus anuncia o início da era que marcaria o período de efetiva melhoria espiritual da humanidade terrestre. Trata-se de um processo que implica evolução moral do Espírito e secundado pelas conquistas do conhecimento. O progresso dos seres se desenvolve ao longo das reencarnações sucessivas e durante estadias no plano espiritual. O sucesso desse empreendimento depende da predisposição e dos esforços individuais.

> O Reino dos céus ou reino de Deus é o tema central da pregação de Jesus, segundo os evangelhos sinópticos. Enquanto Mateus, que se dirige aos judeus, na maioria das vezes fala em "Reino dos céus", Marcos e Lucas falam sobre o "Reino de Deus", expressão esta que tem o mesmo sentido daquela, ainda que mais inteligível para os não judeus. O emprego de "Reino dos céus", em Mateus, certamente é devido à tendência, no Judaísmo, de evitar o uso direto do nome de Deus. Seja como for, nenhuma distinção quanto ao sentido, deve ser suposta entre essas duas expressões [...].[2]

A "vinda do Reino dos céus" atinge diretamente o coração. Não há imposição nem violência, de qualquer espécie, uma vez que o "Reino dos céus" se manifesta nos escaninhos profundos da alma, sem o fantasma do constrangimento ou da coação. Por não compreender a essência do reinado divino, que é a prática da lei de amor, a legislação humana impõe, pune e exige. Entretanto, por ser o amor o substrato da construção do Reino dos céus, opera com paciência e perseverança até que os homens despertem totalmente e o recebam definitivamente. Por este motivo, afirmou Jesus, segundo o registro de Lucas: "O Reino de Deus está entre vós" (Lc 17:21).

> O Reino divino não será concretizado na Terra, pela prática de atitudes extremistas.
>
> O próprio Mestre asseverou-nos que a sublime realização está no meio de nós.
>
> A edificação do Reino divino é obra de aprimoramento, de ordem, esforço e aplicação aos desígnios do Mestre, com bases no trabalho metódico e na harmonia necessária.[12]

2. Interpretação do texto evangélico

» *O povo que estava assentado em trevas viu uma grande luz; e aos que estavam assentados na região e sombra da morte a luz raiou* (Mt 4:16).

A palavra "povo" traz o sentido de coletividade ou de agrupamento de indivíduos, como se sabe. Pode fazer referência a todos os habitantes do planeta ou de uma parte destes. No texto evangélico em questão, refere-se a um povo específico o "que estava assentado em trevas", que faz, por sua vez, referência cruzada com Isaías, 9:2. Mas, há algo mais: o referido povo além de se encontrar em trevas, estava "assentado", ou seja, totalmente acomodado na situação.

Afinal, o que significa "estar em trevas"? Que povo era aquele que "estava assentado em trevas"?

A palavra "trevas" significa estado de ignorância e de desinformação, relativo às verdades espirituais. O indivíduo pode até possuir informações de natureza espiritualista ou religiosa. Entretanto, tais informações são mantidas na superfície do processo evolutivo, sem força moral suficiente para operar uma verdadeira transformação no ser, tornando-o melhor. É por este motivo que o Cristo assevera: "Eu sou a luz do mundo; quem me segue não andará em trevas, mas terá a luz da vida" (Jo 8:12).

A Doutrina Espírita esclarece que não é suficiente o indivíduo estar informado sobre um ou outro ensino moral. É necessário desenvolver esforço persistente de melhoria espiritual, combatendo as imperfeições.

O espírita, nesse particular, está suficientemente esclarecido de que para se libertar das trevas é preciso seguir Jesus, incorporando em suas ações cotidianas a mensagem de amor ensinada no Evangelho. Entretanto, para se transformar em "a luz do mundo" ("vós sois a luz do mundo"– Mt 5:14), é preciso esforço maior.

Há quem admire a glória do Cristo. Mas a admiração pura e simples pode transformarse em êxtase inoperante.

Há quem creia nas promessas do Senhor. Todavia, a crença só por si pode gerar o fanatismo e a discórdia.

Há quem defenda a revelação de Jesus. Entretanto, a defesa considerada isoladamente pode gerar o sectarismo e a cegueira.

Há quem confie no divino Mestre. Contudo, a confiança estagnada pode ser uma força inerte.

Há quem espere pelo eterno benfeitor. No entanto, a expectativa sem trabalho pode ser ansiedade inútil.

Há quem louve o Salvador. Louvor exclusivo, porém, pode coagular a adoração improdutiva.

A palavra do Enviado celeste, entretanto, é clara e incisiva: "Aquele que me segue não andará em trevas."[4]

"O povo que estava assentado em trevas" representa, em especial, os religiosos que priorizam as práticas e a teologia em detrimento do ensinamento espiritual, elemento renovador da posição evolutiva do ser humano. Sendo assim, é imperativo penetrar na essência dos ensinamentos e segui-los na íntegra. Há religiões mais esclarecidas do que outras, mas todas ensinam o bem. O religioso que se prende às práticas da religião, não se revela suficientemente atento ao processo de transformação moral e, em geral, não mede os efeitos dos seus atos na vida das pessoas e na sociedade. Em consequência, desenvolve excessivo apego às ordenações da existência material. Por exemplo, pelo "[...] simples fato de duvidar da vida futura, o homem dirige todos os seus pensamentos para a vida terrestre. Sem nenhuma certeza quanto ao porvir, dá tudo ao presente".[1]

"O povo que estava assentado nas trevas" pode indicar, igualmente, qualquer coletividade humana que se mantém indiferente ao processo de melhoria espiritual. Esse povo representa os grupos de pessoas descuidadas, ignorantes da realidade e alheias à manifestação da vida. Cedo ou tarde, serão sacudidas pela lei do progresso e verão a "grande luz", segundo o relato do texto evangélico.

Sigamos de perto o sentido desta orientação de Emmanuel, a fim de não nos comprometer com a ignorância e retardar o nosso processo evolutivo:

> Cede aos poderes humanos respeitáveis o que lhes cabe por direito lógico da vida, mas não te esqueças de dar ao Senhor o que lhe pertence.
>
> [...]
>
> Não convém concentrar em organizações mutáveis do plano carnal todas as nossas esperanças e aspirações.
>
> O homem interior renova-se diariamente. Por isso, a ciência que lhe atende as reclamações, nos minutos que passam, não é a mesma que o servia, nas horas que se foram, e a do futuro será muito diversa daquela que o auxilia no presente. A política do pretérito deu lugar à política das lutas modernas. Ao triunfo sanguinolento dos mais fortes ao tempo da selvageria sem peias, seguiu-se a autocracia militarista. A força cedeu à autoridade, a autoridade ao direito. No setor das atividades religiosas, o esforço evolutivo não tem sido menor.
>
> [...]
>
> Examinando a fisionomia indisfarçável da verdade, como hipertrofiar o sentimento, definindo-te, em absoluto, por instituições terrestres que carecem, acima de tudo, de teu próprio auxílio espiritual?[3]

A evolução se encaminha de forma que envolve toda a comunidade humana, em um ou outro momento: ao lado das criaturas já plenamente esclarecidas, encontram-se as ignorantes, de diferentes graus. Estas, no momento propício, porém, serão banhadas por uma "grande luz" implementadora do progresso espiritual. E os que estavam "assentados" se erguerão.

A segunda parte do versículo 16 apresenta esta informação: "E aos que estavam assentados na região e sombra da morte a luz raiou." Não deixa de ser interessante este detalhe. Percebemos que, o esclarecimento doutrinário não se aplica apenas ao povo "que estava assentado em trevas" (ou seja, todos os ignorantes e desinformados), mas, especificamente, aos que "estavam assentados na região e sombra da morte".

As anotações do evangelista apontam, portanto, para um grupo de Espíritos que se encontrava em uma esfera, morada ou região evolutiva. É preciso atenção: tais localidades não devem ser confundidas com habitações físicas. São moradas mentais, os locais onde a mente se encontra, de acordo com o progresso evolutivo alcançado. São regiões eleitas por cada um, de acordo com as manifestações do livre-arbítrio, e em decorrência dos desejos, vontade e seleções íntimos.

» *Desde então, começou Jesus a pregar e a dizer: Arrependei-vos, porque é chegado o Reino dos céus* (Mt 4:17).

Nesta exortação de Jesus há um alerta-convite: "Arrependei-vos!" e um anúncio: "é chegado o Reino dos céus".

"Arrependei-vos!" é expressão portadora do convite que tem percorrido os séculos, aguardando o despertar e a disposição de cada um. Muitos, pelos percalços e provações existenciais, aproximam-se desse momento decisório. Não basta apenas o remorso dos erros cometidos nem o simples desejo de se tornar criatura melhor. Muitos indivíduos iniciam o trabalho renovador, não porque estejam esclarecidos da importância do progresso espiritual, mas porque sofrem remorso. Submetidos à tutela do arrependimento, buscam então alívio para a consciência culpada.

Vemos, assim, que o remorso tem conduzido muitos Espíritos ao arrependimento que, por sua vez, oferece bases para programar a reparação dos erros cometidos perante a Lei de Deus.

A conquista do Reino de Deus, ou dos céus, apresenta, em síntese, as seguintes características, transmitidas pelo Espírito Irmão X, pela mediunidade de Chico Xavier:

1. Está substanciado no Evangelho, transmitido por Jesus, o mensageiro da Vida eterna.[5]

2. Tem como finalidade construir um mundo renovado, onde não exista

"[...] nem opressores, nem vítimas, e, sim, irmãos, filhos do mesmo Pai..."[5]

3. Obedece ao seguinte lema: "O amor a Deus, acima de tudo, e ao próximo como a nós mesmos."[5]

4. A norma de trabalho é: "Bondade para com todos os seres, inclusive os próprios inimigos."[5]

5. O programa se fundamenta na cooperação "[...] com o Pai supremo, sob todos os aspectos, em favor do mundo regenerado."[5]

6. O objetivo é garantir:"Felicidade para todas as criaturas."[5]

7. São diretrizes da conquista do Reino de Deus:

Perdão extenso e sincero, esquecimento do mal, auxílio mútuo, fraternidade legítima, oração pelos adversários e perseguidores, serviço desinteressado e ação altruística sem recompensa, com absoluta perseverança no bem, até ao fim da luta.[6]

8. A implantação do Reino ocorrerá sem a presença de homens armados:

"O Mestre confia no concurso dos homens de boa vontade, na salvação da Terra. [...] Nossa batalha é da luz contra a sombra; dispensa a competição sangrenta."[7]

9. Além das qualidades ou virtudes morais comuns, o candidato deve demonstrar: "Extrema fidelidade a Deus, num coração valoroso e fraterno, disposto a servir na Terra em nome do Céu."[7]

Para que tais condições sejam atendidas, o candidato deve estar informado a respeito destas instruções:

» Os alicerces da nova ordem estão estabelecidos nas "[...] obrigações do trabalho para todos".[9]

» Há uma organização hierárquica de Espíritos na qual os mais evoluídos auxiliam os que se encontram em situação pior, e a ocupação dos mais inteligentes é instruir os ignorantes.[10]

» Os homens bons ajudarão "[...] aos maus, a fim de que estes se façam igualmente bons".[11]

» Os ricos deverão amparar "[...] os mais pobres para que também se enriqueçam de recursos e conhecimentos".[11]

Todas essas normas serão ditadas conforme "[...] amor pelo sacrifício, que florescerá em obras de paz no caminho de todos."[11] Da mesma forma, a fiscalização desse novo regime contará com o nível de compreensão da responsabilidade de cada colaborador.[11]

A implantação do Reino dos céus no coração dos homens dispensará imposições, prisões, impostos, castigos e lutas armadas, mas reclamará de todos nós dedicação constante, pois a "[...] atividade divina jamais cessa e justamente no quadro da luta benéfica é que o discípulo insculpirá a própria vitória".[8]

O [...] espírito de renúncia, de serviço, de humildade, de paciência, de fraternidade, de sinceridade e, sobretudo, do amor de que somos credores, uns para com os outros, e a nossa vitória permanecerá muito mais na ação incessante do bem com o desprendimento da posse, na esfera de cada um, que nos próprios fundamentos da Justiça, até agora conhecidos no mundo.[11]

Referências

1. KARDEC, Allan. *O evangelho segundo o espiritismo*. Tradução de Guillon Ribeiro. 127. ed. Rio de Janeiro: FEB, 2006. Cap. 2, item 5.

2. DOUGLAS, J. D. *O novo dicionário da Bíblia*. Tradução de João Bentes. 3. ed. São Paulo: Vida Nova, 2006, p.1148.

3. XAVIER, Francisco Cândido. *Fonte viva*. Pelo Espírito Emmanuel. 36. ed. Rio de Janeiro: FEB, 2007. Cap. 148 (O herdeiro do Pai), p. 363-364.

4. _____. _____. Cap. 166 (Sigamo-lo), p. 403.

5. _____. *Luz acima*. Pelo Espírito Irmão X. 10. ed. Rio de Janeiro: FEB, 2007. Cap. 15 (O candidato apressado), p. 71.

6. _____._____. p. 71-72.

7. _____._____. p. 72.

8. _____. *Pão nosso*. Pelo Espírito Emmanuel. 29. ed. Rio de Janeiro: FEB, 2007. Cap. 133 (O grande futuro), p. 282.

9. _____. *Pontos e contos*. Pelo Espírito Irmão X. 110. ed. Rio de Janeiro: FEB, 2007. Cap. 1 (O programa do Senhor), p. 16.

10. _____._____. p. 16-17.

11. _____._____. p. 17.

12. _____. *Vinha de luz*. Pelo Espírito Emmanuel. 26. ed. Rio de Janeiro: FEB, 2007. Cap. 177 (Edificação do reino), p. 392.

Orientações ao monitor

Fazer uma apresentação das ideias norteadoras do estudo, inseridas neste Roteiro. Em sequência, pedir à turma que realize as seguintes atividades, em grupos: a) leitura do Roteiro; b) destaque dos pontos considerados mais importantes; c) indicação dos principais obstáculos que poderiam dificultar ou impedir a implantação do Reino dos céus no nosso planeta, tendo como base os itens dos Subsídios numerados de 1 a 9 e, também, os colocados em seguida a estes, assinalados com marcadores.

EADE LIVRO III | MÓDULO VI

APRENDENDO COM FATOS EXTRAORDINÁRIOS

EADE – LIVRO III | MÓDULO VI

APRENDENDO COM FATOS EXTRAORDINÁRIOS

Roteiro 1

A RESSURREIÇÃO DE LÁZARO

Objetivos

» Analisar a ressurreição de Lázaro, à luz do entendimento espírita.
» Enfatizar as lições de natureza espiritual de que o episódio se reveste.

Ideias principais

» Em razão da poderosa vontade do Cristo e do seu excepcional magnetismo, Jesus permitiu que Lázaro retornasse à vida, reintegrando o seu perispírito ao corpo físico. Fez [...] *voltar ao corpo o Espírito, prestes a abandoná-lo, uma vez que o laço perispirítico ainda se não rompera definitivamente. Para os homens daquela época, que consideravam morto o indivíduo desde que deixara de respirar, havia ressurreição em casos tais* [...]. Allan Kardec: *A gênese.* Cap. XV, item 39.

» Lázaro [...] *estava, dizem, havia quatro dias no sepulcro; sabe-se, porém, que há letargias que duram oito dias e até mais. Acrescentam que já cheirava mal, o que é sinal de decomposição. Esta alegação também nada prova, dado que em certos indivíduos há decomposição parcial do corpo, mesmo antes da morte, havendo em tal caso cheiro de podridão. A morte só se verifica quando são atacados os órgãos essenciais à vida.* Allan Kardec: *A gênese.* Cap. XV, item 40.

Subsídios

1. Texto evangélico

Estava, então, enfermo um certo Lázaro, de Betânia, aldeia de Maria e de sua irmã Marta. E Maria era aquela que tinha ungido o Senhor com unguento e lhe tinha enxugado os pés com os seus cabelos, cujo irmão, Lázaro, estava enfermo. Mandaram-lhe, pois, suas irmãs dizer: Senhor, eis que está enfermo aquele que tu amas. E Jesus, ouvindo isso, disse: Esta enfermidade não é para morte, mas para glória de Deus, para que o Filho de Deus seja glorificado por ela. [...] Assim falou e, depois, disse-lhes: Lázaro, o nosso amigo, dorme, mas vou despertá-lo do sono. [...] Disse, pois, Marta a Jesus: Senhor, se tu estivesses aqui, meu irmão não teria morrido. Mas também, agora, sei que tudo quanto pedires a Deus, Deus to concederá. Disse-lhe Jesus: Teu irmão há de ressuscitar. [...] Jesus, pois, movendo-se outra vez muito em si mesmo, foi ao sepulcro; e era uma caverna e tinha uma pedra posta sobre ela. Disse Jesus: Tirai a pedra. Marta, irmã do defunto, disse-lhe: Senhor, já cheira mal, porque é já de quatro dias. Disse-lhe Jesus: Não te hei dito que, se creres, verás a glória de Deus? Tiraram, pois, a pedra. E Jesus, levantando os olhos para o céu, disse: Pai, graças te dou, por me haveres ouvido. Eu bem sei que sempre me ouves, mas eu disse isso por causa da multidão que está ao redor, para que creiam que tu me enviaste. E, tendo dito isso, clamou com grande voz: Lázaro, vem para fora. E o defunto saiu, tendo as mãos e os pés ligados com faixas, e o seu rosto, envolto num lenço. Disse-lhes Jesus: Desligai-o e deixai-o ir. (João, 11:1-4; 11; 21-23; 38-44.)

A ressurreição de Lázaro nada tem de milagroso e, a despeito de ser considerada um acontecimento extraordinário, oferece oportunidade para muitas reflexões, no que diz respeito aos aspectos físicos, propriamente ditos, quanto às implicações espirituais.

A "morte" de Lázaro era mais aparente que real, em razão da enfermidade que o atingiu. Encontrava-se em avançado estado letárgico, de coma profundo, sugestivo de morte do veículo físico. Se Jesus não tivesse reintegrado o Espírito Lázaro ao corpo, a desencarnação ocorreria de fato e muito em breve, pois o veículo somático revelava sinais de decomposição.

Em certos estados patológicos, quando o Espírito há deixado o corpo e o perispírito só por alguns pontos se lhe acha aderido, apresenta ele, o corpo, todas as aparências da morte e enuncia-se uma verdade absoluta, dizendo que a vida aí está por um fio. Semelhante estado pode durar mais ou menos tempo; podem mesmo algumas partes do corpo entrar em decomposição, sem que, no entanto, a vida se ache definitivamente extinta. Enquanto não se haja rompido o último fio, pode o Espírito, quer por uma ação enérgica, da sua própria vontade, quer por um influxo fluídico estranho, igualmente forte, ser chamado a volver ao corpo. É como se explicam certos fatos de prolongamento da vida contra todas as probabilidades e algumas supostas ressurreições. É a planta a renascer, como às vezes se dá, de uma só fibrila da raiz. Quando, porém, as últimas moléculas do corpo fluídico se têm destacado do corpo carnal, ou quando este último há chegado a um estado irreparável de degradação, impossível se torna todo regresso à vida.[1]

2. Interpretação do texto evangélico

» *Estava, então, enfermo um certo Lázaro, de Betânia, aldeia de Maria e de sua irmã Marta. E Maria era aquela que tinha ungido o Senhor com unguento e lhe tinha enxugado os pés com os seus cabelos, cujo irmão, Lázaro, estava enfermo. Mandaram-lhe, pois, suas irmãs dizer: Senhor, eis que está enfermo aquele que tu amas. E Jesus, ouvindo isso, disse: Esta enfermidade não é para morte, mas para glória de Deus, para que o Filho de Deus seja glorificado por ela. [...] Assim falou e, depois, disse-lhes: Lázaro, o nosso amigo, dorme, mas vou despertá-lo do sono. [...] Disse, pois, Marta a Jesus: Senhor, se tu estivesses aqui, meu irmão não teria morrido. Mas também, agora, sei que tudo quanto pedires a Deus, Deus to concederá. Disse-lhe Jesus: Teu irmão há de ressuscitar* (Jo 11:1-4; 11; 21-23).

Desde o momento que Jesus recebeu a notícia da doença de Lázaro, percebeu o que se passava, daí afirmar: "Esta enfermidade não é para morte", ou, "Lázaro, o nosso amigo, dorme". A transcendência espiritual do acontecimento ainda repercute nos dias atuais, impondo reflexões mais profundas.

O episódio de Lázaro era um selo divino identificando a passagem do Senhor, mas também foi o símbolo sagrado da ação do Cristo sobre o homem, testemunhando que o seu amor arrancava a Humanidade do seu sepulcro de misérias, Humanidade a favor da qual tem o Senhor dado o sacrifício de suas lágrimas, ressuscitando-a para o sol da vida eterna, nas sagradas lições do seu Evangelho de amor e de redenção.[13]

O sono de Lázaro tem sido objeto de discussão entre estudiosos. Que sono era aquele? Coma? Letargia? Fenômeno de quase-morte? É tarefa inglória definir o fenômeno. Mais importante foi a ação de Jesus, que sutilmente demonstra a existência do perispírito, elemento intermediário entre o Espírito e o corpo físico, mas cujo entendimento só poderia ser claramente estudado com o advento do Espiritismo, séculos à frente. "Jesus veio a este mundo para exemplificar o poder da vida sobre a morte; morreu para que todos vissem como se morre; ressuscitou para que todos vissem como se ressuscita."[9]

A ressurreição de Lázaro conduz a outras considerações, que merecem ser destacadas.

> Jesus realizou duas categorias de ressurreição: ressurreição do corpo, e ressurreição do Espírito. Ressuscitou Lázaro, e ressuscitou Madalena. Aos olhos do mundo, a primeira destas duas maravilhas assume maiores proporções, mas, aos olhos de Deus, o segundo prodígio é mais belo, mais valioso. O corpo de Lázaro veio a morrer após aquela ressurreição. Madalena nunca mais morreu, porque o que nela ressurgiu não foi a carne, foi o Espírito. A carne ressurge para a morte, a alma ressurge para a vida. Jesus, ressuscitando Lázaro, ressuscitou um vivo, porque Lázaro já vivia a vida do Espírito. Ressuscitando Madalena, ressuscitou um cadáver, porque sua alma era morta para a espiritualidade. Jesus ressuscitando Lázaro, a filha de Jairo, e o filho da viúva de Naim, teve em mira promover ressurreições de almas. [...] Jesus foi muito grande ressuscitando Lázaro, mas foi maior ainda ressuscitando Madalena.[10]

"Teu irmão há de ressuscitar" — asseverou o Mestre a Marta.

Daí a instantes, Lázaro era restituído à experiência terrestre, surpreendendo os observadores do inesperado acontecimento. Gesto que se transformou em vigoroso símbolo, sabemos hoje que o Senhor nos reergue, em toda parte, nas esferas variadas da vida. Há ressurreição vitoriosa e sublime nas zonas carnais e nos círculos diferentes que se dilatam ao infinito. O Espírito mais ensombrado no sepulcro do mal e o coração mais duro são arrancados das trevas psíquicas para a luz da vida eterna.[15]

> *Jesus, pois, movendo-se outra vez muito em si mesmo, foi ao sepulcro; e era uma caverna e tinha uma pedra posta sobre ela. Disse Jesus: Tirai a pedra. Marta, irmã do defunto, disse-lhe: Senhor, já cheira mal, porque é já de quatro dias. Disse-lhe Jesus: Não te hei dito que, se creres, verás a glória de Deus? Tiraram, pois, a pedra. E Jesus, levantando os olhos para o céu, disse: Pai, graças te dou, por me haveres ouvido. Eu bem sei que sempre me ouves, mas eu disse isso por causa da multidão que está ao redor, para que creiam que tu me enviaste* (Jo 11:38-42).

Os judeus não sepultavam os seus mortos, usualmente, como assinala o registro de João, fato que contribuiu para a ressuscitação de Lázaro. As cerimônias fúnebres judaicas incluíam:[2] a) lavagem do cadáver (ATOS DOS APÓSTOLOS, 9:37); b) em seguida era ungido (MARCOS, 16:1) com óleos e essências; c) o defunto era envolvido em faixas de linho impregnadas com especiarias (JOÃO, 19:40); d) os membros eram amarrados próximos ao corpo e o rosto coberto com um lenço (JOÃO, 11:44). É possível que este cerimonial fosse realizado por um grupo específico de pessoas, segundo se deduz da descrição existente em ATOS DOS APÓSTOLOS, 5:6.

A higiene corporal, a unção, as especiarias e o não sepultamento impediam a rápida decomposição, amenizavam os maus odores e dificultavam a proliferação de infecções. Além disso, era prática comum entre os povos orientais chorar, lamentar e bater no peito, inclusive arrancar os cabelos, como acontecia entre os egípcios. Em todas as cerimônias fúnebres estavam presentes pessoas contratadas para realizar essa etapa do serviço: as carpideiras — mulheres mercenárias que pranteavam os mortos durante os funerais.[2]

> Os sepulcros e os cemitérios usualmente ficavam fora das cidades ou aldeias. Existiam cemitérios comuns (Mt 27:7), mas eram largamente usados túmulos individuais e familiares. [...] Os ataúdes não eram usados para transportar os mortos até os seus sepulcros; eram carregados em simples esquifes (Lc 7:12, 14). A cremação nunca foi uma prática judaica, mas havia diversos lugares de sepulcros. Havia sepulcros simples, na terra, alguns sem nenhuma assinalação (Lc 11:44). Além disso, havia túmulos escavados na rocha ou covas, que bem poderiam ter monumentos ou colunas erigidas sobre os mesmos.[3]

A afirmativa de Marta, quando Jesus ordenou a remoção da pedra do sepulcro, de que o corpo "cheira mal" (porque havia quatro dias que ele ali se encontrava), sugere que esta supunha que Lázaro estava morto. O Espírito estava, realmente, ligado por um fio ao corpo. Um pouco mais de tempo e a desencarnação seria definitiva.

É preciso compreender a extensão desse episódio, pois, se quisesse, Jesus recuperaria a saúde de Lázaro logo que foi informado da sua enfermidade. Poderia ter realizado uma cura à distância, que seria apenas mais uma entre tantas que o Mestre realizou. O escrito integral de Marcos — apresentado de forma resumida neste Roteiro, para tornar o estudo mais objetivo — indica, no versículo 6: "Ouvindo, pois, que estava enfermo, ficou ainda dois dias no lugar onde estava".

Por que motivo Jesus esperou tanto tempo para auxiliar o amigo enfermo? A resposta é óbvia: quis destacar o fato, para que a ressurreição ficasse marcada indelevelmente na memória das pessoas, daí afirmar: "Pai, graças te dou, por me haveres ouvido. Eu bem sei que sempre me ouves, mas eu disse isso por causa da multidão que está ao redor, para que creiam que tu me enviaste" (Jo 11:41-42).

Quis demonstrar que existia algo mais que ligava o Espírito ao corpo: o perispírito. "Lázaro foi um missionário na Terra: veio para dar testemunho de que Jesus era o Cristo, o Ungido de Deus."[11]

Tanto isto é verdade que no versículo 4, logo no início do texto evangélico, João anotou esta informação de Jesus: "Esta enfermidade não é para morte, mas para glória de Deus, para que o Filho de Deus seja glorificado por ela".

» *E, tendo dito isso, clamou com grande voz: Lázaro, vem para fora. E o defunto saiu, tendo as mãos e os pés ligados com faixas, e o seu rosto, envolto num lenço. Disse-lhes Jesus: Desligai-o e deixai-o ir* (Jo 11:43-44).

Por esses versículos compreendemos que a ressurreição de Lázaro foi realizada em três estágios.

> Atendendo ao aflitivo chamado das moças [Maria e Marta], que choravam o irmão morto, pronunciou as três frases que, segundo a elucidação espírita, indicam o lento despertar do Espírito para as belezas da imortalidade.
> "Tirai a pedra."
> "Lázaro, sai para fora."
> "Desligai-o, e deixai-o ir".[5]

Por outro lado, considerando as implicações espirituais das ações e ensinamentos de Jesus, importa considerar:

O despertamento é gradativo e se condiciona ao funcionamento, equânime e perfeito, das leis naturais que regem a evolução. Ninguém desperta instantaneamente. Ninguém se ergue, de um momento para outro, do túmulo da ignorância, para o santuário do conhecimento. Ninguém dá um salto da cova do egoísmo para a catedral da abnegação. Ninguém, após levantar-se, conseguirá desenfaixar-se, com facilidade, sem o concurso de amigos e benfeitores, sejam eles encarnados ou desencarnados. Há sempre alguém intercedendo por nós, à maneira de Marta e Maria, que se apressaram a enviar mensageiros ao Cristo, a fim de que pudesse Lázaro ser restituído à dinâmica da vida.[4]

É importante analisarmos, à luz da Doutrina Espírita, cada etapa da ressurreição de Lázaro, brilhantemente interpretada por Martins Peralva. Comecemos pela primeira ordenação de Jesus: "Tirai a pedra" (Jo 11:39).

Entre Jesus e o morto havia uma pedra. Entre a claridade e a sombra havia uma barreira, um obstáculo enorme e pesado. No estreito recinto onde se presumia que Lázaro começava a apodrecer, e no amplo mundo exterior, onde o Cristo meditava, duas estranhas realidades se defrontavam. Estranhas, diferentes, antagônicas... A vida e a morte. Cá fora, com a primeira, a luz fulgurando na ribalta da Natureza em festa. Lá dentro, com a segunda, a escuridão, a inércia. [...] Era indispensável, portanto, o concurso dos circunstantes, a colaboração dos que ali se encontravam, mesmo por curiosidade ou descrença, a ajuda dos amigos de Lázaro. [...] Apelou, então, Jesus, para a cooperação dos seus amigos: "Tirai a pedra." Em outras palavras: "Tirai o entulho mental que impede a visão dos magníficos panoramas da Vida imortal."[6]

A segunda ordenação de Jesus é: "E, tendo dito isso, clamou com grande voz: Lázaro, vem para fora" (Jo 11:43).

Mas, tão logo estabeleceu contato visual com o jovem de Betânia, fala-lhe diretamente, sem reticências. Não mais intermediários: dá-lhe a ordem, incisiva e categórica. Intima-o, com bondosa energia, a deixar a sombra do túmulo, num convite a que viesse aspirar o oxigênio cá de fora; a que viesse reaquecer-se sob a claridade do Sol que buscava, àquela hora, a linha do horizonte.[7]

Na última etapa do processo de ressurreição, Jesus entrega Lázaro aos cuidados de familiares e amigos. A lição cala fundo no nosso ser, fazendo-nos refletir sobre o valor da amizade.

Mais uma vez, no entanto, uma vez mais o Mestre roga o concurso de nossos queridos cireneus, velhos amigos que removeram a pedra, quando não apenas "dormíamos", mas estávamos "mortos" para as realidades da Vida mais alta. Devotados amigos, benfeitores incansáveis de outras existências, que estiveram ao nosso lado na "morte", no "sono", no "despertamento", acorrem de novo, pressurosos, para nos desligarem as faixas e o lenço que nos perturbam, nos inibem, nos impedem de dar o passo decisivo. [...] Embora desperto — Lázaro não podia caminhar. Estava enfaixado, inibido, obliterado.[8]

A ressurreição de Lázaro é preciosa oportunidade de aprendizado espiritual, oferecida pelo Evangelho e pela Doutrina Espírita. Muitos outros comentários poderiam ser acrescentados. Destacamos, porém, alguns esclarecimentos de Emmanuel, sabiamente analisados por este benfeitor espiritual.

É importante pensar que Jesus não apenas arrancou Lázaro à sombra do túmulo. Trazendo-o, de volta, à vida, pede para que seja restituído à liberdade. "Desatai-o e deixai-o ir" — diz o Senhor. O companheiro redivivo deveria estar desalgemado para atender às próprias experiências.[14]

Emmanuel faz uma reflexão mais aprofundada do que deve significar para nós, pequenos aprendizes do Evangelho de Jesus, o retorno de Lázaro à vida.

O regresso de Lázaro à vida ativa representa grandioso símbolo para todos os trabalhadores da Terra. Os criminosos arrependidos, os pecadores que se voltam para o bem, os que "trincaram" o cristal da consciência, entendem a maravilhosa característica do verbo recomeçar. Lázaro não podia ser feliz tão só por revestir-se novamente da carne perecível, mas, sim, pela possibilidade de reiniciar a experiência humana com valores novos. E, na faina evolutiva, cada vez que o Espírito alcança do Mestre divino a oportunidade de regressar à Terra, ei-lo desenfaixado dos laços vigorosos... exonerado da angústia, do remorso, do medo... A sensação do túmulo de impressões em que se encontrava, era venda forte a cobrir-lhe o rosto... Jesus, compadecido, exclamou para o mundo: — *Desligai-o, deixai-o ir*. Essa passagem evangélica é assinalada de profunda beleza. Preciosa é a existência de um homem, porque o Cristo lhe permitiu o desligamento dos laços criminosos com o pretérito, deixando-o encaminhar-se, de novo, às fontes da vida humana, de maneira a reconstituir e santificar os elos de seu destino espiritual, na dádiva suprema de começar outra vez.[12]

É natural fazermos especulações sobre o que aconteceu a Lázaro depois da sua ressurreição, como ele tocou a sua vida, que lições foram retiradas de tão significativa experiência. O Espírito Irmão X, nos fala a respeito, em uma mensagem transmitida pela gloriosa mediunidade de Chico Xavier, a qual incluímos anexo, para leitura e desenvolvimento da atividade grupal.

Referências

1. KARDEC, Allan. *A gênese*. Tradução de Guillon Ribeiro. 52. ed. Rio de Janeiro: FEB, 2007 Cap.14, item 30, p. 335-336.

2. DOUGLAS, J. D. *O novo dicionário da Bíblia*. Tradução de João Bentes. 3. ed. São Paulo: Vida Nova, 2006, p. 1254.

3. _____._____. p. 1254-1255.

4. PERALVA, Martins. *Estudando o evangelho*. 9. ed. Rio de Janeiro: FEB, 2006. Cap. 40 (Cristo e Lázaro), item 1, p. 177.

5. _____._____. p. 178.

6. _____._____. Cap. 41 (Cristo e Lázaro), item 2: A primeira fase: Tirai a pedra, p. 180-181.

7. _____._____. Cap. 42 (Cristo e Lázaro), item 3: A segunda fase: Lázaro sai para fora, p. 184.

8. _____._____. Cap. 43 (Cristo e Lázaro), item 4: A terceira fase: Desligai-o e deixai-o ir, p. 187.

9. VINÍCIUS (Pedro de Camargo). *Em torno do mestre*. 8. ed. Rio de Janeiro: FEB, 2002. Cap. Ressurreição, p. 160.

10. _____. *Nas pegadas do mestre*. 11. ed. Rio de Janeiro: FEB, 2007. Cap. Ressurreição, p. 186-187.

11. _____._____. p. 187.

12. XAVIER, Francisco Cândido. *Caminho, verdade e vida*. Pelo Espírito Emmanuel. 28. ed. Rio de Janeiro: FEB, 2007. Cap. 112 (Como Lázaro), p. 239-240.

13. _____. *O consolador*. 27. ed. Rio de Janeiro: FEB, 2007. Questão 317, p. 182.

14. _____. *Palavras de vida eterna*. Pelo Espírito Emmanuel. 33. ed. Uberaba: CEC, 2005. Cap. 75 (Libertemos), p. 167.

15. _____. *Vinha de luz*. Pelo Espírito Emmanuel. 26. ed. Rio de Janeiro: FEB, 2007. Cap. 151 (Ressuscitará), p. 338.

Orientações ao monitor

No início da reunião, pedir aos participantes que façam leitura atenta do registro de João, 11:1-44. Em seguida, organizá-los em grupos para a interpretação do texto evangélico, de acordo com o roteiro detalhado abaixo. Cada grupo indica um relator para apresentar, em plenária, a síntese elaborada. Concluídas as apresentações, o monitor promove amplo debate do assunto, destacando pontos importantes.

ROTEIRO PARA O TRABALHO EM GRUPO:

Grupo 1: leitura e resumo do conteúdo que trata da análise das citações 11:1-4; 11; 21-23, de João.

Grupo 2: leitura e resumo do conteúdo que trata da análise das citações 11:38-42, de João.

Grupo 3: leitura e resumo do conteúdo que trata da análise das citações 11:43-44, de João.

Grupo 4: leitura e resumo da página de Irmão X (anexo), intitulada "Lázaro redivivo".

Anexo

Lázaro redivivo*

Irmão X

Conta-se que Lázaro de Betânia, depois de abandonar o sepulcro, experimentou, certo dia, fortes saudades do Templo, tornando ao santuário de Jerusalém para o culto da gentileza e da camaradagem, embora estivesse de coração renovado, distante das trocas infindáveis do sacerdócio.

Penetrando o átrio, porém, reconheceu a hostilidade geral.

Abiud e Efraim, fariseus rigoristas, miraram-no com desdém e clamaram:

---

* XAVIER, Francisco Cândido. *Lázaro redivivo*. Pelo Espírito Irmão X. 11. ed. Rio de Janeiro: FEB, 2005, p. 9-11.

— É morto! É morto! Voltou do túmulo, insultando a Lei!...

Ambos os representantes do farisaísmo teocrático demandaram os lugares sagrados, onde se venerava o Santo dos Santos, num deslumbramento de ouro e prata, marfim e madeiras preciosas, tecidos raros e perfumes orientais, espalhando a notícia. Lázaro de Betânia, o morto que regressara da cova, zombando da Lei, e dos profetas, trazia, ali, afrontosa presença aos pais da raça.

Foi o bastante para revolucionar fileiras compactas de adoradores, que oravam e sacrificavam, supondo-se nas boas graças do Altíssimo.

Escribas acorreram apressados, pronunciando longos e complicados discursos; sacerdotes vieram, furiosos e rígidos, lançando maldições, e aprendizes dos mistérios, com zelo vestalino, chegaram, de punhos cerrados, expulsando o irreverente.

— Fora! Fora!

— Vai para os infernos, os mortos não falam!...

— Feiticeiro, a Lei te condena!

Lázaro contemplava o quadro, surpreendido. Observava amigos da infância vociferando anátemas, escribas que ele admirava, com sincero apreço, vomitando palavras injuriosas.

Os companheiros irados passaram da palavra à ação. Saraivadas de pedras começaram a cair em derredor do redivivo, e, não contente com isso, o arguto Absalão, velha raposa da casuística, segurou-o pela túnica, propondo-se encaminhá-lo aos juízes do Sinédrio para sentença condenatória, depois de inquérito fulminante.

O irmão de Marta e Maria, contudo, fixou nos circunstantes o olhar firme e lúcido e bradou sem ódio:

— Fariseus, escribas, sacerdotes, adoradores da Lei e filhos de Israel: aquele que me deu a Vida, tem suficiente poder para dar-vos a morte!

Estupor e silêncio seguiram-lhe a palavra.

O ressuscitado de Betânia desprendeu-se das mãos desrespeitosas que o retinham, recompôs a vestimenta e tomou o caminho da residência humilde de Simão Pedro, onde os novos irmãos comungavam no amor fraternal e na fé viva.

Lázaro, então, sentiu-se reconfortado, feliz...

No recinto singelo, de paredes nuas e cobertura tosca, não se viam, alfaias do Indostão, nem vasos do Egito, nem preciosidades da Fenícia, nem custosos tapetes da Pérsia, mas ali palpitava, sem as dúvidas da Ciência e sem os convencionalismos da seita, entre corações fervorosos e simples, o pensamento vivo de Jesus Cristo, que renovaria o mundo inteiro, desde a teologia sectária de Jerusalém ao absolutismo político do Império Romano.

EADE – LIVRO III | MÓDULO VI

APRENDENDO COM FATOS EXTRAORDINÁRIOS

Roteiro 2

A MULTIPLICAÇÃO DE PÃES E PEIXES

Objetivos

» Interpretar, à luz do Espiritismo, a multiplicação dos pães e dos peixes, realizada por Jesus.

Ideias principais

» O fenômeno da multiplicação dos pães e dos peixes pode ser interpretado sob dois enfoques espíritas: como figura alegórica, representativa de alimento espiritual; como efeito da doação magnética do Cristo, que produziu materialização dos alimentos, necessários a alimentar a multidão faminta.

» *A multiplicação dos pães é um dos milagres que mais têm intrigado os comentadores e alimentado, ao mesmo tempo, as zombarias dos incrédulos. [...] Entretanto, a maioria das pessoas sérias há visto na narrativa desse fato, embora sob forma diferente da ordinária, uma parábola, em que se compara o alimento espiritual da alma ao alimento do corpo.*

» *Pode-se, todavia, perceber nela mais do que uma simples figura e admitir, de certo ponto de vista, a realidade de um fato material, sem que, para isso, seja preciso se recorra ao prodígio. É sabido que uma grande preocupação de espírito, bem como a atenção fortemente presa a uma coisa fazem esquecer a fome. Ora, os que acompanhavam a Jesus eram criaturas ávidas de ouvi-lo; nada há, pois, de espantar em que, fascinadas pela sua palavra e também, talvez, pela poderosa ação magnética que ele exercia sobre os que o cercavam, elas não tenham experimentado a necessidade material de comer.* Allan Kardec: A gênese. Cap. XV, item 48.

Subsídios

1. Texto evangélico

1.1 Primeira multiplicação de pães e peixes

E, regressando os apóstolos, contaram-lhe tudo o que tinham feito. E, tomando-os consigo, retirou-se para um lugar deserto de uma cidade chamada Betsaida. E, sabendo-o a multidão, o seguiu; e ele os recebeu, e falava-lhes do Reino de Deus, e sarava os que necessitavam de cura. E já o dia começava a declinar; então, chegando-se a ele os doze, disseram-lhe: Despede a multidão, para que, indo aos campos e aldeias ao redor, se agasalhem e achem o que comer, porque aqui estamos em lugar deserto. Mas ele lhes disse: Dai-lhes vós de comer. E eles disseram: Não temos senão cinco pães e dois peixes, salvo se nós próprios formos comprar comida para todo este povo. Porquanto estavam ali quase cinco mil homens. Disse, então, aos seus discípulos: Fazei-os assentar, em grupos de cinquenta em cinquenta. E assim o fizeram, fazendo-os assentar a todos. E, tomando os cinco pães e os dois peixes e olhando para o céu, abençoou-os, e partiu-os, e deu-os aos seus discípulos para os porem diante da multidão. E comeram todos e saciaram-se; e levantaram, do que lhes sobejou, doze cestos de pedaços. (LUCAS, 9:10-17)

1.2 Segunda multiplicação de pães e peixes

E Jesus, chamando os seus discípulos, disse: Tenho compaixão da multidão, porque já está comigo há três dias e não tem o que comer, e não quero despedi-la em jejum, para que não desfaleça no caminho. E os seus discípulos disseram-lhe: Donde nos viriam num deserto tantos pães, para saciar tal multidão? E Jesus disse-lhes: Quantos pães tendes? E eles disseram: Sete e uns poucos peixinhos. Então, mandou à multidão que se assentasse no chão. E, tomando os sete pães e os peixes e dando graças, partiu-os e deu-os aos seus discípulos, e os discípulos, à multidão.

E todos comeram e se saciaram, e levantaram, do que sobejou, sete cestos cheios de pedaços. Ora, os que tinham comido eram quatro mil homens, além de mulheres e crianças. E, tendo despedido a multidão, entrou no barco e dirigiu-se ao território de Magdala. (MATEUS, 15:32-39.)

O fenômeno da multiplicação dos pães e dos peixes, considerado milagre por algumas teologias cristãs, é relatado pelos quatro evangelistas e aconteceu em duas oportunidades distintas: uma num lugar deserto nas proximidades de Betsaida, outra, antes do território de Magdala. Na primeira multiplicação, a partir de cinco pães e dois peixes, Jesus alimenta cinco mil pessoas, e ainda sobram doze cestos com pedaços desses alimentos. Na segunda multiplicação, quatro mil pessoas tiveram a fome saciada, tendo como base sete pães e alguns peixinhos, sobrando sete cestos com pedaços.

A primeira multiplicação é relatada nesse texto de Lucas e, também, por MATEUS, 14:13-21, MARCOS, 6:34-35 e JOÃO, 6:1-14. A segunda, por Mateus, no texto citado e por Marcos, 8:1-10. Não há dúvida, portanto, de que o fato aconteceu.

Importa, entretanto, indagar: como ocorreu, efetivamente, a multiplicação de pães e peixes?

Para o Espiritismo, o Cristo produziu materialização de pães e de peixes. Entretanto, é importante que este efeito físico conduza o estudioso ao entendimento das implicações espirituais de que o fenômeno se reveste: mais importante que o alimento material, deve-se ficar atento à alegoria do "alimento espiritual", simbolizado nos ensinamentos de Jesus.

> Temos de distinguir dois aspectos: o material e o espiritual. Materialmente falando, o fato pertence aos gênero dos fenômenos de efeitos físicos. E nas sessões espíritas de efeitos físicos, já se tem observado a formação de objetos pelos Espíritos com auxílio dos médiuns. Jesus, médium de Deus, ajudado pela mediunidade de seus doze discípulos e assistido pelos Espíritos que o secundavam nos trabalhos evangélicos, faz com que se materialize em suas mãos os bocados de pão para o povo.[8]

Pode-se perceber nessas passagens evangélicas "[...] mais do que uma simples figura e admitir, de certo ponto de vista, a realidade de um fato material, sem que, para isso, seja preciso se recorra ao prodígio".[3]

A interpretação que se segue dos registros de Lucas e de Mateus, inseridas neste Roteiro, será realizada concomitantemente, destacando-se que as poucas diferenças existentes entre os dois registros, são mais de forma do que de conteúdo.

2. Interpretação do texto evangélico: primeira parte

2.1 Texto de Lucas: primeira multiplicação

» *E, regressando os apóstolos, contaram-lhe tudo o que tinham feito. E, tomando-os consigo, retirou-se para um lugar deserto de uma cidade chamada Betsaida. E, sabendo-o a multidão, o seguiu; e ele os recebeu, e falava-lhes do Reino de Deus, e sarava os que necessitavam de cura. E já o dia começava a declinar; então, chegando-se a ele os doze, disseram-lhe: Despede a multidão, para que, indo aos campos e aldeias ao redor, se agasalhem e achem o que comer, porque aqui estamos em lugar deserto. Mas ele lhes disse: Dai-lhes vós de comer. E eles disseram: Não temos senão cinco pães e dois peixes, salvo se nós próprios formos comprar comida para todo este povo. Porquanto estavam ali quase cinco mil homens. Disse, então, aos seus discípulos: Fazei-os assentar, em grupos de cinquenta em cinquenta (Lc 9:10-14).*

2.2 Texto de Mateus: segunda multiplicação

» *E Jesus, chamando os seus discípulos, disse: Tenho compaixão da multidão, porque já está comigo há três dias e não tem o que comer, e não quero despedi-la em jejum, para que não desfaleça no caminho. E os seus discípulos disseram-lhe: Donde nos viriam num deserto tantos pães, para saciar tal multidão? E Jesus disse-lhes: Quantos pães tendes? E eles disseram: Sete e uns poucos peixinhos. Então, mandou à multidão que se assentasse no chão (Mt 15:32-35).*

No texto de Lucas, os apóstolos revelam preocupação com a quantidade de pessoas para alimentar. Pedem, então, a Jesus para dispensá-las: "E já o dia começava a declinar; então, chegando-se a ele os doze, disseram-lhe: Despede a multidão, para que, indo aos campos e aldeias ao redor, se agasalhem e achem o que comer, porque aqui estamos em lugar deserto".

No outro texto, Mateus anota que o Cristo percebeu a necessidade de alimentar as pessoas, movido pela compaixão: "E Jesus, chamando os seus discípulos, disse: Tenho compaixão da multidão, porque já está comigo há três dias e não tem o que comer, e não quero despedi-la em jejum, para que não desfaleça no caminho".

Em ambas as citações se identifica a necessidade de auxiliar a multidão faminta. Há, porém, uma grande diferença: o primeiro texto informa que a iniciativa foi dos apóstolos, por desejarem ficar livres do problema, daí terem pedido ao Cristo: "Despede a multidão". O segundo texto relata que a percepção inicial foi do Cristo, que tendo compaixão dos que o seguiam por três dias, quis alimentá-los. Ambos, Jesus e os apóstolos identificaram a problemática: alguém com fome. A resolução do problema, entretanto, seguiu o nível de entendimento de cada um: livrar-se da dificuldade ou amparar os que sofriam a privação.

Lucas registrou que, por ter Jesus detectado nos apóstolos o sentimento de "querer livrar-se do problema", disse-lhes: "Dai-lhes vós de comer" (Lc 9:13). Justamente o que eles não queriam fazer, por ignorar como, afinal só possuíam alguns pães e peixes. Uma inesquecível lição foi ensinada por Jesus naquele momento:

> Diante da multidão fatigada e faminta, Jesus recomenda aos apóstolos: — "Dai-lhes vós de comer". A observação do Mestre é importante, quando realmente poderia Ele induzi-los a recriminar a multidão pela imprudência de uma jornada exaustiva até o monte, sem a garantia do farnel. O Mestre desejou, porém, gravar no espírito dos aprendizes a consagração deles ao serviço popular. Ensinou que aos cooperadores do Evangelho, perante a turba necessitada, compete tão somente um dever — o da prestação de auxílio desinteressado e fraternal. Naquela hora do ensinamento inesquecível, a fome era naturalmente do corpo, vencido de cansaço, mas, ainda e sempre, vemos a multidão carecente de amparo, dominada pela fome de luz e de harmonia, vergastada pelos invisíveis azorragues da discórdia e da incompreensão. Os colaboradores de Jesus são chamados, não a obscurecê-la com o pessimismo, não a perturbá-la com a indisciplina ou a imobilizá-la com o desânimo, mas sim a nutri-la de esclarecimento e paz, fortaleza moral e sublime esperança.[11]

Com sua autoridade, o Mestre veio abrir o entendimento dos seres quanto às realidades que norteiam o crescimento espiritual. Ensinou que todo processo renovador sublima-se nos fundamentos do amor e da caridade, perfeitamente identificáveis nos textos em estudo. Afiançava Jesus, quanto à multidão, que não queria "despedi-la em jejum", para que não desfalecesse pelo caminho. O amor é, sem dúvida, o substancioso alimento das almas. Erguido no alicerce da realização efetiva e consciente, identifica necessidades e peculiaridades a cada criatura humana, em processo de auxílio continuado do Senhor junto do semelhante.

Assim, quando informado sobre a escassa provisão de alimentos, a primeira providência do Mestre foi manter a situação sob controle, com equilíbrio, daí afirmar: "Fazei-os assentar, em grupos de cinquenta em cinquenta" (Lc 9:14), ou, "mandou à multidão que se assentasse" (Mt 15:35). É importante que a ordem e a harmonia sejam preservadas, principalmente quando surge a dificuldade. Emmanuel interpreta com lucidez essas orientações de Jesus, tendo como base não os dois textos evangélicos citados neste Roteiro, mas o de João, 6:1-14:

> Esta passagem do Evangelho de João é das mais significativas. Verifica-se quando a multidão de quase cinco mil pessoas tem necessidade de pão, no isolamento da natureza. Os discípulos estão preocupados. Filipe afirma que duzentos dinheiros não bastarão para atender à dificuldade imprevista. André conduz ao Mestre um jovem que trazia consigo cinco pães de cevada e dois peixes. Todos discutem. Jesus, entretanto, recebe a migalha sem descrer de sua preciosa significação e manda que todos se assentem, pede que haja ordem, que se faça harmonia. E distribuí o recurso com todos, maravilhosamente. A grandeza da lição é profunda. Os homens esfomeados de paz reclamam a assistência do Cristo. Falam nele, suplicam-lhe socorro, aguardam-lhe as manifestações. Não conseguem, todavia, estabelecer a ordem em si mesmos, para a recepção dos recursos celestes. Misturam Jesus com as suas imprecações, suas ansiedades loucas e seus desejos criminosos. Naturalmente se desesperam, cada vez mais desorientados, porquanto não querem ouvir o convite à calma, não se assentam para que se faça a ordem, persistindo em manter o próprio desequilíbrio.[10]

É de fundamental importância, contudo, analisar que a preocupação dos apóstolos era justa. É natural admitir que ante "[...] o quadro da legião de famintos, qualquer homem experimentaria invencível desânimo, considerando a migalha de cinco pães e dois peixes. Mas Jesus emprega o imenso poder da bondade e consegue alimentar a todos, sobejamente".[14]

O texto de Mateus assinala, por outro lado, a seguinte indagação de Jesus: "Quantos pães tendes?". Então, os apóstolos respondem: "Sete e uns poucos peixinhos"

Observemos que o Senhor, diante da multidão faminta, não pergunta aos companheiros: "De quantos pães necessitamos?" mas, sim, "Quantos pães tendes?". A passagem denota a precaução de Jesus no sentido de alertar os discípulos para a necessidade de algo apresentar à Providência divina como base para o socorro que suplicamos. Em verdade, o Mestre conseguiu alimentar milhares de pessoas, mas não prescindiu das migalhas que os apóstolos lhe ofereciam.[13]

"Quantos pães tendes?" é indagação que traz implicações de ordem espiritual.

A pergunta denuncia a necessidade de algum concurso para o serviço da multiplicação. Conta-nos o evangelista Marcos que os companheiros apresentaram-lhe sete pãezinhos, dos quais se alimentaram mais de quatro mil pessoas, sobrando apreciável quantidade. Teria o Mestre conseguido tanto se não pudesse contar com recurso algum? A imagem compele-nos a meditar quanto ao impositivo de nossa cooperação, para que o celeste benfeitor nos felicite com os seus dons de vida abundante. [...] — Que tendes? Infinita é a Bondade de Deus, todavia, algo deve surgir de nosso "eu", em nosso favor. Em qualquer terreno de nossas realizações para a Vida mais alta, apresentemos a Jesus algumas reduzidas migalhas de esforço próprio e estejamos convictos de que o Senhor fará o resto.[12]

3. Interpretação dos textos evangélicos: segunda parte

3.1 Texto de Lucas: primeira multiplicação

» *E assim o fizeram, fazendo-os assentar a todos. E, tomando os cinco pães e os dois peixes e olhando para o céu, abençoou-os, e partiu-os, e deu-os aos seus discípulos para os porem diante da multidão. E comeram todos e saciaram-se; e levantaram, do que lhes sobejou, doze cestos de pedaços (Lc 9:15-17).*

3.2 Texto de Mateus: segunda multiplicação

» *E, tomando os sete pães e os peixes e dando graças, partiu-os e deu-os aos seus discípulos, e os discípulos, à multidão. E todos comeram e se saciaram, e levantaram, do que sobejou, sete cestos cheios de pedaços. Ora, os que tinham comido eram quatro mil homens, além de mulheres e crianças. E, tendo despedido a multidão, entrou no barco e dirigiu-se ao território de Magdala (Mt 15:36-39).*

Allan Kardec considera a possibilidade de ter Jesus eliminado a sensação de fome, não por materialização de pães e peixes, mas pela irradiação de suas energias magnéticas sobre a multidão.

> Ora, os que acompanhavam a Jesus eram criaturas ávidas de ouvi-lo; nada há, pois, de espantar em que, fascinadas pela sua palavra e também, talvez, pela poderosa ação magnética que Ele exercia sobre os que o cercavam, elas não tenham experimentado a necessidade material de comer. [...] Desse modo, a par do sentido moral alegórico, produziu-se um efeito fisiológico, natural e muito conhecido. O prodígio, no caso, está no ascendente da palavra de Jesus, poderosa bastante para cativar a atenção de uma multidão imensa, ao ponto de fazê-la esquecer-se de comer. Esse poder moral comprova a superioridade de Jesus, muito mais do que o fato puramente material da multiplicação dos pães, que tem de ser considerada como alegoria.[4]

Essa teoria tem razão de ser, uma vez que as energias magnéticas exercem poderoso efeito, bons ou maus, conforme a natureza da emissão fluídica e as intenções do operador. Em relação a Jesus, esse efeito é inimaginável, pois o Mestre sabia (e sabe) conjugar, entre si, profundo amor ao semelhante e inigualável conhecimento das leis que regem a produção dos fenômenos espirituais e materiais.

O Espiritismo ensina que os Espíritos atuam sobre os fluidos espirituais, "[...] empregando o pensamento e a vontade. Para os Espíritos, o pensamento e a vontade são o que é a mão para o homem."[1] Esta ação produz efeitos materiais, em decorrência das transformações ocorridas nas propriedades da matéria, como acontece nas curas, aparições e materializações de Espíritos, transporte de objetos etc.

> Algumas vezes, essas transformações resultam de uma intenção; doutras, são produto de um pensamento inconsciente. Basta que o Espírito pense uma coisa, para que esta se produza, como basta que modele uma ária, para que esta repercuta na atmosfera. [...] Por análogo efeito, o pensamento do Espírito cria fluidicamente os objetos que ele esteja habituado a usar. [...] Para o Espírito, que é, também ele, fluídico, esses objetos fluídicos são tão reais, como o eram, no estado material, para o homem vivo [reencarnado]; mas, pela razão de serem criações do pensamento, a existência deles é tão fugitiva quanto a deste.[2]

Não podemos esquecer, contudo que, em outras oportunidades, Jesus agiu sobre as propriedades da matéria, modificando-a, tal como aconteceu na transformação de água e vinho, na bodas de Caná (Jo 2;1-12). Cairbar Schutel, assim como André Luiz,[15] defendem a ideia de materialização de pães e peixes, da mesma forma que Espíritos e objetos são materializados, até porque, sobraram cestos contendo pedaços desses alimentos.

> A "panificação do trigo", sob as ordens e direção de Jesus Cristo, no deserto, não pode deixar de obedecer à lei da materialização dos corpos, tenham eles a natureza que tiverem, sejam de carne, de massa, de pedra. O fenômeno da materialização tem como complemento o da desmaterialização, e se assenta justamente num princípio positivo proclamado pela ciência materialista, que é a existência, no Universo, da força e da matéria: força e matéria *são os princípios constitutivos do Universo*. Mas como está mais que provado que a força e matéria não podem por si sós produzir fenômenos inteligentes, e todo efeito inteligente deve forçosamente ter uma causa inteligente, o Espiritismo vem demonstrar a existência de inteligências livres e individualizadas que presidem à direção da força e manipulam a matéria em suas múltiplas manifestações objetivas.[6]

Cairbar considera também que de "[...] duas naturezas eram os pães que Jesus ofertou à multidão que, pressurosa, seguia seus passos: o pão para o corpo e o pão para a alma, o pão que sacia a fome do Espírito".[7] Não, nenhuma dúvida a esse respeito, pois, como esclarece Kardec, Jesus estava "[...] empenhado em fazer que seus ouvintes compreendessem o verdadeiro sentido do alimento espiritual. [...] Esse alimento é a sua palavra, pão que desceu do céu e dá vida ao mundo".[5]

> Jesus é o despenseiro divino. Compadeceu-se da Humanidade que marchava na aridez da matéria, e franqueou-lhe a despensa celeste, onde há pão espiritual para todas as almas famintas, luz para clarear todas as trevas, consolo para todas as aflições, esperanças para todos os desalentados. Jesus multiplica incessantemente sua palavra, de modo que nunca deixará de fartar as multidões que acorrem a Ele, e sempre sobrará para os que vierem depois.[9]

Referências

1. KARDEC, Allan. *A gênese*. Tradução de Guillon Ribeiro. 52. ed. Rio de Janeiro: FEB, 2007. Cap. 14, item 14, p. 322.

2. ____.____. p. 322-323.

3. ____.____. Cap. 15, item 48, p.386.

4. ____.____. p. 386-387.

5. ____.____. Item 51, p. 389.

6. CAIRBAR, Schutel. *O espírito do cristianismo*. 8. ed. Matão: O Clarim, 2001. Cap. 12 (As multiplicações dos pães), p. 92-93.

7. ____.____. p. 96.

8. RIGONATTI, Eliseu. *O evangelho dos humildes*. 15. ed. São Paulo: Pensamento, 2003. Cap. 14 (A morte de João Batista), item: A primeira multiplicação dos pães, p. 143.

9. ____.____. Cap. 15 (A tradição dos antigos), item: A segunda multiplicação dos pães, p. 152.

10. XAVIER, Francisco Cândido. *Caminho, verdade e vida*. Pelo Espírito Emmanuel. 28. ed. Rio de Janeiro: FEB, 2007. Cap. 25 (Tende calma), p. 65-66.

11. ____. *Fonte viva*. Pelo Espírito Emmanuel. 36. ed. Rio de Janeiro: FEB, 2007. Cap.131 (No campo social), p. 325-326.

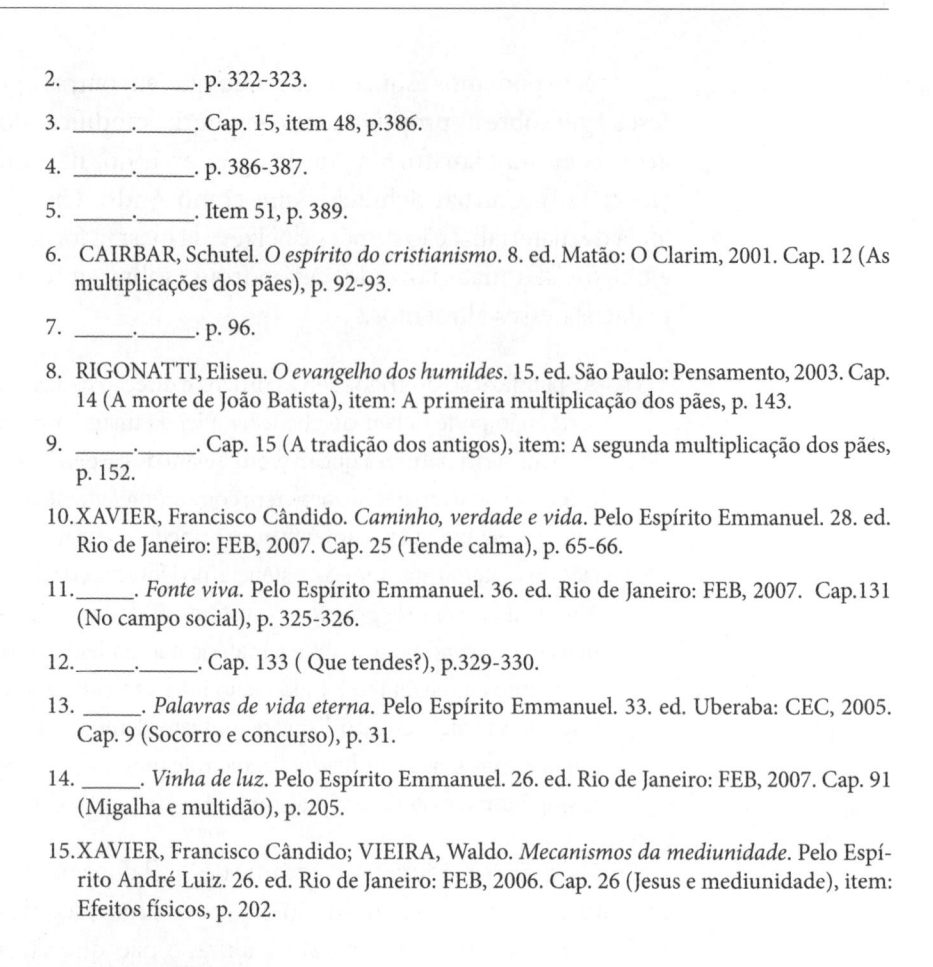

12. ____.____. Cap. 133 (Que tendes?), p.329-330.

13. ____. *Palavras de vida eterna*. Pelo Espírito Emmanuel. 33. ed. Uberaba: CEC, 2005. Cap. 9 (Socorro e concurso), p. 31.

14. ____. *Vinha de luz*. Pelo Espírito Emmanuel. 26. ed. Rio de Janeiro: FEB, 2007. Cap. 91 (Migalha e multidão), p. 205.

15. XAVIER, Francisco Cândido; VIEIRA, Waldo. *Mecanismos da mediunidade*. Pelo Espírito André Luiz. 26. ed. Rio de Janeiro: FEB, 2006. Cap. 26 (Jesus e mediunidade), item: Efeitos físicos, p. 202.

Orientações ao monitor

Pedir à turma que leia os subsídios deste Roteiro mais uma vez, anotando pontos considerados importantes. Em seguida, promover ampla discussão a respeito da interpretação espírita, relativa aos textos de Lucas e Mateus que tratam da multiplicação dos pães e dos peixes.

APRENDENDO COM FATOS EXTRAORDINÁRIOS

Roteiro 3

JESUS CAMINHA SOBRE AS ÁGUAS

Objetivos

» Fornecer a explicação espírita para o fenômeno de Jesus andar sobre as águas.

» Analisar as implicações espirituais do feito.

Ideias principais

» *Jesus, embora estivesse vivo, pôde aparecer sobre a água, com uma forma tangível, estando alhures o seu corpo.* Allan Kardec: *A gênese.* Cap. XV, item 42.

» Jesus produziu muitos fenômenos, considerados milagres. Hoje, porém, tais prodígios são plenamente explicados pelo Espiritismo, revelando que não aconteceu nenhuma derrogação das leis naturais. Assim, [...] *no campo da fenomenologia física ou metapsíquica objetiva, identificamo-lo em plena levitação, caminhando sobre as águas* [...]. André Luiz: *Mecanismos da mediunidade.* Cap. 26, item: Divina mediunidade – Efeitos físicos.

Subsídios

1. Texto evangélico

E logo ordenou Jesus que os seus discípulos entrassem no barco e fossem adiante, para a outra banda, enquanto despedia a multidão. E, despedida a multidão, subiu ao monte para orar à parte. E, chegada já a tarde, estava ali só. E o barco estava já no meio do mar, açoitado pelas ondas, porque o vento era contrário. Mas, à quarta vigília da noite, dirigiu-se Jesus para eles, caminhando por cima do mar. E os discípulos, vendo-o caminhar sobre o mar, assustaram-se, dizendo: É um fantasma. E gritaram, com medo. Jesus, porém, lhes falou logo, dizendo: Tende bom ânimo, sou eu; não temais. E respondeu-lhe Pedro e disse: Senhor, se és tu, manda-me ir ter contigo por cima das águas. E ele disse: Vem. E Pedro, descendo do barco, andou sobre as águas para ir ter com Jesus. Mas, sentindo o vento forte, teve medo; e, começando a ir para o fundo, clamou, dizendo: Senhor, salva-me. E logo Jesus, estendendo a mão, segurou-o e disse-lhe: Homem de pequena fé, por que duvidaste? E, quando subiram para o barco, acalmou o vento. (MATEUS, 14:22-32.)

Dois fenômenos se destacam no texto, ambos considerados milagrosos: Jesus caminhar sobre as águas e acalmar o vento. Em relação ao primeiro, pode-se pensar em duas hipóteses:

» Jesus andou em Espírito sobre as águas, enquanto o seu corpo dormia, fora do barco, no local onde fora orar.

» Jesus levitou sobre as águas.

Acalmar ventos e tempestades não representava dificuldade para o Mestre, que tinha controle sobre os elementos materiais e espirituais do Planeta que governa.

O texto evangélico traz também lições relativas ao auxílio e à fé.

2. Interpretação do texto evangélico

» *E logo ordenou Jesus que os seus discípulos entrassem no barco e fossem adiante, para a outra banda, enquanto despedia a multidão. E, despedida a multidão, subiu ao monte para orar à parte. E, chegada já a tarde, estava ali só. E o barco estava já no meio do mar, açoitado pelas ondas, porque o vento era contrário. Mas, à quarta vigília da noite, dirigiu-se Jesus para eles, caminhando por cima do mar. E os discípulos, vendo-o caminhar sobre o mar, assustaram-se, dizendo: É um fantasma. E gritaram, com medo* (Mt 14:22-26).

Allan Kardec considera viáveis as duas possibilidades: aparição e levitação.

> Jesus, embora estivesse vivo pôde aparecer sobre a água, com uma forma tangível, estando alhures o seu corpo. É a hipótese mais provável. Fácil é mesmo descobrir-se na narrativa alguns sinais característicos das aparições tangíveis. Por outro lado, também pode ter sucedido que seu corpo fosse sustentado e neutralizada a sua gravidade pela mesma força fluídica que mantém no espaço uma mesa, sem ponto de apoio. Idêntico efeito se produz muitas vezes com os corpos humanos.[1]

Vamos considerar, primeiramente, que o surgimento do Cristo, junto aos apóstolos, no momento em que o barco era açoitado pelas ondas, como uma aparição tangível. Tais aparições se assemelham muito às materializações de Espíritos, diferindo, entretanto, destas, por serem mais fluídicas ou vaporosas. A Ciência costuma classificá-las como alucinações.

> Os que não admitem o mundo incorpóreo e invisível julgam tudo explicar com a palavra *alucinação*. Toda gente conhece a definição desta palavra. Ela exprime o erro, a ilusão de uma pessoa que julga ter percepções que realmente não tem. Origina-se do latim *hallucinari*, errar, que vem de *ad lucem*. Mas, que saibamos, os sábios ainda não apresentaram a razão fisiológica desse fato.[4]

Na linguagem comum, as aparições são, genericamente, denominadas "fantasmas".

> As aparições propriamente ditas se dão quando o vidente se acha em estado de vigília e no gozo da plena e inteira liberdade das suas faculdades. Apresentam-se, em geral, sob uma forma vaporosa e diáfana, às vezes vaga e imprecisa. A princípio é, quase sempre, uma claridade esbranquiçada, cujos contornos pouco a pouco se vão desenhando. Doutras vezes, as formas se mostram nitidamente acentuadas, distinguindo-se os menores traços da fisionomia, a ponto de se tornar possível fazer-se da aparição uma descrição completa. [...] Podendo tomar todas as aparências, o Espírito se apresenta sob a que melhor o faça reconhecível, se tal é o seu desejo. [...] Coisa interessante é que, salvo em circunstâncias especiais, as partes menos acentuadas são os membros inferiores, enquanto que a cabeça, o tronco, os braços e as mãos são sempre claramente desenhados. Daí vem que quase nunca são vistos a andar, mas a deslizar

como sombras. [...] Os Espíritos superiores têm uma figura bela, nobre e serena; os mais inferiores denotam alguma coisa de feroz e bestial [...].³

Materializações e aparições são fenômenos mediúnicos diversos, raramente confundíveis.

Materialização é o fenômeno pelo qual os Espíritos se corporificam, tornando-se visíveis a quantos estiverem no local das sessões. Não é preciso ser médium para ver o Espírito materializado. Materializando-se, corporificando-se, pode o Espírito ser visto, sentido e tocado. Podemos abraçá-lo, sentir-lhe o calor da temperatura, ouvir-lhe as pulsações do coração e com ele conversar naturalmente. Aparição é o fenômeno pelo qual o Espírito é visto apenas por quem tiver vidência. A materialização é um fenômeno objetivo e a aparição é um fenômeno subjetivo.⁵

A aparição do Cristo pode também ser considerada como uma levitação. Nesta situação, imaginamos que o Cristo, percebendo, à distância, o perigo que os apóstolos enfrentavam, dentro de um barco no mar da Galileia — forma usual de referir-se ao lago de Genesaré ou de Tiberíades — se deslocou até onde eles se encontravam, levitando ou volitando.

Levitação é o fenômeno pelo qual pessoas, animais ou coisas erguem-se do solo, elevando-se no ar, a pequenas ou consideráveis alturas, com eventuais deslocamentos, sem evidente causa física. Há casos em que a pessoa ou o objeto levitado vai até o teto ou paira sobre as copas das árvores ou sobre a crista de montes. [...] Não só a literatura espírita, mas também a Bíblia e o próprio Hagiológico da Igreja Católica narram casos de médiuns, de profetas e de santos que se elevaram no ar, ou levitaram em ambientes fechados, templos e ao ar livre.⁶

Kardec explica que quando alguém ou um objeto "[...] é posto em movimento, levantado ou atirado para o ar, não é que o Espírito o tome, empurre e suspenda, como o faríamos com a mão. O Espírito o *satura*, por assim dizer, do seu fluido, combinando com o do médium [...]".² Dessa forma, cria uma substância (força ou energia) intermediária e própria para a realização dos fenômenos de levitação.

É difícil discernir se o fenômeno foi de levitação ou de simples aparição. Há quem considere como aparição, pelo fato de os discípulos terem afirmado: "É um fantasma" (versículo 26). Por outro lado, os estudiosos que defendem a hipótese da levitação, afirmam que Jesus entrou no barco e lá permaneceu com os apóstolos, como informa o texto que se segue.

» *Jesus, porém, lhes falou logo, dizendo: Tende bom ânimo, sou eu; não temais. E respondeu-lhe Pedro e disse: Senhor, se és tu, manda-me ir ter contigo por cima das águas. E ele disse: Vem. E Pedro, descendo do barco, andou sobre as águas para ir ter com Jesus. Mas, sentindo o vento forte, teve medo; e, começando a ir para o fundo, clamou, dizendo: Senhor, salva-me. E logo Jesus, estendendo a mão, segurou-o e disse-lhe: Homem de pequena fé, por que duvidaste? E, quando subiram para o barco, acalmou o vento* (Mt 14:27-32).

É natural que os discípulos se assustassem com o surgimento inesperado do Cristo, ainda mais deslizando sobre as águas, mesmo que tivessem presenciado inúmeros prodígios realizados por Jesus. Tiveram medo e pensaram, no primeiro momento, que era um fantasma cuja aparência lembrava o seu Mestre. Foi por esse motivo que Pedro disse: "Senhor, se és tu, manda-me ir ter contigo por cima das águas". E o Senhor responde, prontamente: "Vem".

A dúvida é um sentimento atroz, que nos lança numa situação de conflito íntimo. Neste sentido, afirmava o apóstolo Tiago em sua epístola: "[...] porque o que duvida é semelhante à onda do mar, que é levada pelo vento e lançada de uma para outra parte" (Tg 1:6).

> A dúvida, no plano externo, pode auxiliar a experimentação, nesse ou naquele setor do progresso material, mas a hesitação no mundo íntimo é o dissolvente de nossas melhores energias. Quem duvida de si próprio, perturba o auxílio divino em si mesmo. Ninguém pode ajudar àquele que se desajuda.[10]

Confiando e desconfiando, Pedro atendeu, de certa forma, à solicitação do Mestre de ir até ele, andando sobre as águas. Entretanto, a dúvida foi maior que a confiança, por isso ele começou a afundar nas águas do lago de Genesaré. É possível que lhe tenha faltado fé, não no Mestre, mas em si próprio.

> E façamos dentro de nós o silêncio preciso, emudecendo qualquer indisciplina mental. Sintonizemos o coração em ponto certo, ou, melhor, liguemos o pensamento para a Infinita sabedoria, tendo o cuidado imprescindível para que a estática de nossas paixões e sensações não interfira com a recepção da bênção que nos advirá da divina Bondade.[11]

Os versículos 29, 30 e 31, indicam que Pedro não conseguiu manter-se sobre as águas, afundando: "E Pedro, descendo do barco, andou sobre as águas para ir ter com Jesus. Mas, sentindo o vento forte, teve medo; e, começando a ir para o fundo, clamou, dizendo: Senhor, salva-me. E logo Jesus, estendendo a mão, segurou-o e disse-lhe: Homem de pequena fé, por que duvidaste?" Tal apontamento fornece inequívocas lições que devem ser refletidas mais profundamente:

A tempestade estabelecera a perturbação no ânimo dos discípulos mais fortes. Desorientados, ante a fúria dos elementos, socorrem-se de Jesus, em altos brados. Atende-os o Mestre, mas pergunta depois: — *Onde está a vossa fé?* O quadro sugere ponderações de vasto alcance. A interrogação de Jesus indica claramente a necessidade de manutenção da confiança, quando tudo parece obscuro e perdido. Em tais circunstâncias, surge a ocasião da fé, no tempo que lhe é próprio. Se há ensejo para trabalho e descanso, plantio e colheita, revelar-se-á igualmente a confiança na hora adequada. Ninguém exercitará otimismo, quando todas as situações se conjugam para o bem-estar. É difícil demonstrar-se amizade nos momentos felizes. Aguardem os discípulos, naturalmente, oportunidades de luta maior, em que necessitarão aplicar mais extensa e intensivamente os ensinos do Senhor. Sem isso, seria impossível aferir valores. Na atualidade dolorosa, inúmeros companheiros invocam a cooperação direta do Cristo. E o socorro vem sempre, porque é infinita a misericórdia celestial, mas, vencida a dificuldade, esperem a indagação: — *Onde está a vossa fé?* E outros obstáculos sobrevirão, até que o discípulo aprenda a dominar-se, a educar-se e a vencer, serenamente, com as lições recebidas.[8]

Importa destacar o cuidado e o amor do Cristo, auxiliando os discípulos em dois momentos específicos, citados no texto em estudo. Primeiro quando percebeu a agitação das águas: "E o barco estava já no meio do mar, açoitado pelas ondas, porque o vento era contrário. Mas, à quarta vigília da noite, dirigiu-se Jesus para eles, caminhando por cima do mar" (Mt 14:24-25). Segundo quando evitou que Pedro se afogasse: "E Pedro, descendo do barco, andou sobre as águas para ir ter com Jesus. Mas, sentindo o vento forte, teve medo; e, começando a ir para o fundo, clamou, dizendo: Senhor, salva-me. E logo Jesus, estendendo a mão, segurou-o e disse-lhe: Homem de pequena fé, por que duvidaste?" (Mt 14:29-31) Na verdade, o Mestre está sempre presente quando precisamos do seu auxílio. É bom não esquecer.

Na localização histórica do Cristo, impressiona-nos a realidade de sua imensa afeição pela Humanidade.

Pelos homens, fez tudo o que era possível em renúncia e dedicação.

Seus atos foram celebrados em assembleias de confraternização e de amor. [...] Era amigo fiel dos necessitados que se socorriam de suas virtudes imortais. Pelas lições evangélicas, nota-se-lhe o esforço para ser entendido em sua infinita capacidade de amar. A última ceia representa uma paisagem completa de afetividade integral. Lava os pés aos discípulos, ora pela felicidade de cada um...[9]

O registro de Mateus encerra-se com esta anotação: "E, quando subiram para o barco, acalmou o vento" (Mt 14:32). Considerando a prodigiosa personalidade do Cristo, o seu conhecimento sobre as coisas da "terra e do céu", é natural que Ele acalmasse ventos, tempestades e outros fenômenos da Natureza, com ou sem o auxílio de Espíritos que agiam como seus colaboradores. O que permanece, o que deve marcar o nosso Espírito, não são os seus atos exteriores, mas as suas lições sublimes, uma vez que "Jesus foi a manifestação do amor de Deus, a personificação de sua bondade infinita".[7]

Referências

1. KARDEC, Allan. *A gênese*. Tradução de Guillon Ribeiro. 52. ed. Rio de Janeiro: FEB, 2007. Cap. 15, item 42, p. 382.

2. _____. *O livro dos médiuns*. Tradução de Guillon Ribeiro. 80. ed. Rio de Janeiro: FEB, 2007. Segunda parte, cap. 4, item. 77, p. 103.

3. _____._____. Cap. 6, item 102, p. 146 -147.

4. _____._____. Item 111, p.153.

5. PERALVA, Martins. *Estudando a mediunidade*. 26. ed. Rio de Janeiro: FEB, 2006. Cap. 42 (Materialização-I), p. 216.

6. NÁUFEL, José. *Do abc ao infinito*. Espiritismo experimental. 13. Vol. 2. 2. ed. Rio de Janeiro: FEB, 1999. Cap. 16 (Levitação), p. 146.

7. XAVIER, Francisco Cândido. *Antologia mediúnica de natal*. Por diversos Espíritos. 5. ed. Rio de Janeiro: FEB, 2002. Cap. 66 (Jesus – texto de Emmanuel), p. 183.

8. _____. *Caminho, verdade e vida*. Pelo Espírito Emmanuel. 28. ed. Rio de Janeiro: FEB, 2007. Cap.40 (Tempo de confiança), p. 95-96.

9. _____._____. Cap. 86 (Jesus e os amigos), p. 187.

10. _____. *Fonte viva*. Pelo Espírito Emmanuel. 36. ed. Rio de Janeiro: FEB, 2007. Cap. 165 (Não duvides), p. 401.

11. _____. *Segue-me*. Pelo Espírito Emmanuel. 7. ed. Matão: 1992. Item: Confiaremos, p. 83-84.

Orientações ao monitor

Realizar breve exposição introdutória do assunto, destacando pontos relevantes. Em seguida, organizar a turma em dois grupos: um deverá defender o ponto de vista de que Jesus andou sobre as águas por meio de levitação; o outro grupo defenderá a ideia de aparição. Em ambas as defesas, os participantes justificam as ideias tendo como base os conteúdos espíritas desenvolvidos neste Roteiro. Ao final, fazer a integração do assunto debatido.

EADE – LIVRO III | MÓDULO VI

APRENDENDO COM FATOS EXTRAORDINÁRIOS

Roteiro 4

A TRANSFIGURAÇÃO DE JESUS

Objetivos

» Explicar o fenômeno de transfiguração, à luz da Doutrina Espírita.
» Analisar as implicações espirituais do fato.

Ideias principais

» Nas transfigurações ocorrem modificações nas propriedades do perispírito, que se refletem no corpo físico. *O fenômeno resulta, portanto, de uma transformação fluídica; é uma espécie de aparição perispirítica, que se produz sobre o próprio corpo do vivo [reencarnado] e, algumas vezes, no momento da morte, em lugar de se produzir ao longe, como nas aparições propriamente ditas.* Allan Kardec: *A gênese.* Cap. XIV, item 39.

» *A transfiguração [...] é um fato muito comum que, em virtude da irradiação fluídica, pode modificar a aparência de um indivíduo [...].* Allan Kardec: *A gênese.* Cap. XV, item 44.

Subsídios

1. Texto evangélico

Seis dias depois, tomou Jesus consigo a Pedro, e a Tiago, e a João, seu irmão, e os conduziu em particular a um alto monte.

E transfigurou-se diante deles; e o seu rosto resplandeceu como o sol, e as suas vestes se tornaram brancas como a luz. E eis que lhes apareceram Moisés e Elias, falando com ele. E Pedro, tomando a palavra, disse a Jesus: Senhor, bom é estarmos aqui; se queres, façamos aqui três tabernáculos, um para ti, um para Moisés e um para Elias. E, estando ele ainda a falar, eis que uma nuvem luminosa os cobriu. E da nuvem saiu uma voz que dizia: Este é o meu Filho amado, em quem me comprazo; escutai-o. E os discípulos, ouvindo isso, caíram sobre seu rosto e tiveram grande medo. E, aproximando-se Jesus, tocou-lhes e disse: Levantai-vos e não tenhais medo. E, erguendo eles os olhos, ninguém viram, senão a Jesus. E, descendo eles do monte, Jesus lhes ordenou, dizendo: A ninguém conteis a visão até que o Filho do Homem seja ressuscitado dos mortos. (MATEUS, 17:1-9.)

A transfiguração do Cristo é uma das mais belas cenas narradas no Evangelho que, segundo a tradição, aconteceu quarenta dias antes de sua crucificação. É fenômeno claramente explicado pela Doutrina Espírita, tendo como base as alterações ocorridas nas propriedades do perispírito, as quais se refletem no corpo físico, automaticamente.

> Podendo o Espírito operar transformações na contextura do seu envoltório perispirítico e irradiando-se esse envoltório em torno do corpo qual atmosfera fluídica, pode produzir-se na superfície mesma do corpo um fenômeno análogo ao das aparições. Pode a imagem real do corpo apagar-se mais ou menos completamente, sob a camada fluídica, assumir outra aparência; ou, então, vistos através da camada fluídica modificada, os traços primitivos podem tomar outra expressão. Se, saindo do terra a terra, o Espírito encarnado se identifica com as coisas do mundo espiritual, pode a expressão de um semblante feio tornar-se bela, radiosa e até luminosa; se, ao contrário, o Espírito é presa de paixões más, um semblante belo pode tomar um aspecto horrendo.[1]

Além do registro de Mateus, citado neste Roteiro, ela é também relatada por MARCOS, 9:2-8, por LUCAS, 9:28-36 e por PEDRO, 1:16-18. Os textos dos evangelistas Mateus e Marcos acrescentam uma informação importante: o anúncio da ressurreição do Cristo.

> Nos evangelhos sinópticos o evento teria tido lugar cerca de uma semana depois da confissão de Pedro sobre o caráter messiânico de Jesus; Ele escolheu os seus três discípulos mais íntimos, Pedro, Tiago [Maior] e João, e levou-os a um monte [...] Ali passou por uma transformação

(e não por uma simples mutação de aspecto), e as suas vestes brilharam com resplendor celestial. Então Moisés e Elias apareceram e falavam com Ele, quando Pedro sugeriu que fizesse três tendas para as três personagens. Foi nessa ocasião que se fez ouvir uma voz de uma nuvem, declarando a filiação de Cristo e a sua autoridade, após o que cessou a visão. [...] A transfiguração assinala um importante estágio na revelação de Jesus como o Cristo e Filho de Deus.[9]

Há divergências históricas quanto ao monte em que ocorreu a transfiguração.

Alguns estudiosos acreditam que tenha sido no monte Hermom, outros, como os espíritas, no monte Tabor. Hermom é uma montanha com 2.800 metros de altura, a mais alta dos arredores da Palestina, situada na serra do Antilíbano. É mais conhecido como monte Siom.[7] Tabor é um monte de cerca de 562 metros de altura, situado na planície de Jezreel.[8]

Desde o séc. IV d.C., e talvez mais cedo ainda, a tradição tem sustentado que o monte Tabor foi a cena da transfiguração do Senhor Jesus. Isso não é muito provável, especialmente em vista do fato que nos dias do N.T. [Novo Testamento] havia uma aldeia em seu cume.[8]

O dicionário fornece três significados para verbo *transfigurar*, que se aplicam ao conceito espírita: "Fazer mudar ou mudar de figura, feição ou caráter [...]; fazer passar ou passar de um estado ou condição a outro; converter(-se), transformar(-se)."[11]

O fenômeno [da transfiguração] resulta [...] de uma transformação fluídica; é uma espécie de aparição perispirítica, que se produz sobre o próprio corpo do vivo e, algumas vezes, no momento da morte, em lugar de se produzir ao longe, como nas aparições propriamente ditas. O que distingue as aparições desse gênero é o serem, geralmente, perceptíveis por todos os assistentes e com os olhos do corpo, precisamente por se basearem na matéria carnal visível, ao passo que, nas aparições puramente fluídicas, não há matéria tangível.[2]

É importante não se fixar apenas no fenômeno, de beleza insuperável, mas, sobretudo, nas lições espirituais que o subsidiam: a autoridade espiritual do Cristo, o entendimento de ser Ele o Messias aguardado, a ideia da sobrevivência do espírito e da reencarnação, os fenômenos mediúnicos etc.

Tomada em seu sentido simbólico, a transfiguração significa que as provas materiais, quando cumpridas de conformidade com as leis divinas, transfiguram o Espírito, tornando-o puro e luminoso.[14]

2. Interpretação do texto evangélico

» *Seis dias depois, tomou Jesus consigo a Pedro, e a Tiago, e a João, seu irmão, e os conduziu em particular a um alto monte. E transfigurou-se diante deles; e o seu rosto resplandeceu como o sol, e as suas vestes se tornaram brancas como a luz* (Mt 17:1-2).

Verificamos, mais uma vez, a presença dos três apóstolos Pedro, João e Tiago, seu irmão. É possível que, entre os demais colegas do colégio apostolar, tenham sido poderosos médiuns de efeitos físicos, doadores incomuns de energias magnéticas. Eles se encontram presentes nos mais importantes acontecimentos relatados no Evangelho, a ponto de Paulo denominá-los "colunas da comunidade" (Gl 2:9).

É importante considerar que as transfigurações podem ser classificadas como de natureza mediúnica — se um Espírito imprime no médium mudanças fisionômicas — ou de natureza anímica, como aconteceu com o Cristo. Trata-se de um fenômeno que revela o nível evolutivo do Espírito, encarnado ou desencarnado. As transfigurações "[...] refletem sempre qualidades e sentimentos predominantes no Espírito".[2]

A transfiguração de Jesus demonstra a grandiosidade do seu Espírito: "e o seu rosto resplandeceu como o sol, e as suas vestes se tornaram brancas como a luz" (Mt 17:2).

As transfigurações são consideradas variedades das manifestações visuais; fazem parte dos fenômenos naturais, nada apresentando de excepcionais, no sentido de milagrosos, quando se conhece as leis que regem as suas ocorrências.[5]

"A transfiguração, em certos casos, pode originar-se de uma simples contração muscular, capaz de dar à fisionomia expressão muito diferente da habitual, ao ponto de tornar quase irreconhecível a pessoa."[6]

De qualquer forma, independentemente de ser o efeito de origem mediúnica ou anímica, sabe-se que a transformação da aparência está fundamentada nas alterações perispirituais. Para melhor entender o fenômeno, admitamos os seguintes princípios:

Que [...] o Espírito pode dar ao seu perispírito todas as aparências; que, mediante uma modificação na disposição molecular, pode dar-lhe a visibilidade, a tangibilidade e, conseguintemente, a *opacidade*; que o perispírito de uma pessoa viva [reencarnada], isolado do corpo, é passível das mesmas transformações; que essa mudança de estado se opera pela combinação dos fluidos.[6]

Na situação de uma pessoa reencarnada, seu perispírito não se encontra livre, mas preso ao corpo físico. Nestas condições, por ação do próprio encarnado (fenômeno anímico) ou de um Espírito comunicante (fenômeno mediúnico), o perispírito é envolvido por energias irradiantes, uma espécie de "vapor fluídico", denso e tangível, que se deposita sobre e ao redor do corpo físico, escondendo-o ou tornando-o invisível, momentaneamente. O corpo físico fica como que mergulhado numa bruma.[6]

Poderá então o perispírito mudar de aspecto, fazer-se brilhante, se tal for a vontade do Espírito e se este dispuser de poder para tanto. Um outro Espírito, combinando seus fluidos com os do primeiro, poderá, a essa combinação de fluidos, imprimir a aparência que lhe é própria, de tal sorte, que o corpo real desapareça sob um envoltório fluídico exterior, cuja aparência pode variar à vontade do Espírito. Esta parece ser a verdadeira causa do estranho fenômeno e raro, cumpra se diga, da transfiguração.[6]

Com o Cristo o fenômeno se revela sublime. A "[...] pureza do perispírito de Jesus permitiu que seu Espírito lhe desse excepcional fulgor".[3]

De todas faculdades que Jesus revelou, nenhuma se pode apontar estranha às condições da Humanidade e que se não encontre comumente nos homens, porque estão todas na ordem da Natureza. Pela superioridade, porém, da sua essência moral e de suas qualidades fluídicas, aquelas faculdades atingiam nele proporções muito acima das que são vulgares. Posto de lado o seu envoltório carnal, Ele nos patenteava o estado dos puros Espíritos.[4]

» *E eis que lhes apareceram Moisés e Elias, falando com ele. E Pedro, tomando a palavra, disse a Jesus: Senhor, bom é estarmos aqui; se queres, façamos aqui três tabernáculos, um para ti, um para Moisés e um para Elias* (Mt 17:3-4).

A comprovação da imortalidade do Espírito, sobrevivente à morte do corpo físico, está evidente nessa citação do Evangelho.

Várias escolas religiosas, defendendo talvez determinados interesses do sacerdócio, asseguram que o Evangelho não apresenta bases ao movimento de intercâmbio entre os homens e os Espíritos desencarnados que os precederam na jornada do mais Além... [...] Aliás, em diversas circunstâncias encontramos o Cristo em contato com almas perturbadas ou perversas, aliviando os padecimentos de infortunados perseguidos. Todavia, a mentalidade dogmática encontrou aí a manifestação de Satanás, inimigo eterno e insaciável. Aqui, porém, trata-se de sublime acontecimento no Tabor. Não vemos qualquer demonstração diabólica e, sim, dois espíritos gloriosos em conversação íntima com o Salvador. E não podemos situar o fenômeno em associação de generalidades, porquanto os "amigos do outro mundo", que falaram com Jesus sobre o monte, foram devidamente identificados. Não se registrou o fato, declarando-se, por exemplo, que se tratava da visita de um anjo, mas de Moisés e do companheiro, dando-se a entender claramente que os "mortos" voltam de sua nova vida.[17]

A materialização de Moisés e Elias tem razão de ser: os dois Espíritos traziam a garantia da amizade e fidelidade ao seu orientador maior, sobretudo por se tratar do momento em que se aproximava a crucificação. Neste encontro sublime, o Mestre radiante, na plenitude do seu Espírito, imprime continuidade à Lei e aos profetas. Vemos, assim, que Elias permanece ligado a Moisés na Antiga Aliança, da qual um é o legislador e, o outro, o grande profeta que a manteve intacta. A presença de ambos no Tabor é para testemunhar que a missão do Cristo renova e faz coroamento da Antiga Aliança.

Quanto à percepção da presença de Moisés e de Elias, por parte dos apóstolos, pode ser catalogada como vidência mediúnica ou como materialização espiritual, que independe da faculdade de ver Espíritos. O fenômeno foi, entretanto, muito nítido, a ponto de Pedro pedir ao Senhor para construir um tabernáculo ou tenda, citada em outras versões. Fala, pois, mais a favor de uma materialização dos dois emissários do povo hebreu.

O exuberante fenômeno mediúnico, que trouxera de além da morte os ilustres líderes da raça, Moisés e Elias, deveria ficar ignorado pelas massas, que não o podiam compreender. Somente as pessoas preparadas emocional e psiquicamente dispunham da percepção necessária para entender que, ali, Moisés revogava a *proibição de se falar com os mortos*, vindo, ele próprio, demonstrar a possibilidade, ora tornada real.[10]

A lição da ressurreição também estava sendo transmitida. Assim, quando Jesus fosse crucificado, esses apóstolos "[...] recordariam da cena da transfiguração e não perderiam a fé".[12]

Foi tão real a materialização dos dois profetas ao lado de Jesus, que Pedro pede permissão para levantar os tabernáculos, um para cada um. Esta ideia foi afastada não só pela impossibilidade de executá-la, como também porque Jesus quer que seu tabernáculo seja o nosso próprio coração, purificado pela fiel observância de seus ensinamentos.[13]

» *E, estando ele ainda a falar, eis que uma nuvem luminosa os cobriu. E da nuvem saiu uma voz que dizia: Este é o meu Filho amado, em quem me comprazo; escutai-o. E os discípulos, ouvindo isso, caíram sobre seu rosto e tiveram grande medo. E, aproximando-se Jesus, tocou-lhes e disse: Levantai-vos e não tenhais medo. E, erguendo eles os olhos, ninguém viram, senão a Jesus. E, descendo eles do monte, Jesus lhes ordenou, dizendo: A ninguém conteis a visão até que o Filho do Homem seja ressuscitado dos mortos* (Mt 17:5-9).

Mais um efeito físico acontece no alto do monte, onde se encontravam reunidos Jesus, três apóstolos e dois Espíritos desencarnados: o fenômeno de voz direta, vinda do interior de uma nuvem luminosa, também materializada. "A voz que ouviram era um hino de glória, que os Espíritos superiores entoavam em louvor do Mestre."[14]

Conta-nos o Evangelho a formosa história de uma nuvem. Encontravam-se os discípulos deslumbrados com a visão de Jesus transfigurado, tendo junto de si Moisés e Elias, aureolados de intensa luz. Eis, porém, que uma grande sombra comparece. Não mais distinguem o maravilhoso quadro. Todavia, do manto de névoa espessa, clama a voz poderosa da revelação divina: *"Este é o meu amado Filho, a ele ouvi!"*. Manifestava-se a palavra do Céu, na sombra temporária. A existência terrestre, efetivamente, impõe angústias inquietantes e aflições amargosas. É conveniente, contudo, que as criaturas guardem serenidade e confiança, nos momentos difíceis. As penas e os dissabores da luta planetária contêm esclarecimentos profundos, lições ocultas, apelos grandiosos. A voz sábia e amorosa de Deus fala sempre através deles.[16]

Terminado o episódio, e as lições espirituais apreendidas, Jesus e os seus dedicados discípulos retornam às atividades cotidianas. O Mestre, porém, faz-lhes significativa advertência: "A ninguém conteis a visão até que o Filho do Homem seja ressuscitado dos mortos" (Mt 17:9).

Jesus pedia a seus discípulos que guardassem sigilo, por causa da incompreensão dos homens da época, os quais ainda não estavam preparados para compreenderem tudo quanto Jesus fazia ou ensinava. Era preciso que o tempo lhes fosse aumentando o cabedal de conhecimentos espirituais, a fim de aprenderem o significado das palavras e dos atos de Jesus. Caso os discípulos espalhassem certas particularidades que o Mestre lhes mostrava, possivelmente surgiriam dúvidas, confusão e mesmo até o descrédito de sua missão.[15]

Na conclusão deste Roteiro e do Curso Ensinos e Parábolas de Jesus, repetimos com Emmanuel:

> Todas as expressões do Evangelho possuem uma significação divina e, no Tabor, contemplamos a grande lição de que o homem deve viver a sua existência, no mundo, sabendo que pertence ao Céu, por sua sagrada origem, sendo indispensável, desse modo, que se desmaterialize, a todos os instantes, para que se desenvolva em amor e sabedoria, na sagrada exteriorização da virtude celeste, cujos germes lhe dormitam no coração.[18]

Referências

1. KARDEC, Allan. *A gênese*. Tradução de Guillon Ribeiro. 52. ed. Rio de Janeiro: FEB, 2007. Cap. 14, item 39, p. 341-342.

2. _____._____. p. 342.

3. _____._____. Cap. 15, item 44, p. 383-384.

4. _____._____. p. 384.

5. _____. *O livro dos médiuns*. Tradução de Guillon Ribeiro. 80. ed. Rio de Janeiro: FEB, 2007. Segunda parte, cap. 7, item 114, p. 159.

6. _____._____. Item 123, p. 168.

7. DOUGLAS, J. D. *O novo dicionário da Bíblia*. Tradução de João Bentes. 3. ed. São Paulo: Vida Nova, 2006, p. 585.

8. _____._____. p. 1293.

9. _____._____. p. 1352.

10. FRANCO, Divaldo Pereira. *Trigo de Deus*. Pelo Espírito Amélia Rodrigues. 1. ed. Salvador: Livraria Espírita Alvorada, 1993. Cap. 23 (O Tabor e a imortalidade), p. 131.

11. HOUAISS, Antônio; VILLAR, Mauro Salles. *Dicionário Houaiss da língua portuguesa*. Rio de Janeiro: Objetiva, 2001, p. 2750.

12. RIGONATTI, Eliseu. *O evangelho dos humildes*. 15. ed. São Paulo: Pensamento, 2003. Cap. 17 (A transfiguração), p. 160.

13. _____._____. p. 160-161.

14. _____._____. p. 161.

15. _____._____. p. 161-162.

16. XAVIER, Francisco Cândido. *Caminho, verdade e vida*. Pelo Espírito Emmanuel. 28. ed. Rio de Janeiro: FEB, 2007. Cap. 32 (Nuvens), p. 79-80.

17. _____._____. Cap. 67 (Os vivos do além), p. 149-150.

18. _____. *O consolador*. Pelo Espírito Emmanuel. 27. ed. Rio de Janeiro: FEB, 2007. Questão 310, p. 180-181.

Orientações ao monitor

Conduzir o estudo na forma de seminário ou painel, previamente combinado com os participantes. Se possível, convidar alguém de fora do grupo, para ser um dos responsáveis pelo seminário ou painel. Destacar, ao final, as implicações espirituais envolvidas na transfiguração do Cristo.

ESTUDO APROFUNDADO DA DOUTRINA ESPÍRITA					
ENSINOS E PARÁBOLAS DE JESUS - LIVRO III					
EDIÇÃO	IMPRESSÃO	ANO	TIRAGEM	FORMATO
1	1	2013	5.000	18x25
1	2	2014	2.000	17x25
1	3	2015	3.000	17x25
1	4	2016	2.300	17x25
1	5	2018	3.000	17x25
1	6	2019	1.000	17x25
1	7	2019	1.100	17x25
1	8	2021	1.750	17x25
1	9	2023	1.500	17x25
1	10	2024	1.000	17x25
1	11	2025	1.000	17x25

O EVANGELHO NO LAR

Quando o ensinamento do Mestre vibra entre quatro paredes de um templo doméstico, os pequeninos sacrifícios tecem a felicidade comum.*

Quando entendemos a importância do estudo do Evangelho de Jesus, como diretriz ao aprimoramento moral, compreendemos que o primeiro local para esse estudo e vivência de seus ensinos é o próprio lar.

É no reduto doméstico, assim como fazia Jesus, no lar que o acolhia, a casa de Pedro, que as primeiras lições do Evangelho devem ser lidas, sentidas e vivenciadas.

O espírita compreende que sua missão no mundo principia no reduto doméstico, em sua casa, por meio do estudo do Evangelho de Jesus no Lar.

Então, como fazer?

Converse com todos que residem com você sobre a importância desse estudo, para que, em família, possam compreender melhor os ensinamentos cristãos, a partir de um momento de união fraterna, que se desenvolverá de maneira harmônica e respeitosa. Explique que as reflexões conjuntas acerca do Evangelho permitirão manter o ambiente da casa espiritualmente saneado, por meio de sentimentos e pensamentos elevados, favorecendo a presença e a influência de Mensageiros do Bem; explique, também, que esse momento facilitará, em sua residência, a recepção do amparo espiritual, já que auxilia na manutenção de elevado padrão vibratório no ambiente e em cada um que ali vive.

Convide sua família, quem mora com você, para participar. Se mora sozinho, defina para você esse momento precioso de estudo e reflexões. Lembre-se de que, espiritualmente, sempre estamos acompanhados.

Escolha, na semana, um dia e horário em que todos possam estar presentes.

O tempo médio para a realização do Evangelho no Lar costuma ser de trinta minutos.

---

* XAVIER, Francisco Cândido. *Luz no lar*. Por Espíritos diversos. 12. ed. 7. imp. Brasília: FEB, 2018. Cap. 1.

As crianças são bem-vindas e, se houver visitantes em casa, eles também podem ser convidados a participar. Se não forem espíritas, apenas explique a eles a finalidade e importância daquele momento.

O seguinte roteiro pode ser utilizado como sugestão:

1. Preparação: leitura de mensagem breve, sem comentários;
2. Início: prece simples e espontânea;
3. Leitura: *O evangelho segundo o espiritismo* (um ou dois itens, por estudo, desde o prefácio);
4. Comentários: breves, com a participação dos presentes, evidenciando o ensino moral aplicado às situações do dia a dia;
5. Vibrações: pela fraternidade, paz e pelo equilíbrio entre os povos; pelos governantes; pela vivência do Evangelho de Jesus em todos os lares; pelo próprio lar...
6. Pedidos: por amigos, parentes, pessoas que estão necessitando de ajuda...
7. Encerramento: prece simples, sincera, agradecendo a Deus, a Jesus, aos amigos espirituais.

As seguintes obras podem ser utilizadas nesse momento tão especial:

- *O evangelho segundo o espiritismo*, como obra básica;
- *Caminho, verdade e vida; Pão nosso; Vinha de luz; Fonte viva; Agenda cristã.*

Esse momento no lar não se trata de reunião mediúnica e, portanto, qualquer ideia advinda pela via da intuição deve permanecer como comentário geral, a ser dito de maneira simples, no momento oportuno.

No estudo do Evangelho de Jesus no Lar, a fé e a perseverança são diretrizes ao aprimoramento moral de todos os envolvidos.

O LIVRO ESPÍRITA

Cada livro edificante é porta libertadora.

O livro espírita, entretanto, emancipa a alma nos fundamentos da vida.

O livro científico livra da incultura; o livro espírita livra da crueldade, para que os louros intelectuais não se desregrem na delinquência.

O livro filosófico livra do preconceito; o livro espírita livra da divagação delirante, a fim de que a elucidação não se converta em palavras inúteis.

O livro piedoso livra do desespero; o livro espírita livra da superstição, para que a fé não se abastarde em fanatismo.

O livro jurídico livra da injustiça; o livro espírita livra da parcialidade, a fim de que o direito não se faça instrumento da opressão.

O livro técnico livra da insipiência; o livro espírita livra da vaidade, para que a especialização não seja manejada em prejuízo dos outros.

O livro de agricultura livra do primitivismo; o livro espírita livra da ambição desvairada, a fim de que o trabalho da gleba não se envileça.

O livro de regras sociais livra da rudeza de trato; o livro espírita livra da irresponsabilidade que, muitas vezes, transfigura o lar em atormentado reduto de sofrimento.

O livro de consolo livra da aflição; o livro espírita livra do êxtase inerte, para que o reconforto não se acomode em preguiça.

O livro de informações livra do atraso; o livro espírita livra do tempo perdido, a fim de que a hora vazia não nos arraste à queda em dívidas escabrosas.

Amparemos o livro respeitável, que é luz de hoje; no entanto, auxiliemos e divulguemos, quanto nos seja possível, o livro espírita, que é luz de hoje, amanhã e sempre.

O livro nobre livra da ignorância, mas o livro espírita livra da ignorância e livra do mal.

Emmanuel[*]

---

[*] Página recebida pelo médium Francisco Cândido Xavier, em reunião pública da Comunhão Espírita Cristã, na noite de 25 de fevereiro de 1963, em Uberaba (MG), e transcrita em *Reformador*, abr. 1963, p. 9.

LITERATURA ESPÍRITA

Em qualquer parte do mundo, é comum encontrar pessoas que se interessem por assuntos como imortalidade, comunicação com Espíritos, vida após a morte e reencarnação. A crescente popularidade desses temas pode ser avaliada com o sucesso de vários filmes, seriados, novelas e peças teatrais que incluem em seus roteiros conceitos ligados à Espiritualidade e à alma.

Cada vez mais, a imprensa evidencia a literatura espírita, cujas obras impressionam até mesmo grandes veículos de comunicação devido ao seu grande número de vendas. O principal motivo pela busca dos filmes e livros do gênero é simples: o Espiritismo consegue responder, de forma clara, perguntas que pairam sobre a Humanidade desde o princípio dos tempos. Quem somos nós? De onde viemos? Para onde vamos?

A literatura espírita apresenta argumentos fundamentados na razão, que acabam atraindo leitores de todas as idades. Os textos são trabalhados com afinco, apresentam boas histórias e informações coerentes, pois se baseiam em fatos reais.

Os ensinamentos espíritas trazem a mensagem consoladora de que existe vida após a morte, e essa é uma das melhores notícias que podemos receber quando temos entes queridos que já não habitam mais a Terra. As conquistas e os aprendizados adquiridos em vida sempre farão parte do nosso futuro e prosseguirão de forma ininterrupta por toda a jornada pessoal de cada um.

Divulgar o Espiritismo por meio da literatura é a principal missão da FEB, que, há mais de cem anos, seleciona conteúdos doutrinários de qualidade para espalhar a palavra e o ideal do Cristo por todo o mundo, rumo ao caminho da felicidade e plenitude.

CARIDADE: AMOR EM AÇÃO

S̲e̲d̲e̲ ̲b̲o̲n̲s̲ ̲e̲ ̲c̲a̲r̲i̲d̲o̲s̲o̲s̲: essa a chave que tendes em vossas mãos. Toda a eterna felicidade se contém nesse preceito: "Amai-vos uns aos outros". KARDEC, Allan. *O evangelho segundo o espiritismo*, cap. 13, it. 12.

A Federação Espírita Brasileira (FEB), em 20 de abril de 1890, iniciou sua *Assistência aos Necessitados* após sugestão de Polidoro Olavo de S. Thiago ao então presidente Francisco Dias da Cruz. Durante oitenta e sete anos, esse atendimento representava o trabalho de auxílio espiritual e material às pessoas que o buscavam na Instituição. Em 1977, esse serviço passou a chamar-se Departamento de Assistência Social (DAS), cujas atividades assistenciais nunca se interromperam.

Desde então, a FEB, por seu DAS, desenvolve ações socioassistenciais de proteção básica às famílias em situação de vulnerabilidade e risco socioeconômico. Fortalece os vínculos familiares por meio de auxílio material e orientação moral-doutrinária com vistas à promoção social e crescimento espiritual de crianças, jovens, adultos e idosos.

Seu trabalho alcança centenas de famílias. Doa enxovais para recém-nascidos, oferece refeições, cestas de alimentos, cursos para jovens, serviços de convivência e fortalecimento de vínculos para idosos e organiza doações de itens que são recebidos na Instituição e repassados a quem necessitar.

Essas atividades são organizadas pelas equipes do DAS e apoiadas com recursos financeiros da Instituição, dos frequentadores da Casa e por meio de doações recebidas, num grande exemplo de união e solidariedade.

Seja sócio-contribuinte da FEB, adquira suas obras e estará colaborando com o seu Departamento de Assistência Social.

O QUE É ESPIRITISMO?

O Espiritismo é um conjunto de princípios e leis revelados por Espíritos Superiores ao educador francês Allan Kardec, que compilou o material em cinco obras que ficariam conhecidas posteriormente como a Codificação: *O livro dos espíritos*, *O livro dos médiuns*, *O evangelho segundo o espiritismo*, *O céu e o inferno* e *A gênese*.

Como uma nova ciência, o Espiritismo veio apresentar à Humanidade, com provas indiscutíveis, a existência e a natureza do Mundo Espiritual, além de suas relações com o mundo físico. A partir dessas evidências, o Mundo Espiritual deixa de ser algo sobrenatural e passa a ser considerado como inesgotável força da Natureza, fonte viva de inúmeros fenômenos até hoje incompreendidos e, por esse motivo, são tidos como fantasiosos e extraordinários.

Jesus Cristo ressaltou a relação entre homem e Espírito por várias vezes durante sua jornada na Terra, e talvez alguns de seus ensinamentos pareçam incompreensíveis ou sejam erroneamente interpretados por não se perceber essa associação. O Espiritismo surge então como uma chave, que esclarece e explica as palavras do Mestre.

A Doutrina Espírita revela novos e profundos conceitos sobre Deus, o Universo, a Humanidade, os Espíritos e as leis que regem a vida. Ela merece ser estudada, analisada e praticada todos os dias de nossa existência, pois o seu valioso conteúdo servirá de grande impulso à nossa evolução.

FEB editora
Livro espírita para um novo mundo
www.febeditora.com.br
@febeditoraoficial
@febeditora

Conselho Editorial:
Carlos Roberto Campetti
Cirne Ferreira de Araújo
Evandro Noleto Bezerra
Geraldo Campetti Sobrinho – Coord. Editorial
Jorge Godinho Barreto Nery – Presidente
Maria de Lourdes Pereira de Oliveira
Miriam Lúcia Herrera Masotti Dusi

Produção Editorial:
Elizabete de Jesus Moreira

Revisão:
Ana Luisa de Jesus Miranda
Lígia Dib Carneiro

Capa:
Evelyn Yuri Furuta

Projeto Gráfico:
Luciano Carneiro de Holanda

Diagramação:
Luisa Jannuzzi Fonseca

Foto de Capa:
http://www.istockphoto.com/ kamisoka

Normalização Técnica:
Biblioteca de Obras Raras e Documentos Patrimoniais do Livro

Esta edição foi impressa pela Viena Gráfica e Editora Ltda., Santa Cruz do Rio Pardo, SP, com tiragem de 1 mil exemplares, todos em formato fechado de 170x250 mm e com mancha de 140x205 mm. Os papéis utilizados foram o Offset 63 g/m² para o miolo e o Cartão 250 g/m² para a capa. O texto principal foi composto em fonte Minion Pro 11,5/14,5 e os títulos em Zurich Cn BT 14/16,8. Impresso no Brazil. *Presita en Brazilo.*